JN312805

やわらかアカデミズム・〈わかる〉シリーズ

よくわかる
生徒指導・キャリア教育

小泉令三 編著

ミネルヴァ書房

はじめに

■よくわかる生徒指導・キャリア教育

　本書は，学校教育で行われている生徒指導やキャリア教育の基礎的な事項を学びたい，あるいはこれらの領域での最近の動向を知りたいという方のためのものです。

　私たちの周囲には，言葉から受ける印象とその言葉が実際に意味することとの間に大きな隔たりのあるものがあります。生徒指導やキャリア教育もそうした事例の1つだと思います。どちらも「生き方」の教育に直接かかわることなのですが，一般にはそうしたイメージは薄いようです。

　それで，本書では各項目に「課題」を設定するという工夫をしてみました。読者の方には，ぜひ以下のような利用方法を試していただきたいと願っています。

1．まず，「課題」をやってみましょう。

　各項の冒頭に，教師になって初めて教壇に立つ人などが出会う問題点を中心に，「課題」が書かれています。多くの項目で，小学校，中学校，高等学校という校種に分けて課題が出されていますから，まずは自分にとって関心のある校種の「課題」に取り組んでみてください。そして，自分なりの解答を書き留めてください。

　生徒指導やキャリア教育は，用語や概念の説明だけではどうしても抽象的になってしまいます。特に，これまで"学習者として教わる"体験しかなく，"子どもに教える"という経験がないと理解が進みにくいようです。それで，本書ではまず「課題」にぶつかっていただこうと考えました。新任教師になったつもりで，"どうしよう？　どう対応したらよいだろう？"と悩んでください。そして，自分だったらこのように指導するだろうとか，こんな対処をするだろうという解答を書いてみましょう。

2．「課題」の解答のヒントや模範解答を探しましょう。

　次は，その「課題」の解答を考えるときのヒントや模範解答例を探します。本文を読んだり，あるいはその説明を聞いたりすれば，必ず解答につながるヒントや正答例が見つかるはずです。

　本書では，1項目が4ページになっています。それぞれの専門領域の執筆者の方々が，最新の動向などを含めてわかりやすく書いておられます。その記述のなかに，ヒントが隠されていたり，あるいは模範解答につながる説明が準備されていたりします。それらをぜひ見つけていただきたいのです。

　なお，「課題」は必ずしも強制されて解答することばかりではないでしょう。ぜひ，自主的に取組んだり，場合によっては予習のための課題として活用して

いただきたいと思います。

3．他の校種（小学校，中学校，高校）の「課題」もやってみましょう。

　先ほども書きましたが，多くの項目で「課題」は小学校，中学校，高校という校種別に出されています。ですから，自分の関心がある校種以外についても挑戦することができます。子どもの発達段階を考えると，幅広い年齢層についての広い視野が必要ですから，ぜひ積極的に他の校種の「課題」にも取組んでください。

　また，「課題」は一定の学習の後の復習に活用することも可能です。すなわち，他の校種での「課題」に挑戦することによって，もともと興味のあった校種での学習内容を確実に身につけ，さらに深めることができるようになります。

4．もっと詳しく知りたい人は，引用・参考文献を読みましょう。

　これは，どの領域やテーマについても言えることですが，もっと深く学びたい，もっと詳しく調べたいと思う人がいると思います。そういう人は，各項であげられている引用・参考文献を探してみてください。より詳しく，あるいは別の角度からの説明が書かれています。これらの引用・参考文献は，何かについてのレポートを書いたりするときにも役立つことがあると思います。

　また，特定の事項や内容を説明した「コラム」や，事例を紹介した「ケース」も必要に応じて活用してください。なお，「ケース」は特定の実例や人物を特定されないように，本質的な内容を歪めない範囲で修正を加えたり，あるいは複数の事例を合成したりしていますのでご了解ください。

　以上の4点のような利用法を実施することによって，新任教員の立場や教育の現場を疑似体験することになりますから，より実践的で豊かな学びができます。また，各ページの学習内容のなかで特に重要な用語・語句についてより詳しい説明が必要な場合には，そのページの右端または左端に側注として示してあります。引用・参考文献とともにさらに学習を深めるために活用してください。

　最後になりましたが，本書の企画から刊行に至るまで，ミネルヴァ書房の西吉誠氏には大変お世話になりました。心より感謝いたします。

2010年3月

編著者　小泉令三

もくじ

■よくわかる生徒指導・キャリア教育

はじめに

第1部　現在の生き方の向上：日常の取組

I　学校内のシステム構成

1　組織とその運営 ……………………2
2　心理教育的援助サービスの種類 …6
3　チーム援助の実践 ………………10
4　異校種間連携の必要性 …………14

II　生徒指導と教育課程や教育経営

1　教科指導と生徒指導 ……………18
2　道徳教育，特別活動との関連づけ 22
3　教室の荒れと学級崩壊 …………26
4　信頼関係とラポールの形成 ……30
5　異年齢集団活動 …………………34

III　保護者・地域との連携

1　基本的な生活習慣の形成 ………38
2　家庭環境への働きかけ …………42
3　各種機関や組織との連携 ………46

IV　生徒指導における法律事項

1　校則，生徒心得 …………………50
2　懲戒，体罰 ………………………54
3　学校の責任と権限 ………………58
　コラム　教師としての法律との付き合い方
　　　　　………………………………62

V　児童生徒理解とアセスメント

1　児童生徒の理解 …………………64
2　児童生徒理解の方法 ……………68
3　児童生徒アセスメントの課題
　　――発達的視点と守秘の壁 ………72

VI　予防・開発的対応

1　居場所づくり ……………………76
2　心理教育プログラムの活用 ……80
3　ストレスへの対応 ………………84
4　規範意識の育成 …………………88
5　ロール・プレイの活用 …………92
6　携帯電話や各種メディアの使用 …96

VII 教育相談への取組

1 教育相談の進め方 …………100
2 カウンセリング力の向上 ………104
3 コンサルテーションとは ………108
4 心理臨床技法の理解 …………112

第2部 現在の生き方の改善：問題への対応

VIII 問題行動の指導

1 不登校 …………118
2 いじめ …………122
3 非行（万引き，窃盗，暴力行為）126
4 喫煙，飲酒，薬物乱用 ………130
5 性の問題 …………134
6 緘黙，チック，吃音 …………138

IX 発達障害の支援

1 発達障害と特別支援教育 ………142
2 学習障害 …………146
3 ADHD，多動傾向 …………150
4 高機能自閉症 …………154

X 緊急対応

1 危機管理の概要 …………158
2 児童虐待への対応 …………162

第3部 将来の生き方の指導：キャリア教育

XI キャリア教育の推進

1 キャリア教育の意義と理論 ……168
2 キャリア教育の進め方 …………172
3 キャリア教育の方法と技術 ……176
4 職業観・勤労観の形成 …………180
5 進路相談の進め方 …………184
6 特別支援教育とキャリア教育 …188
7 小学校でのキャリア教育実践 …192
8 中学校でのキャリア教育実践 …196
9 高校でのキャリア教育実践 ……200
10 生涯学習の現状と今後 …………204

さくいん …………208

第1部

現在の生き方の向上：日常の取組

I 学校内のシステム構成

1 組織とその運営

他校の生徒指導関連の担当者から，次のような相談を受けました。問題点を明らかにし，今後どのように解決したらよいかについて考えてみましょう。

課題①：小学校の教師A

> 私の学校は教員数が少なく，生徒指導部には私と保健室の養護教諭の2人が属しています。ただし，実質的な担当はほとんど私だけで，校内や校外で何か問題があったときにはまず私が対応し，その後，報告や相談を教頭にします。場合によっては学校長も含めて協議します。何も問題が起こらないときはこれでよいのですが，問題が重なったりいくつか連続したりすると私は学級担任もしていますから，手が回らなくなります。特に，連絡や対応が遅れると解決にも時間がかかるので，心配しています。

課題②：中学校の教師B

> 私の学校では，生徒指導部のなかに教育相談担当と生徒指導担当がいます。教育相談担当が不登校の生徒の支援や，定期的な教育相談週間の企画をし，生徒指導担当の私はいわゆる問題行動への対応をするということで役割分担ができていて，それぞれが関係する校内の委員会のメンバーです。ただ，最近は不登校も「学校に行くことができない」タイプと，「学校に行かない」タイプの区別が難しかったり，さらに「学校に行かない」でショッピングセンターで問題行動が見つかる生徒もいたりして，2つの委員会の間で該当者の区分に悩むことが多くなっています。

課題③：高校の教師C

> 私の学校では，学習指導全般にかかわる教務部，そして進路指導部，生徒指導部があります。その生徒指導部のなかに教育相談係，生徒指導係（おもに問題行動担当），そして私が担当している特別支援教育係がいます。小学校や中学校で特別支援教育を受けていた生徒が入学してくるのですが，私一人では十分に対応できていません。授業方法の工夫や，進路の問題，それに保護者との連携などを進める必要があると感じています。

1 校務分掌

一般に仕事や職務を複数の人が分けて受けもつことを分掌といい,学校内の業務分担については特に校務分掌と呼んでいます。

校務分掌はどの学校にも必ずありますが,その分け方は学校によって異なります。まず小学校,中学校,高校のような校種で異なり,たとえば中学校や高校では一般的に進路指導担当がありますが,小学校ではほとんど見られません。また学校の規模でも異なり,小規模な学校では校務分掌が細分化されていないか,あるいは一人の教師が複数の仕事を兼ねて担当することになります。さらに,たとえばある学校が長年,人権教育に取組んでいて,それを専門に担当する人権教育担当を設置しているというように,それまでの取組の特徴が校務分掌に反映されることもあります。

2 学校内の組織

生徒指導に関連する校務分掌として,生徒指導担当(あるいは係),教育相談担当,進路指導(キャリア教育)担当,特別支援教育担当などがあります。これらを校務分掌のなかで組織するときには,さまざまなやり方が考えられます。

図Ⅰ-1は,生徒指導に関連する組織の概略を示したものです。(a)は生徒指導部のなかに,教育相談担当や特別支援教育担当なども含まれています。また進路指導関係の担当者は置かれていません。小学校などで見られる組織形態です。次に,(b)から(c)になるにしたがって,教育相談部や進路指導部,そして特別支援教育部が独立して増えています。仕事や業務の分担をより明確にしたり,また学校規模が大きくなることによって,担当業務をより細分化する必要性があったりすることによります。

一般的な生徒指導部の役割としては,表Ⅰ-1に示すような事項があげられます。このうち,たとえば④の教育相談に関する役割を重視する必要があるならば,それが教育相談部の独立へとつながります。これらの事項をどの程度統合したり,あるいは単独で実施したりするかが,組織の構造に影響します。

学校ごとにどのような組織にするかは,校長の判断のもと,校種,学校規模,教職員の構成(年齢,教職経験など),そしてその学校の従来の取組や現在重点的に取組んでいる教育課題などによってさまざまです。

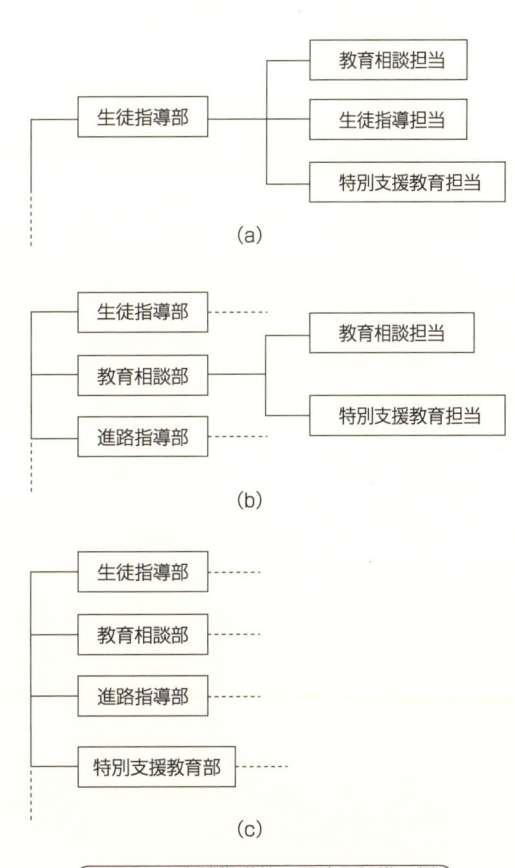

図Ⅰ-1 生徒指導等に関する組織の例

表Ⅰ-1　生徒指導部の役割

①生徒指導についての全体計画の作成と運営
②資料や情報，あるいは児童生徒理解のための設備などの整備
③学校内外の児童生徒の生活規律などに関する指導
④教育相談，家庭訪問，保護者面接などを含む直接的な指導
⑤学級担任，ホームルーム担任その他の教師への助言
⑥外部諸機関・諸団体・諸学校との連携や協力
⑦児童生徒の諸活動（特別活動の全般，部活動，ボランティア活動など）の指導

出所：文部省（1991）．生徒指導の手引きを一部改変。

また，年度ごとに手直しが加えられていきます。

ただ，どのような校務分掌や学校内の組織であっても，一人もしくは少数の担当者のみに負担が偏ると，業務の進行にひずみが生じ，やがて学校全体の教育機能が低下することもあります。負担の偏りがある場合には，分担している業務内容の再確認や，ある業務を他の人に移すといった業務分担の調整が必要です。あるいは，該当の担当者を増員するとともに独立させた構造にするといった組織の編成替えを要することもあるでしょう。

3 主任と主事

校務分掌による学校の教育機能の向上には，それぞれの業務における主たる責任者が必要であり，主要なものについて主任や主事が定められています（表Ⅰ-2）。これらのなかには，校種や学校規模によって置かれていないものもありますが，その場合でも円滑に学校運営が進むように，必ず責任をもつ係や担当が決められています。

原則として，小学校では生徒指導主事は置かれていませんが，その重要性のゆえに必ず生徒指導係や生徒指導担当がいます。また，進路指導主事は中学校と高校にしか置かれていませんが，「生き方の教育」としてのキャリア教育が推進されている小学校では，担当者がいることが多くなっています。

これらの主任や主事，あるいは係や担当は，直接の業務だけでなく，次に述べる校内の委員会に出席したり担当したりして，学校全体の取組が円滑に進むように協議や確認を行います。さらに，近隣の学校とのネットワークを形成して，連携を強めるときにも重要な役割を果たします。小学校と小学校の間のような同校種間連携や，小学校と中学校の間のような異校種間連携は，生徒指導に限らず，今後ますます重要になると考えられます。

4 校内の委員会

校内での取組を進めるために，管理職，校務分掌上の複数の組織（部など）の責任者あるいは担当者，そして各学年の代表者などが集まって開かれる会を，委員会と呼んでいます。委員会では，取組の計画案の検討，学校内の現状の共通理解，具体的な実施方法の協議などを行います。

▷1　学校自己評価
学校の教育目標に対して，学校運営や教育活動がどのような状態にあるのかを自己評価して結果を公表し，次の改善に生かす。

▷2　学校保健
学校で児童生徒の健康・安全の保健管理を行い，また児童生徒の健康の保持増進能力を育てる保健教育をいう。

表 I-2 学校内の主な主任と主事

主任・主事名	職務
教務主任	校長の監督を受け、教育計画の立案その他の教務に関する事項について連絡調整および指導、助言にあたる。
学年主任	校長の監督を受け、個別の学年の教育活動に関する事項について連絡調整および指導、助言にあたる。
保健主事	校長の監督を受け、学校における保健に関する事項の管理にあたる。
生徒指導主事	校長の監督を受け、生徒指導に関する事項をつかさどり、当該事項について連絡調整および指導、助言にあたる（原則として中学・高校のみ）。
進路指導主事	校長の監督を受け、生徒の職業選択の指導その他の進路の指導に関する事項をつかさどり、当該事項について連絡調整および指導、助言にあたる（中学・高校のみ）。

出所：主に学校教育法施行規則を参考に作成。

　たとえば企画委員会あるいは運営委員会では、学校運営の主要な事項を協議し決定します。構成員は校長、教頭、各種の主任や主事などです。このほか委員会の数や名称は学校によってさまざまですが、学力向上，**学校自己評価**，**学校保健**，**食育**推進などについての委員会があります。

　生徒指導等に関しては、生徒指導委員会、不登校対策委員会、進路指導委員会などが設置されている学校があります。このうちたとえば生徒指導委員会であれば、校長、教頭、生徒指導主事、養護教諭、各学年主任、そして定期的に学校で相談を行う**スクールカウンセラー**などから構成され、毎週あるいは毎月1回程度、定期的に開催されて、問題行動について指導の対象となる子どもの情報共有と、今後の具体的な取組の検討や決定を行います。

　一般に、その学校にとって重要な取組や課題に関しては、校務分掌上の担当者がいるだけでなく、校内の委員会が設置されています。ただし、委員会の取り扱う内容や構成員、そして開催頻度等は、学校の実態に合わせたものでなければなりません。たとえば主に非行などの問題行動を扱う生徒指導委員会と、不登校を対象とする不登校対策委員会の間で、対象の子どもが重なっていたり、あるいは区分が難しい場合などは、両方の委員会を合同で開催したり、あるいは両方の委員会を合併して新たな委員会（学校適応促進委員会など）を置くなどの工夫が可能です。なお、障害のある子どもの支援を行う特別支援教育の進展に伴って、**特別支援教育に関する校内委員会**が置かれるようになりました。従来、校務分掌において障害児教育の担当や係が決められていましたが、さらに委員会を設置して組織的な取組が必要になってきています。一人ひとりの子どものニーズに応えるという点で重要な取組であり、幼稚園から高校や大学までを含めて、対応が進められています。

　校務分掌や学校内の組織にもとづく校内の委員会の意義と役割は、今後重要度が増すと考えられますから、その設置と運営にはさらに工夫が必要となるでしょう。

（小泉令三）

▷3　食育
食に関するさまざまな知識を習得させ、健全な食生活を営む力を育てる教育。

▷4　スクールカウンセラー
学校で、さまざまな悩みの相談に応じ、助言や支援などの心のケアを行う専門家。心理学の専門知識をもった専門家があたっている。

▷5　文部科学省（2007）．特別支援教育の推進について（通知）

▷6　特別支援教育に関する校内委員会
これの設置をきっかけとして、「校内委員会」という用語が広く使われるようになった。この委員会は、全校的な支援体制を確立して、発達障害（IX-1～IX-4参照）を含む障害のある子どもの実態把握や支援方法の検討を行うためのもの。
　構成員は、校長、教頭、特別支援教育コーディネーター（IX-1参照）、教務主任、生徒指導主事、通級指導教室担当教員、特別支援学級教員、養護教諭、対象の幼児児童生徒の学級担任、学年主任、その他必要と思われる者など。

I　学校内のシステム構成

2　心理教育的援助サービスの種類

　生徒指導では，児童生徒の入学から卒業までに出会うさまざまな問題解決だけでなく，社会的な発達促進や実社会で活用可能な知識の提供やスキルの育成を行います。しかし，生徒指導は，規律指導，叱る教育，非行対策だと誤解している教師が多くいます。

課題①：小学校の教師Ａ

> 　私は，はじめて小学１年生の担任となりました。私の学級では，毎日の朝の会や授業中の私語が多くいつもざわついています。私が授業で，「○をして下さい」，「△さんは何といいましたか」などの指示や発問をしても，児童がきちんと聞いていません。また，友達が発言している最中に，他の話をしたりしています。このことを，先輩教師に相談すると，「最初にビシッと叱らなかったから，なめられてしまったね」と言われました。学級崩壊するのではないかと不安です。

課題②：中学校の教師Ｂ

> 　中学２年生のＡさんは，私が顧問をしている女子バレー部で，アタッカーとして活躍しています。Ａさんから，携帯電話の出会い系サイトで知り合った男子高校生から，今度の日曜日に遠出をして仲間と一緒に遊ばないかと誘われて悩んでいると相談を受けました。Ａさんと相手の高校生は，メールや写真の交換を頻繁にしているようです。Ａさんは，高校生は彼氏であり，お兄さんのようで好きだと言っています。Ａさんが，性被害を受けないか心配です。

課題③：高校の教師Ｃ

> 　私は，高校２年生のホームルーム担任をしています。私の生徒に，寡黙な生徒Ｂさんがいます。私が挨拶や声をかけても，視線も合わさず素通りします。ある日，Ｂさんが小グループでの調べ学習を行っている際に，友達に殴りかかったという連絡を受けました。保護者と面談をしたところ，Ｂさんは中学校時代に，クリニックでアスペルガー症候群と診断されたとのことでした。今後，どのように対応したらよいでしょうか。

1 総合的な個別発達援助としての生徒指導

　生徒指導とは，この言葉通りに解釈すれば「教師による児童生徒への指導」となります。そのため，児童生徒が不適切な行動をとった場合に，教師が「叱る，罰する，説得する，正しく導く」という矯正教育的なイメージがつきまとい，生徒指導本来の目的が誤解されている傾向があります。文部科学省（旧文部省）の定義では，生徒指導とは「本来，一人一人の生徒の個性の伸長を図りながら，同時に社会的な資質や能力・態度を育成し，さらに将来において社会的に自己実現できるような，資質・態度を形成していくための指導・援助であり，個々の生徒の自己指導力の育成を目指すものである」[1]と規定されています。この定義から生徒指導は，非行や問題行動の対応に限定されるものではなく，子ども一人ひとりの個性と社会性を育成し，将来の自己実現を促進することに目的があります。

　また，八並（2008）は生徒指導を，「生徒指導とは，子ども一人ひとりのよさや違いを大切にしながら，彼らの発達に伴う学習面，心理・社会面，進路面，健康面などの悩みの解決と夢や希望の実現をめざす総合的な個別発達援助である」と実践的な定義を示しています[2]。すなわち，生徒指導は，児童生徒一人ひとりの異なる教育的なニーズや実態（個別的）に関する生徒理解にもとづいて，発達段階に応じた（発達的），多面的な援助（総合的）を行い，個性と社会性の育成を図りながら，主体的な進路の選択・決定（キャリア選択・達成）を促進し，すべての児童生徒の学校から社会へのスムーズな移行（School To Career：スクール・トゥ・キャリア）を援助する重要な教育活動です。このような総合的な個別発達援助は，生徒指導の基盤学問である学校心理学において「心理教育的援助サービス」と呼ばれています[3]。

2 3段階の心理教育的援助サービス

　心理教育的援助サービスは，児童生徒が一人の社会的な人間として成長していく過程で，主として学校生活場面で出会うさまざまな教育的課題や発達上の課題（学習に関する課題，集団適応に関する課題，人間関係に関する課題，進路に関する課題など）の取組に焦点をあてて，そこで生じるさまざまな問題状況の解決を援助します[4]。また，援助対象は，すべての児童生徒であり，援助領域は，児童生徒の学習面，心理・社会面，進路面，健康面です。心理教育的援助サービスは，児童生徒の問題状況や援助ニーズの度合いによって異なります。学校心理学では，以下のような3段階の心理教育的援助サービスを想定しています。

○一次的援助サービス

　「すべての児童生徒」を対象に，発達促進的もしくは予防教育的な援助サービスを行います。前者の発達促進的な援助サービスの具体例としては，入学時

▷1　文部省（1988）．生活体験や人間関係を豊かにするものとする生徒指導——いきいきとした学校づくりの推進を通じて（中学校・高等学校編）大蔵省印刷局

▷2　八並光俊（2008）．生徒指導のねらい，「個別の発達援助」八並光俊・國分康孝（編）　新生徒指導ガイド　図書文化社　pp.16-17.

▷3　学校心理士資格認定委員会（編）(2008).　学校心理学ハンドブック　第2版　風間書房

▷4　石隈利紀（2004）．学校心理学とその動向——心理教育的援助サービスの実践と理論の体系をめざして　心理学評論，**47**(3)，332-347.

の学校生活への適応のためのオリエンテーション（ガイダンス），自他の長所の発見や人間関係を円滑にするための社会的なスキルの学習，進路意識を高める学習や体験的学習などがあげられます。また，後者の予防教育的な援助サービスとしては，ストレスをうまく処理する（ストレスコーピング）ためのスキル学習，非行防止や犯罪被害防止を目的とした非行防止教育[15]，飲酒・喫煙・大麻・覚醒剤などの違法性や危険性を学習する喫煙防止教育・薬物乱用防止教育[16]があげられます。授業中の私語，友達の発言や教師の発問・指示を聞いていないというケースでは，他人の話に注意深く耳を傾けるという傾聴スキルの不足が考えられます。このような傾聴スキルの育成は，学校生活だけではなく，社会生活でも必要不可欠のスキルですから，すべての児童生徒を対象に，学級活動・ホームルーム活動，道徳の時間，総合的な学習の時間を活用して集団活動を通したスキルトレーニングを行うと効果的です。

◯二次的援助サービス

気になる「一部の児童生徒」を対象に，事前に問題が生じないような手立てをする，あるいは問題の早期発見によって早期解決を行います。たとえば，転校生が学級にスムーズに適応できるようにするために，学級委員の近くに座席を配置し，日常のグループ活動を通じて転校生の疑問や困ったことについてサポートできるようにします。間違った発言をして友達から笑われたことが原因で，遅刻・早退がはじまった児童生徒に対して，教育相談担当や養護教諭と連携して，教育相談を定期的に行い，児童生徒の様子を把握するとともに，発言に自信をもたせ，以前のような規則的な学校生活の取り戻しをサポートします。この他，特別支援教育コーディネーターと連携して，通常学級に在籍する発達障害が疑われる児童生徒への指導や対応を工夫します。二次的援助サービスは，学級担任やホームルーム担任が単独で対応する場合もありますが，生徒指導担当，教育相談担当，学年主任，養護教諭，スクールカウンセラー，スクールソーシャルワーカーなど，校内の教職員が少人数の援助チームを編成して，すばやく対応するのが一般的です。

◯三次的援助サービス

特別な配慮を個別的に要する「特定の児童生徒」を対象に，校内の教職員と連携して援助チームを編成して，チームで問題解決にむけて援助を展開します。また，学校だけでは対応できないような深刻な問題は，学校と学校外の病院・警察・児童相談所などの関係機関等と連携したネットワーク型チーム援助（サポートチームとも呼ぶ）によって問題解決を行います[17]。悪質ないじめ・ネットいじめ被害，不登校，暴力行為，性の逸脱行為，薬物乱用，LD・ADHD・高機能自閉症・アスペルガー症候群などの問題や発達上の課題を抱えた児童生徒一人ひとりに対して，組織的かつ個別的な援助を行います。チーム援助の詳細は，I-3 を参照してください。この他，教育委員会に設置されている緊急支

▷5 文部科学省・警察庁（2005）．非行防止教室等プログラム事例集を参照。http://www.mext.go.jp/a_menu/shotou/seitoshidou/mondai04.htm

▷6 日本学校保健会のホームページを参照。http://www.hokenkai.or.jp/index.html

▷7 石隈利紀・山口豊一・田村節子（編）（2005）．チーム援助で子どもとのかかわりが変わる——学校心理学にもとづく実践事例集 ほんの森出版

援　助	一次的	二次的	三次的
対　象	すべての生徒	一部の生徒	特定の生徒
問題性	低レベル　――――――――――――→　高レベル		
協働性	担任・学年主導	校内連携型チーム援助	ネットワーク型チーム援助

⇩

領　域	学習面	心理・社会面	進路面	健康面

⇩

方　法	アセスメント	カウンセリング	ガイダンスカリキュラム	コンサルテーション	コーディネーション

　　　　　　　　直接的　　　　　　　　　　　　　　間接的

図Ⅰ-2　心理教育的援助サービスの概観

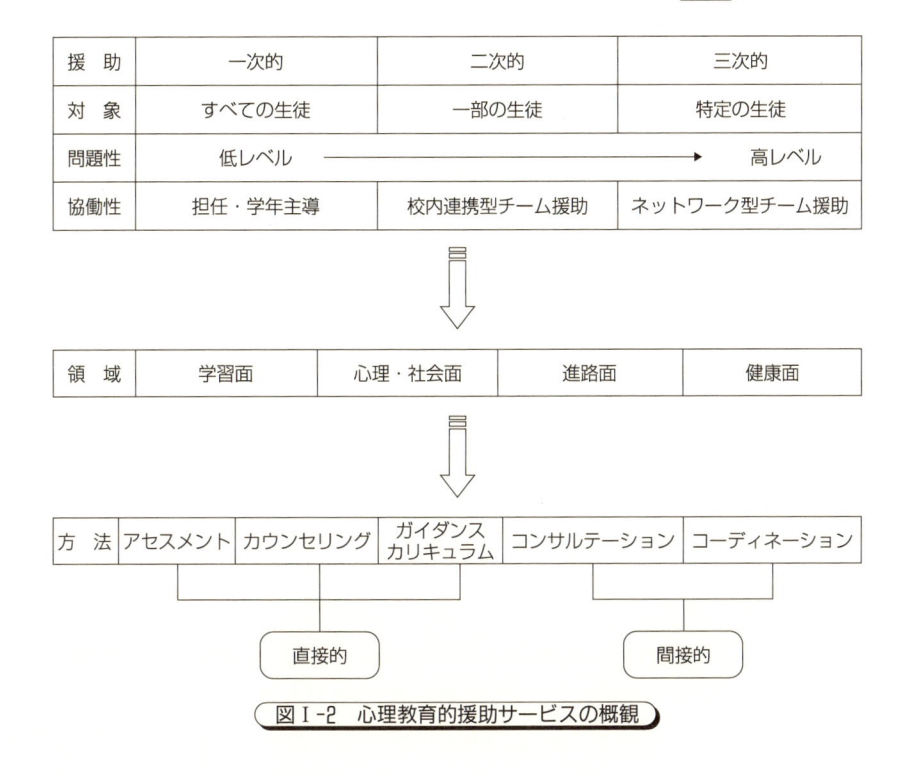

援チームが，緊急対応する場合もあります。

❸ 5種類の援助方法

　心理教育的援助サービスの提供方法は，大きく児童生徒に直接的に働きかける方法と間接的に働きかける方法に分けられます。直接的な援助方法には，第1に，児童生徒の実態や問題状況に関する情報収集を行い，援助方針を検討する「アセスメント」，第2に，個別面談や小集団によるグループ面談による「カウンセリング」があります。第3に，明確な教育目標と段階的な指導計画にもとづき授業や集団活動を通して，児童生徒の多様なスキルを育成する「ガイダンスカリキュラム」があります。間接的な援助方法には，第1に，援助に参加する教職員や保護者に専門的な立場から助言を行う「コンサルテーション」があります。第2に，校内の教職員や校外の専門機関等の職員とうまく連携できるように連絡・調整を行う「コーディネーション」があります。

　以上のことを整理すると，図Ⅰ-2のようになります。一次的援助サービスから三次的援助サービスとなるにしたがって，児童生徒の問題が深刻化し，援助ニーズも特別なものになっていきます。援助者としては，学級担任や学年団から次に校内連携によるチーム援助，さらに学校と関係機関等のネットワーク型チーム援助というように，協働性（コラボレーション）の質が変化します。生徒指導では，心理教育的援助サービスの層別化の視点が大切となります。

▷8　⇒Ⅰ-4 参照。

（八並光俊）

I 学校内のシステム構成

3 チーム援助の実践

　学級担任やホームルーム担任一人では対応できない児童生徒の悩みや問題を，教師が一人で抱え込んでしまい，問題が深刻化する，あるいは教師がバーンアウトしてしまう例が多数みられます。

課題①：小学校の教師 A

> 　毎日元気で登校していた小学5年生のAさんが，突然学校を休み始めました。Aさんは，学級委員で学級の皆をひっぱるタイプでした。しばらくして，Aさんのお母さんから，学級の複数の友達から「かっこいいことばかり言うな」，「おまえは，先生のロボットか」といじめられたと連絡を受けました。私は，大学を卒業してすぐに新任でこの学校に着任し，学級担任になったため，いじめの対応に非常に困っています。

課題②：中学校の教師 B

> 　中学3年の2学期の中間試験が終わったときに，養護教諭からBさんが頻繁に保健室に来ては，「私はもうダメです」，「死にたいです」ともらしているということを聞きました。Bさんの保護者は，開業医です。1学期の期末試験が不調だったときに，お父さんから，「そんな成績で進学できるのか」と叱られたそうです。Bさんは，まじめすぎるくらいまじめで，努力家なだけに，自殺をしないか気がかりでなりません。

課題③：高校の教師 C

> 　高校2年生のCさんから，両親の離婚問題で悩んでいると相談されました。Cさんの家庭は，共働き家庭です。中学生の頃から，お父さんの会社が業績不振に陥り，給与が減りました。その頃から，お父さんとお母さんが口論するようになり，時々お父さんが怒鳴ったり，手をあげたり，物を壊すなどするようになりました。Cさんが高校1年のときに，お母さんから，「これ以上はがまんできないので，お父さんと離婚したい」と告白されたそうです。生徒の保護者の離婚問題を扱ったことがないので，どのように対応したらよいかわかりません。

1 一人で対応することの危険性とチーム援助

　大学を卒業してすぐに教師なった場合，いじめや不登校などについての知識はあっても，実際の場面で通用する実践的知識やスキルは未熟です。未熟な状態ですが，学級担任ということで責任を感じ，自分の主観や浅い経験で対応すると問題が深刻化する可能性が高くなります。特に，いじめの被害や自殺のほのめかしの相談では，教育相談を通じて的確な事情聴取と，生徒指導担当や教育相談担当，スクールカウンセラーの協力を得て素早い初期対応をしなければ，いじめ被害児童生徒や「死にたい」といった児童生徒が，自殺してしまうこともあります。また，教職経験のあるベテランの教師であっても，緊急対応を要するようなケースに対応するのは，非常に難しいことです。このように，深刻な生徒指導上の問題を抱えている児童生徒は，学校心理学では，I-2 で示した三次的援助サービスの対象となります。三次的援助サービスでは，教師が一人で問題を抱え込まずに，複数の教職員もしくは学校と関係機関の連携によるチーム援助（チームサポート）による組織的対応が主流です。

▷1　八並光俊（2006）．学校心理学部門　応用実践期におけるチーム援助研究の動向と課題——チーム援助の社会的ニーズと生徒指導との関連から　教育心理学年報，第45集，125-133.

2 チーム援助の3つの特色

　チーム援助の特色として，次の3点があげられます。第1は，個に対する組織対応の方法であるということです。深刻かつ緊急性を要する問題や発達障害のように特別な教育的ニーズをもった児童生徒一人ひとり（個別的）に対して，学校内の複数の教職員や関係機関の専門家が援助チームを編成（組織的）して，問題解決を行います。第2に，総合的な援助を行うことです。チーム援助では，問題を抱えている児童生徒だけではなく，彼らを取り囲んでいる家庭環境，学校環境など，環境にも働きかけます（総合的）。たとえば，教師は保護者との面談はできますが，離婚について助言をする，経済的支援をするなど家庭の問題に直接かかわることは，職務上できません。このような問題は，福祉的な援助を必要とします。そこで，学校と家庭をつなぐ福祉的援助に精通したスクールソーシャルワーカーや児童相談所と連携して，問題解決をします。第3に，チーム援助は，システマティックなアプローチであるということです。チーム援助では，児童生徒の問題に対して，熱意や指導力のある教職員や学校外部のサポーターがチームを組むという形式だけでは成功しません。チーム援助で，もっとも大切なことは，「アセスメントの実施⇒個別援助計画の作成⇒チーム援助の実践⇒チーム援助の評価・終結」という援助プロセスが確立されていなければならないということです。

3 システマティックな援助プロセス

　チーム援助のプロセスは，一般的には図I-3のようになります。プロセス

▷2　八並光俊（2003-2004）．連載・チームサポートの理論と実際　月刊生徒指導　学事出版

```
         ┌─────────────────┐
         │ 1 チーム援助の要請 │
         └─────────────────┘
                  ↓
         ┌─────────────────┐
         │ 2 援助レベルの判定 │
         └─────────────────┘
                  ↓
┌──────────────────────────────────────────┐
│  ┌──────┐         ┌──────┐              │
│  │学習面│         │学校環境│              │
│  ├──────┤個    リスク   環├──────┤       │
│  │心理・社会面│ 人 ↔ 緊急度 ↔ 境 │家庭環境│ │
│  ├──────┤         ├──────┤              │
│  │進路面│         │地域環境│              │
│  ├──────┤         └──────┘              │
│  │健康面│                                │
│  └──────┘                                │
│                                          │
│  ┌──────────┐      ┌──────────┐          │
│  │ 自助資源  │      │ 援助資源  │          │
│  │(顕在的・潜在的)│   │(人的・物的)│         │
│  └──────────┘      └──────────┘          │
└──────────────────────────────────────────┘
                  ↓
         ┌─────────────────┐  ←──┐
         │ 3 アセスメントの実施│     │
         └─────────────────┘     │
                  ↓              │
         ┌─────────────────┐     │
         │ 4 援助仮説の生成  │     │
         └─────────────────┘     │
                  ↓              │
         ┌─────────────────┐     │
         │ 5 個別援助計画の作成│    │
         └─────────────────┘     │
                  ↓              │
         ┌─────────────────┐     │
         │ 6 援助チームによる実践│   │
         └─────────────────┘     │
                  ↓              │
         ┌─────────────────┐     │
         │ 7 チーム援助の評価 │─────┘
         └─────────────────┘
                  ↓
         ┌─────────────────┐
         │ 8 チーム援助の終結 │
         └─────────────────┘
```

図Ⅰ-3 チーム援助のプロセス

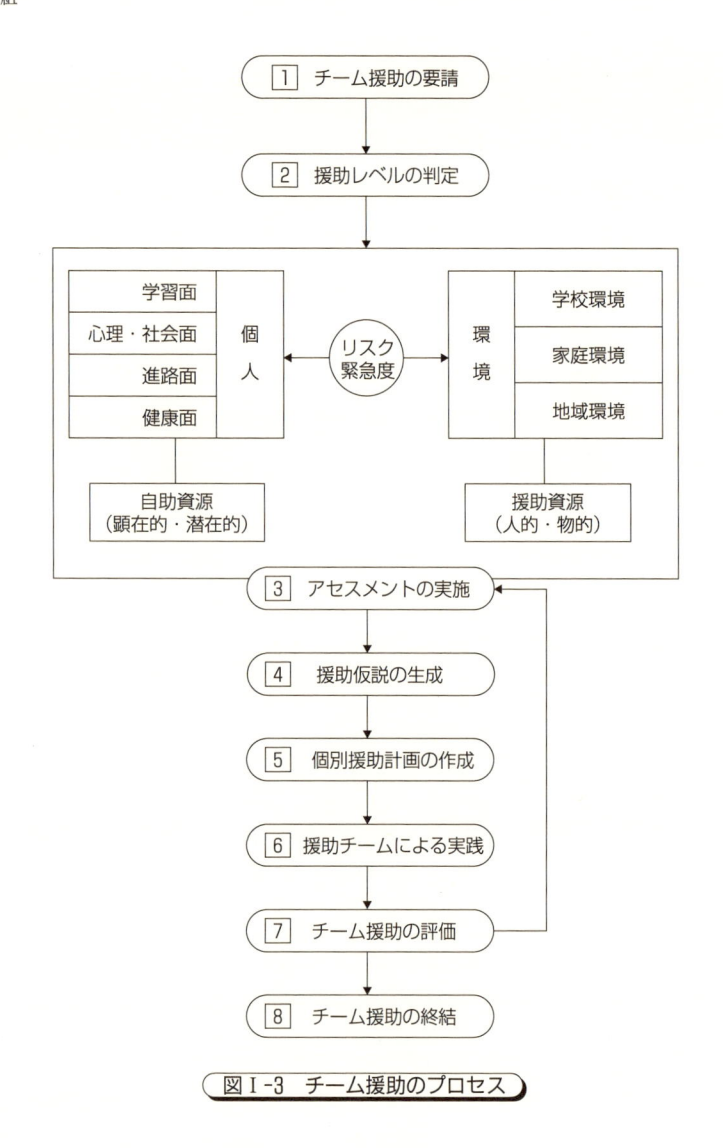

の説明は,以下の通りです。

◯チーム援助の開始

深刻な問題や特別なニーズを抱えた児童生徒の問題解決に関して,学級担任や生徒指導担当から援助要請(1)があった場合,生徒指導委員会などの校内委員会でチーム援助を行うかどうかの判断(2)をします。

◯アセスメントの実施

学級担任,生徒指導主事(担当),教育相談担当,学年主任,養護教諭,スクールカウンセラー,スクールソーシャルワーカーなど複数の教職員や保護者によるアセスメント(3)を実施します。アセスメントでは,児童生徒が抱えている問題や悩み,家庭や学校での様子,これまでの指導や援助の経過など多角的に情報収集を行い,つまずきや困難の原因や背景を探るとともに,問題解決のための援助仮説を設定します。これをアセスメントといいます。アセスメ

ントから解決すべき問題を特定すると同時に，その児童生徒の長所や個性的な能力，今後伸ばしたい長所や能力（自助資源）と，児童生徒を取り巻く環境のなかで，どのような機関や団体等がサポーターとなれるか（援助資源）予測します。また，自殺念慮・薬物乱用・性非行・児童虐待など，緊急性を要することがあります。そのため，援助の緊急度を検討するリスクアセスメント[3]を行います。これらのアセスメントから，「△の問題には，□のような解決法が有効だろう」という問題解決のための援助仮説（[4]）を立てます。

○個別援助計画の作成

問題解決に向けて，「誰に対して（援助対象），何を目標に（援助目標），いつ（援助時期），誰が（援助者），どこで（援助場所），どのような援助を（援助内容・方法），いつまで行うか（援助期間）」という個別援助計画（[5]）を作成します。個別援助計画に基づいて，援助チームを編成します。援助チームには，コーディネーターが必要です。学校内のコーディネーターは，生徒指導主事あるいは学年の生徒指導担当，教育相談担当，特別支援教育コーディネーター，養護教諭，スクールカウンセラー，スクールソーシャルワーカーなどがなります。援助チームのタイプ[4]は，学級担任・コーディネーター・保護者から構成されるコア援助チーム，学校内の複数の教職員から構成される拡大援助チーム，学校と関係機関等が連携したネットワーク型援助チームがあります。

文部科学省では，関係機関との連携を「サポートチーム[5]」と呼んでいます。主な関係機関としては，教育委員会・教育センター，保健所・精神保健福祉センター，児童相談所・福祉事務所，要保護児童対策地域協議会，警察・少年サポートセンター・家庭裁判所，NPO団体などがあります。

○チーム援助の実践

個別援助計画にもとづいて，チーム援助を実践します（[6]）。チーム援助では，定期的にチーム援助会議を開催します。このチーム援助会議は，ケース会議とも呼ばれます。チーム援助会議で，援助チームのスタッフの援助行為，児童生徒や保護者の応答行為に関するモニタリング（動静把握）を行い，援助経過の共通理解や援助方法の工夫・改善を行います。

○チーム援助の評価・終結

学期末や学年末に，チーム援助実践の総括的評価を実施します（[7]）。総括的評価には，児童生徒の問題解決がどの程度達成できたのかという児童生徒評価と，援助チームの成果・課題・引き継ぎ事項などの組織評価の両者が含まれます。問題解決が不十分だと判断された場合は，再アセスメント（[3]）を行い，継続的なチーム援助を行います。問題解決が達成されると，終結します（[8]）。

（八並光俊）

▷3 リスクアセスメントの詳細については、神奈川県立総合教育センター（2007）. 子どものニーズの解決に向けた多職種協働チームの行動連携の在り方──「ニーズを抱えている子どもの問題解決のためのアセスメントチェックリスト」及び「支援のための行動連携シート」の開発とその活用について 神奈川県立総合教育センター（亀井野庁舎）を参照。

▷4 石隈利紀・田村節子（2003）. チーム援助入門──学校心理学・実践編 図書文化社

▷5 学校と関係機関との行動連携に関する研究会（2004）. 学校と関係機関等の行動連携を一層推進するために

I　学校内のシステム構成

4　異校種間連携の必要性

　いじめ，不登校生，暴力行為などの多くは，小学校の中学年や高学年で発生し，中学校で継続，深刻化することが多いです。問題行動の未然防止のためには，小学校・中学校の連携，中学校・高校の連携という異校種間の連携が大切となりますが，実態として不十分なケースがみられます。

課題①：中学校の教師A

> 　中学1年のAさんは，1学期末から早退や欠席が目立つようになりました。2学期になってから，1日も学校に出席していません。教育相談担当による母親との面談情報では，Aさんは「先生が教科によって変わって落ち着かない」「勉強が難しく，理解できない」「知らない友達が多く，寂しい」と悩んでいるということでした。また，小学校5年生のときに不登校になり，6年生時は不定期な欠席が数日あったということです。Aさんの学校復帰に向けて，どのように対応すればよいでしょうか。

課題②：中学校の教師B

> 　私の学級に，粗暴な生徒がいます。中学2年生のBさんは，友達を呼ぶときに「おい」，「おまえ」と呼び，友達や教師が注意すると，すぐにカッとなって「うるせぇ」，「殺すぞ」と怒鳴り散らし，暴力をふるいます。両親ともに忙しく働いており，家庭訪問しても会えません。Bさんの出身小学校に，4年生時の担任だった教師がいたので，当時の状況を聞いたところ，小学校低学年より父親から暴力を受けていたことがわかりました。暴力行為の背景に，児童虐待がある場合の対応に苦慮しています。

課題③：中等教育学校の教師C

> 　私が勤務する学校は，中等教育学校です。私は，高校1年生に相当する第4学年の担任をしています。中高一貫教育なので，友達関係も親密で，仲がよいだろうと思っていたのですが，生徒どうしの関係は予想以上に冷たく，ホームルーム経営に悩んでいます。具体的には，騒がしい一部の生徒に対して周囲の生徒が声をかけない，発達障害と思われる生徒に対してサポートをしない，相手のいうことを丁寧に聞かないという状況です。生徒集団に，支持的な雰囲気がなく，自分たちで判断し，助け合うことができない状態です。

I-4 異校種間連携の必要性

1 段階的・組織的な生徒指導体制の確立

○異校種間の連携はなぜ必要か

　不登校の解決は，日本の大きな課題となっています。国立教育政策研究所生徒指導研究センターが実施した「中１不登校生徒調査」▷1の結果では，中学１年生の不登校生徒の約半数は，小学校の４年生から６年生までの高学年時に不登校の経験をしていました。不登校は，中学校で急増するように思われますが，小学校時代の不登校経験や保健室登校と関連があるとすれば，小学校での不登校の問題解決や未然防止が重要となります。また，同調査では，小学校時代に不登校経験のない不登校生徒の欠席理由に，学習不振が目立つとしています。学業不振も，中学生なっていきなり始まるというわけではなく，小学校時代からの学習習慣の形成や基礎学力の定着と大きくかかわっています。

　児童生徒の暴力行為も不登校問題と似た傾向をもっています。文部科学省が，毎年都道府県教育委員会を通じて，生徒指導上の諸問題に関する調査を実施しています。2008年度の調査▷2によると，前年度よりも小学校の校内暴力は増加し，小学校４年生を境に急増します。小学校１年生の加害児童数を1.0とすると，１年生（1.0）→２年生（1.5）→３年生（2.4）→４年生（4.1）→５年生（6.3）→６年生（11.5）となります。中学校になると，小学校とは比較にならないくらい暴力行為の発生件数が高まります。暴力行為を根絶するには，小学校低学年から規範意識を高め，他者の人権の尊重や非暴力による問題解決に関する予防教育を徹底する必要があります。さらに，暴力行為の背景に，複雑な家庭環境や児童虐待がある場合があります。暴力行為の加害児童生徒は，周囲からすれば「困った児童生徒」ですが，児童虐待の被害児童という観点からいえば，彼らも「困っている児童生徒」です。その解決には，児童相談所を中心に福祉・医療・警察機関との連携と長期の見守りが必要となります。

　以上のことから，小学校の生徒指導上の問題は小学校で，中学校の問題は中学校で，それぞれ解決していくという分断的志向から，小学校と中学校が連携して児童生徒の個性の伸長や社会性の育成を段階的に行っていくという異校種間の協働的志向が大切となります。

○異校種間のアーティキュレーション（接続）をどうするか

　異校種間の連携の具体例を述べる前に，異校種間のアーティキュレーションなどのように考えるか簡単に説明しておきます。アーティキュレーションとは，学校間の接続もしくは接続関係を意味します。図Ⅰ-4は，異校種間のアーティキュレーションを，子どもに視点を置いて示しています。

　子どもの就学期間は，高校進学率が約98％ということを考慮すると，12年間と長期間です。これに幼稚園を加えるとさらに長くなります。現在生徒指導では，いじめ・不登校・非行などはどの子どもにも起こりうるという前提に立っ

▷1　国立教育政策研究所生徒指導センター（2005）．中１不登校の未然防止に取り組むために　平成13-15年度「中１不登校生徒調査」から

▷2　文部科学省初等中等教育局児童生徒課（2009）．平成20年度「児童生徒の問題行動等生徒指導上の諸問題に関する調査」結果（暴力行為，いじめ等）について（報道発表）
http://www.mext.go.jp/b_menu/houdou/21/11/1287227.htm

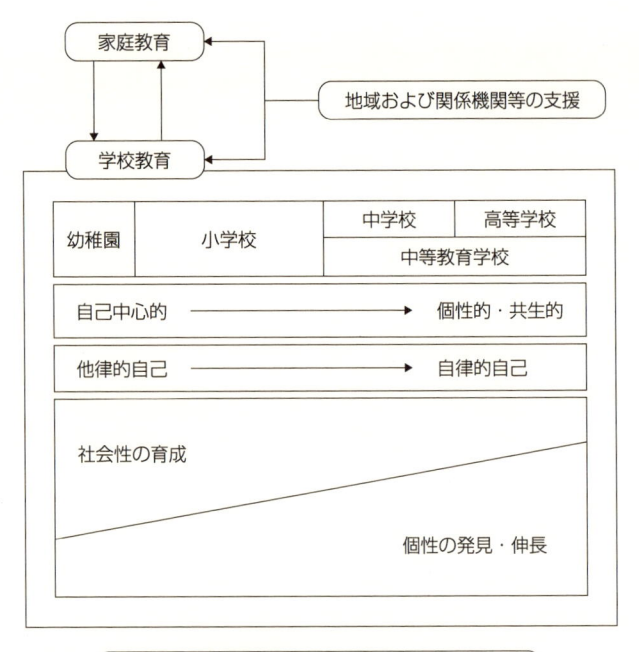

図Ⅰ-4　異校種間のアーティキュレーション

ています。先の調査研究のデータでは，発達段階に伴う問題行動のエスカレーション現象が読み取れます。したがって，小学校から中学卒業や高校卒業後の進路を想定して，開発的・予防的な段階的・継続的な生徒指導が求められます。図のように，幼稚園・小学校・中学校前半では，子どもは自己中心的で他律的なので，社会性の育成に力点を置きながら自己理解を深めていきます。中学校後半から高等学校にかけては，進路の選択・決定期であるため，自己の長所・よさの発見や可能性への挑戦を促進し，他者理解や異文化理解による共生的な価値観・態度を育成し，自律的な自己を形成するようにします。

　他方，教師の視点からは，保護者とパートナーシップを形成し，学校教育と家庭教育の相乗効果を高めます。また，地域や関係機関等からの地域支援を受けながら，幼稚園から小・中・高校段階で生じる子どもの多様な問題の解決や段階的・継続的な発達援助を，組織的に展開できるようにネットワーク型の生徒指導体制をつくります。

❷ 社会的スキルの育成による異校種間連携例

　異校種間連携の典型例として，横浜市教育委員会が行っている「子どもの社会的スキル横浜プログラム」（以下，横浜プログラムと略記）を取り上げてみます。横浜プログラムは，2007年に作成され，いじめなどの問題を自ら解決する心豊かでたくましく生きる子どもを育成することを目的としています[3]。その背景には，従来家庭や地域で経験してきた「被受容体験」（無条件に愛されたという体験），「がまん体験」（苦しみや欲求のコントロール体験），「群れ合い体験」

▷3　犬塚文雄（2008）．ガイダンスカリキュラムの全体像「子どもの社会的スキル横浜プログラム」に着目して　八並光俊・國分康孝（編）　新生徒指導ガイド　図書文化社　pp.60-65．

表 I-3　子どもの社会的スキル概念表

分類		番号	スキル
「自分づくり」スキル		1	自分の意見をもつ
		2	自分なりの見方や感じ方をもつ
		3	自他のよさを見いだす
		4	自他のちがいを認める
「仲間づくり」スキル	自己表現	5	はっきり伝える
		6	上手に質問をする
		7	きっぱり断る
		8	仲間に加わる
		9	仲間に誘う
		10	さわやかにあいさつする
		11	自己紹介をする
	共感・配慮	12	やさしく頼む
		13	気持ちに共感する
		14	あたたかい言葉をかける
		15	しっかり話を聴く
		16	きちんと謝る
「集団づくり」スキル		17	感情のコントロールをみんなで考える
		18	問題や課題の解決策をみんなで考える

出所：横浜市教育委員会（2009）．p.8（なお，該当概念表を，筆者が表形式に改変している）

（子どもどうしのぶつかり合いやじゃれ合い体験）など，人間形成の土台となる基本体験の不足から生じた社会性の低下を，学校教育が補充・提供し高めていく必要があるという認識があります。同プログラムは，2009年に改訂（増補改訂版）されました。特色としては，以下のような点があげられます。

●構造化された教育プログラム

横浜プログラムでは，社会的スキルを「自分自身や仲間との良好な関係や集団への積極的な関わりを創り出すために必要な基本的スキル」（増補改訂版，p.6）と定義し，多様なグループでの活動体験を通して，表 I-3 のような発達段階相応の社会的スキルの習得ができるように構成されています。

横浜プログラムは，市内の主として小学校・中学校での一貫教育を想定して，各教科，道徳，特別活動，総合的な学習の時間などを活用して，全教育活動のなかで展開されます。また，学年当初や学期末に，個人や学級のアセスメントを実施して，個人や集団の実態や課題を把握し，生徒指導上の問題解決や集団の特性に応じたグループ・アプローチ・プログラムを選択して実施されます。社会的スキルを，幼稚園から高校まで時間をかけて育成することで，社会性の高まりだけでなく，いじめや問題行動の抑止効果も高まることが期待されます。同様のプログラムは，千葉県やさいたま市においても実施されています。

（八並光俊）

▷4　横浜市教育委員会（2009）．子どもの社会的スキル横浜プログラム［増補改訂版］
http://www.city.yokohama.jp/me/kyoiku/plan_hoshin/skill.html

▷5　中野良顯（2008）．ガイダンスカリキュラムの授業案と授業展開　千葉県「豊かな人間関係づくり実践プログラム」八並光俊・國分康孝（編）前掲書，pp.72-77.
http://www.pref.chiba.lg.jp/kyouiku/ikiiki/tophr.htm

▷6　岡田弘（2008）．ガイダンスカリキュラムの成果の検討　さいたま市教育委員会「HRTプログラム」から　八並光俊・國分康孝（編）同上書，pp.78-83.（HRT：Human Relation Training Program）

II　生徒指導と教育課程や教育経営

1　教科指導と生徒指導

他校の学級担任をしている先生から，次のような相談を受けました。問題点を明らかにし，今後どのように解決したらよいかについて考えてみましょう。

課題①：小学校の教師A

> 私のクラスの子どもたちから，「算数がわからない」「国語の時間はつまらない」等という声が聞こえるようになりました。そして，次第に，勉強がわからないということで，少しふてくされたり，騒いだりします。今では，自分自身に自信をもてずに，学校を休みがちという子もいます。私は焦るばかりで，いけないとは思うのですが，どうしてもカリカリしてしまいます。
> 　なんとかして，教科指導のなかで子どもたち一人ひとりの自尊感情を高めたいのですが，どのような工夫をすればいいのでしょうか？

課題②：中学校の教師B

> 中学2年の夏休みを過ぎた頃から，学習規律が乱れてきました。
> ・始業チャイムが鳴っても教室に入らない。
> ・授業開始と終わりの挨拶をきちんとしない生徒が数名。けじめがつかない。
> ・他の生徒の発表や教師の説明を静かに聞くことができない。
> ・グループ活動で，指示した学習を行わず，他人の迷惑になることばかりする。
> ・授業中，勝手に席を離れたり，教室を抜け出す生徒まで出てきた。
> 　こういう状況ですが，なんとか教科指導のなかで学習規律を高めていくことはできないでしょうか？　そのコツがあれば教えてください。

課題③：高校の教師C

> 何の問題もなく，普通に授業を受け，勉強していた生徒が，急に学習へのやる気を失い，表情がさえなくなることがあります。ひどい場合は，学校を休みがちになってしまいます。将来の夢を見いだすことができず，大学に進学したいのか，専門学校に行きたいのか，就職したいのか，自分でもわからないと言うのです。目標を見つけられずに，学習への動機づけが低下し，「学びから逃走」していく子にはどうすればよいのでしょうか？　担任として，また教科担当者として取組むべきことがありましたら，教えてください。

II-1 教科指導と生徒指導

1　自尊感情の育成

　自尊感情とは,「自分に対する肯定的感情」です。子どもの感覚に即して言うと,「僕は,自分のことが好き」「オレっていい感じ」「私はなかなか素敵な人間じゃない？」というふうに,自分で自分のことを思える感覚と言えます。

　この自尊感情は,子どもに対して大人が短期間に容易に養成できるというものではありません。自尊感情は,家庭・学校・社会のなかでじっくりと,「人と人との肯定的なかかわり体験」を基盤にして醸成されていくものです。

　さて,学校では,どのような場で自尊感情は養われていくのでしょうか。それは,主に「学級」と「授業」のなかであると言えます。

　まずは,担任の先生から認められ,愛され,学級にいることの「安心」と「喜び」を子どもが体感できることが肝要です。それが自尊感情を高める土台となります。

- 「心のスイッチさえ入れれば,どの子も必ず光りだす」（東井義雄）[1]
- 「千の子どもに千の花がさく」（吉田六太郎）[2]

　学級担任がこのような子ども観をもち,学級の一人ひとりに優しいまなざしを向け,子どもの「よさ」を認め,褒めていくことが極めて重要です。

　次に,学級や授業のなかで,子どもが何かの役割をこなして自分が級友から認められる経験や,以前よりも自分が成長しているといった実感をもつことができることが必要です。これが子どもの自尊感情を大きく育てます。

　学級の子どもをよく観察し,子ども一人ひとりにあった,そういう「場」や「機会」を,学級や授業のなかに設けることが教師の大切な仕事となります。

2　わかる授業の工夫

　子どもにとって,学校の授業がわからず,皆から取り残されるということほど,悲しく恐ろしいことはありません。授業がわからないと,子ども自身が学校での自分を積極的に肯定することができなくなるからです。自分に自信をもつことができなくなります。

　それほど,授業というのは大切なものであるのに,「わからないのは子どもが悪い」という前提で,子どもの興味や関心は無視し,教材・教具の工夫などしない教師であったらどうでしょう。講義一辺倒で棒読みの授業,山場のある授業の組み立てなど考えない,そういう授業を行っていないでしょうか。あるいは,ただただ教科書の内容を要約して伝達し,それがどれほど子どものなかで定着しているかをテストし,その成績で子どもを選り分けるということを繰り返していないでしょうか。

　これでは,子どもたちはじっと我慢するか,教室を飛び出すかしかありません。学習への意欲も,当然低下せざるをえません。

▷1　東井義雄（1986）.子どもを見る目　活かす知恵　明治図書出版

▷2　吉田六太郎（1982）.千の子どもに千の花　明治図書出版

授業は教師の命です。授業を創造していく力が教師の指導力です。

授業で教師が教えようとするものを，一方的に子どもたちに与えても，それだけでは授業は成立しません。子どもたちの主体的・意欲的な学習活動を引き起こすことができてはじめて授業が成立するのです。

子どもたちの主体的・意欲的な学習活動を引き起こす授業を何としてでも創造しなければなりません。

「授業に向かう教師としての姿勢」をチェックしてみましょう。

- チャイムと同時に教壇に立っているか。チャイムが鳴ってから，やっと職員室を出るようなことはないか。
- 終了チャイムと同時に授業をきちんと終わらせることができているか。
- 行う授業は，子どもの興味・関心を引く，十分に準備されたものか。
- 授業にメリハリはあるか。山場はあるか。
- 指示は明快でわかりやすいものになっているか。
- 声は明るくハキハキとした聞きやすいものか。
- 体調はベストか。さわやかな笑顔で教壇に立てているか。

「わからんくせによそ見するなと言うけれど，わからんからこそよそ見するなり」

これは，生徒がつくった川柳です。

よそ見する原因を子どもに求めるのではなく，自分の授業のやり方に求めましょう。授業のなかで，子どもにとって「見えなかったもの」を「見える」ように，「できなかったもの」を「できる」ようにできていないのです。授業が，子どもにとって，「わかる」「できる」ようになっていく発見と感動に満ちたものになっていないのです。ですから，子どもはよそ見をする。あるいは，一人の殻に閉じこもってしまうのです。

「わかる授業」「できる授業」の積み重ねのなかでこそ，子どもの自尊感情は高まっていきます。

③ 学習規律（学習ルール）の確立

ほんとうは，どの子もどの子も学びたいのです。勉強がわかるようになりたいのです。しかし，小学校高学年頃より学習が難しくなり，中学校ではついていけなくなる子がでてきます。そういう子がふてくされたり，暴れたり，逃げ出したりしているのです。

でも，そういう子も心の底では学びたがっているのですから，その心をなんとかして引きだすのです。子ども自身が中心になって，「クラスの仲間の発表には必ず耳を傾けよう」などのルールをつくっていくよう力強く支援するので

▷3 学習規律
学習規律とは，学習する集団につくり出され，共有される学習に関する規範のこと。具体的には，「先生や仲間の発言をよく聞いて答えよう」「わからないときは『わかりません』と自ら言おう」「困っている仲間にはかかわってあげよう」など。

す。そして，その正義の声を広め，秩序のある学級の雰囲気をつくり上げるのです。

学級のなかには，学ぶ目標を見失っている子どももいますが，自分なりの考えをもち，力強く前進している子どももいます。そういう子どもの考えを語らせ，クラスでディスカッションを行うといいでしょう。

たとえば，中学3年生ぐらいの進路学習で「学習とは，子どもにとって『なりたい自己』と『なれる自己』の拡大のプロセスである」という考えについてどう思うかというグループディスカッションを行うのです。

▶4 市川伸一（2001）．学ぶ意欲の心理学　PHP新書

こういう進路学習のなかで，再び学ぶことに「価値」を見いだすことができ，かつ自ずとクラスのなかに学習規律が確立してきます。

また，どうしても授業に集中できない子には，個別指導を行います。

たとえば座席の位置を配慮したり，「ノートは必ずとる」など，その子どもの達成可能なその時間の目標を自分で設定させ，チャレンジさせます。

その自己目標を達成できれば認め，大いに褒めます。また，その子どもの授業場面以外にも目を向け，その子どもが打ち込んでいることを見つけ，評価し，授業場面につなげていく，などを行うといいのです。

なお，発達障害のある子どもの指導は，校内全体の問題とし，専門機関との連携を図って継続して指導していくことが必要になります。

▶5　Ⅸ「発達障害の支援」を参照。

（赤坂雅裕）

Case

右の写真は，中学3年生が，高校受験前に，教室の黒板に書いていったものです。

中学生になると，小学校に比べ，学習内容が難しくなります。授業も，教科担当の先生が教えることになり，先生が毎時間変わります。

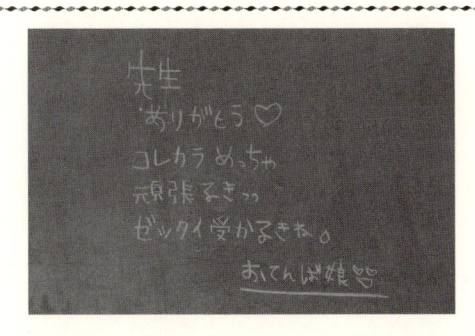

そのような「変化」に適応できず，悩み苦しむ生徒が現れます。そして，授業がわからないということで，自己を否定し，学習意欲をなくし，学習規律も乱れてくるという生徒が多数出てきます。

先生方は，道徳や学級活動で全体的に指導した後，個別指導を行います。

その子に寄り添い，①一緒になって，その子の本心からの「夢」を見つける。②その「夢」を実現する方法を共に考える。③夢実現への，その子の「頑張り」「ほんの少しの向上的変容」を見いだし，大いに褒める。

そういう丁寧で根気強い指導のなかで，子どもたちは，自分への自信を取り戻し，目標に向かって力強く歩み出していきます。

Ⅱ 生徒指導と教育課程や教育経営

2 道徳教育，特別活動との関連づけ

他校の若い先生から，次のような相談を受けました。問題点を明らかにし，今後どのように解決したらよいかについて考えてみましょう。

課題①：小学校の教師A

運動会の競技で子どもたち一人ひとりを輝かそうとして，担任の私が，競技内容や出番まですべてを決めていました。私としては，良いことと思ってやっていたのですが，同学年の先輩の先生から，「それじゃダメだ。生徒指導の機能を生かした運動会の取組を行わなくては」と言われました。

いったい，生徒指導の機能とは何ですか？ 運動会で生徒指導の機能を生かすには具体的には何をすればいいのですか？

課題②：中学校の教師B

合唱コンクールに取組んでいますが，男子がまったく声を出しません。練習ではふざけてばかり。思春期に入っている彼らに，教師が「歌え！」と言ってもなかなか言うことを聞いてくれません。道徳の授業を通して，「協力することの大切さ」を訴えてみましたが効果は現れていません。女子は注意するのもイヤになったみたいで，女子だけでかたまって練習しています。

クラスの生徒一人ひとりが心を込めて歌い，男女協力して美しいハーモニーを創り上げてほしいのですが，そのようにするには担任としてどう指導したらよいのでしょうか？

課題③：高校の教師C

高校生最後の体育祭。クラスのなかには，ブロック長，応援団長，チアリーダーとして，精一杯頑張っている生徒もいるのですが，残念ながら，非協力的な生徒も数名いるのです。

「オレは大学受験で忙しい」とうそぶいている生徒などです。

体育祭への取組に個人差が見られるのが事実です。

担任としては，クラス全員がブロック長や応援団長らのもとに一致団結して，青春の血を大いに燃やして，最高の想い出をつくってほしいと願っているのですが，やる気を見せない生徒たちにどう指導すればよいでしょうか？

1 道徳教育とは

　教育は人間形成を図るものです。その人間形成の中心は道徳教育です。ですから，道徳教育は，わが国の教育の柱だと言えます。

　道徳の授業は，**道徳教育**の中心に位置するもので，学級づくりの核ともなります。道徳の授業がしっかりしっとりと行われているクラスでは，お互いのことを認めあい，支えあい，励ましあう支持的風土が形成され，一人ひとりが安心して自らを成長させていくことができます。

　担任と生徒が共に，「たった一度きりの人生をどう生きるか」を考えあうなかで，信頼関係が育まれ，お互いの人間性が高められていくのです。

　では，道徳とは何でしょうか。道徳は，「外的規範としてとらえられる場合もありますが，基本的には，個人の内面にある社会的行為の規範」のことです。道徳は，個人の自由において，自律的に行使されることに本質的な意義をもちます。それゆえ，道徳の特色は「自律」と言えます。他の何物にも左右されることなく，自ら湧き出る思いによって行為を決定するところにその特色があります。

　次に，道徳教育とは何かというと，「道徳性の発達を促す教育」のことです。

　それでは，道徳性とは何でしょうか。

　道徳性とは「道徳」を担う能力のことです。外的道徳性と内的道徳性の2つの視点で考えることができます。外的道徳性は，社会規範としての道徳に従い，それを遂行していく能力のことで，内的道徳性は，自己の良心にもとづいて，よりよい生き方を追求していく能力のことです。

2 特別活動とは

　特別活動は，望ましい集団活動を通して，自主的，実践的な態度を育てることや，自己を生かす能力を養うことを目標にしています。

　内容としては，学級活動，児童会・生徒会活動，学校行事，クラブ活動（小学校のみ）があります。

　この特別活動では，それぞれの子どもが認められ，自分をおもいっきり発揮することが大切にされます。友達と知恵を出しあい，もっと良い考え方ややり方はないかと探し求めていきます。そのような楽しい活動のなかで，各教科等で学んだ知識や技能さらには学び方といったものを，実践の場において応用，深化，発展させ，それらを生きて働くほんものの力にしていきます。それが特別活動なのです。

　特別活動の目指す「自主的・実践的態度の育成」とは，最終的には社会的自立を図っていくことです。特別活動は，個性の伸張や社会性の形成に深くかかわるもので，今日の「不登校」「いじめ」等の教育病理克服の重要な切り札と

> **道徳教育**
> 道徳性の発達を促す教育のこと。他の表現を用いれば，「道徳教育は，子どもが自分の生き方を確立するための手助けとしての教育である」とか「道徳教育は，人間らしい生き方を学ぶことである」と言うこともできる。そして，この道徳教育は，学校の教育活動全体を通じて行われるもの。
> 　道徳の授業は週に1回実施され，道徳教育の要となるもの。

言えます。また，豊かな心を育て，行きがい（生きがい）のある学校を再生させる決め手でもあります。

特別活動の特質としては，以下のものがあげられます。
- 多人数による集団活動や異年齢によって構成される集団による活動である。
- 集団によって，児童生徒自身が自主的・実践的に展開する活動である。
- 自己実現的活動である。
- 心身の調和のとれた発達を目指す総合的な活動である。
- 道徳や各教科が，主として個人のなかに「豊かな心」の育成を図ろうとするのに対して，特別活動においては，個人を含めて個人と集団や社会とのかかわりを通して「豊かな心」の育成を図ろうとするものである。
- 特別活動は，意図しない，予期しない，潜在的な教育の成果が生まれやすい。
- 特別活動では，子どもが「本音」を見せてくれる。
- 教師の創意工夫が大いに発揮できる活動である。

3 生徒指導の機能

生徒指導は「領域」ではなく，「機能」です。すなわち，各教科指導における生徒指導，道徳の時間における生徒指導，特別活動における生徒指導，清掃活動における生徒指導など，すべての領域，すべての指導内容に作用するのです。

生徒指導の機能とは，次の3つです。
- 児童生徒に自己決定の場を与えること
- 児童生徒に自己存在感を与えること
- 人間的ふれあい（共感的関係）を基盤にすること

運動会や合唱コンクールなどで，生徒指導の機能を生かすためには以下のことに留意する必要があります。

①信頼関係を育てる

もっとも大事なことは，日頃から教師と子どもがどうかかわっているかということです。授業だけでなく，昼休みや給食時間，掃除時間など，学級の子どもたちとどう接しているかが重要なのです。

②支持的風土をつくる

学級の子どもと子どもの間に，お互いの「よさ」を認め合い，「弱点」は助け合い，励まし合うという支持的風土をつくっておくことが土台となります。

③仲間の声を生かす

歌うことが苦手でも自分が努力していることが学級の仲間たちから認められると，自己存在感を感じ，学級の目標を達成しようと努力します。

④出番をつくる

本来，やる気がない子はいません。やる気がないのではなく，自分の居場所がないからふてくされているだけなのです。体育祭実行委員と相談し，運動が苦手な子どもには，「応援団の団旗づくり」などをお願いし，その子どもにしかできない「役割」をもたせます。

⑤自分で考えて決めさせる

子どもが，「教師から決められたことを決められたとおりにやる」というのではなく，「自分自身で考えて決めて実行する」ということを少しでも多く体験できるようにします。

⑥褒める

運動が苦手な子も運動会で活躍し認められたいのです。結果よりも，その過程の努力が一番大事です。その「努力」を大いに褒めてあげましょう。そのことで，子どもは生きていくことに希望を見いだし，前向きになれます。

褒めないことを自慢する教師もいますが，それは教師としての力量が乏しいことを自分で公表しているようなものです。褒めることで子どもの「やる気」を引き出すのです。

（赤坂雅裕）

Case

以下は，「運動会が嫌い」と言っていた中学3年生の声です。

今年の運動会は，とにかく全力でやりきった。

ムカデリレーでうまくいかなくて，メンバーの一人を責めて嫌な思いをさせたかもしれない。でも，本番，ぴったり息があった動きで，見事1位だった。練習の時，失敗していた人とも喜びあえた。

そして，1番頑張ったのは応援合戦です。団旗振りも自分のイメージしていた通りにできたし，みんな精一杯声を出していて，今までで1番最高の応援ができたと思います。

結果は負けたけど，全く悔いはないです。中学最後の運動会，最高でした。

運動会が初めて楽しいと思った。赤ブロック，最高☆最強。

このような声があがったのは，担任が以下のようなことを心がけ，実践していたからです。
①生徒の実態や「オレはこの部分で活躍したい」という生徒の願いを，的確にとらえる。
②一人ひとりの居場所・活躍場所を用意し，生徒がそれぞれの自分を思いっきり発揮できるようにする。それを生徒が相互に認めあい，励まし合うよう支援する。
③「方向」を与えた後は，生徒の自主性を大いに認め，細かいくどくどとした注意はしない。
④生徒への要求を下げず，生徒を褒めながら生徒が問題解決できるように指導していく。

II　生徒指導と教育課程や教育経営

3　教室の荒れと学級崩壊

他校の学級担任の先生から，次のような相談を受けました。この教師は今後どういう「教育力」をどのようにつければいいかについて考えてみましょう。

課題①：小学校の教師A

「静かにしなさい」と言っても，数分後には騒ぎ出します。「席につきなさい」と言っても，すぐに席から離れ遊びだす子がいます。

最初は，数名だけだったのですが，それが徐々に増えています。今では，「掃除をしなさい」と言っても，まったくしないという子まで現れています。

担任の指示が通らないことが多々あるのです。学級崩壊寸前です。

このまま成長し，中学生になったらどうなるかと心配です。どうしたらよいのでしょうか？

課題②：中学校の教師B

始業のチャイムが鳴っているのに席につかず，廊下をウロウロしています。「席につきなさい」と大声で叫ぶことから授業が始まります。

なんとか席に着かせても，教科書は持ってきていないし，おしゃべりは続く，という感じで，とても授業にはなりません。

それが悲しいことに，私の担当授業だけがそうなるのです。屈強な先生の授業では，生徒はおとなしく従順です。私のどこがいけないのでしょうか。力で押さえつけるしかないのでしょうか。私はどんな努力をすればいいのでしょう。効果的な研修方法を教えてください。

課題③：高校の教師C

「あんたの授業はうるさいなー。生徒が騒いでるなー」
「生徒からなめられてるんじゃないか」
など，同学年の先生から厳しく指摘されています。

事実，自分の担当教科だけ授業が成立していないのです。

私のどこをどう直せば，生徒たちが授業をしっかり受けてくれるのか，皆目見当がつきません。正直，精神的に落ち込み，学校に行くのが辛くなっています。私はどういう「教育力」を身に付ければいいのでしょうか。

1 学級崩壊（学級の荒れ）

　学級崩壊とは，子どもたちが教師の指導や指示に従わず，授業などの教育活動ができにくくなり，一定期間学級の生活が機能不全に陥ることです。

　学級崩壊の初期の段階では，子どもの授業中の私語，友だちへのいたずらなどの形で現れます。中期になると，教師の指示に従わず，配布物やテストを破り捨てたりする行動も出てきます。さらに進みますと，学級全体の子どもが教師の指示に従わなくなり，授業だけでなく，給食や掃除など学級生活のすべてが機能しなくなります。このような後期的段階に至ると担任の教師は精神的に疲れ果て，休職する場合もあります。

　1990年代初頭に現れた学級崩壊は，「家庭や地域の教育力の低下」「子どもの集団遊びや直接体験の欠如」「テレビゲームなどの影響による自己抑制力の低下」などを背景として，そのような子どもの変化に対して学校のシステムや教師の指導が十分に対応できなかったから起こったのではないかという指摘があります。学級崩壊の原因は，多元的・複合的なものですが，直接の要因としては，以下の3点が考えられます。

　①「学習挫折」を味わい，その子らが現在の学校教育に対して魅力を感じなくなっている。学級や学校が，子どもにとって「行（生）きがいのある学級・学校」になっていない。
　②極端に自己コントロール力が低下した子，いわゆる「キレる子」の急増。
　③「子育てから退却する親」と「モンスターペアレント」。

2 取組のポイント

　学級崩壊の原因は，多元的・複合的なものなので，克服策も一様ではありません。基本的には，とにかく教師一人ひとりが，教師としての力量を高めていくこと，あわせて教師集団としての力量を向上させていくことです。

　実際に，崩壊しかかった学級が出れば，学校としては，まずは，その学級への支援活動を行います。学年主任や他の教師が入り込んで支援する，Ｔ.Ｔ.（ティームティーチング）方式で授業を行うなどです。

　個人としては，そうならないように，学級経営と授業に関するより確かな力をつけていくようにします。日々笑顔で，自分が改善すべき点は何かを考えながら，少しずつ自分の「授業力を核とした教育力」を高めていくことです。

　たとえば，以下のようなときどうするかを検討していくと，その「教育力」が高まります。

◯指示が通らないとき

　指示が通らないのは，教師としての自分に原因があるのか，それとも子どもの方に原因があるのか，冷静に分析します。

▷1　2007年12月29日，西日本新聞は，「心の病　休職最多4,675人」と題し，以下のように報じている。「2006年度に病気で休職した公立の小中高校などの教職員は，前年度より638人増えて7,655人に上がり，このうち，うつ病など精神性疾患による休職は61％を占める4,675人（前年度比497人増）だったことが28日，文部科学省の調査でわかった。いずれも過去最高を更新した。…（中略）…精神性疾患による休職は，全国統計では14年連続の増加となっており，歯止めがまったくかかっていない状態である。」

▷2　モンスターペアレント
教師や学校に対して，教育方針や生徒への対応などのことで，強い抗議をしたり，自己中心的で理不尽な行動をとる親のこと。

▷3　ティームティーチング方式
複数の教師がチームを組み，児童生徒に対して大・中・小の学習集団を柔軟につくり，あるいは個別指導を行いながら，教科・領域などの指導を行うシステムのこと。同じ教科・領域等を同学年の複数の教師が協力・担当する方式などがある。

【自分に原因があると考えられる場合】

　それは，声が小さいからか，指示が曖昧だからか，発問が子どもに理解できない難解な言葉を用いているからか，自分の表現方法が豊かでないからかなどを自問してみます。

　毎日，子どもを帰した後，教室に一人残って静かに一日を振り返り，どういう指示は通ったか，どのようなときのどういう指示や発問では子どもが動かなかったかを，ノートに記していくと効果的です。私は，それを「気づきノート」と名づけていました。気づきノートを書いていくなかで，自分の実践の弱点が明らかになります。また，それを克服する方法を考え，「明日はこう指示しよう」と決意を書き記していくことで，教師としての力量が高まっていきます。

　コメニウスにしろ，**ペスタロッチ**にしろ，優れた実践家は，子どもに責任を転嫁するのではなく，指導の方法原理を絶えず改めていきました。私たちも，工夫・努力を怠ることがないようにしましょう。

【子どもに原因があると考えられる場合】

　教師がいくら工夫・努力しても，「指示が通らないクラス」というのはありえます。たとえば，学級のなかを授業中でも勝手に走り回るような子どもが2～3名もいれば，それは大変です。担任一人で指導できるという状況ではありません。担任として精一杯努力することが基本ですが，すべて自分一人で背負い込むことはよしましょう。指導が行き詰まったり，困難を極めたときは，管理職（校長，教頭など）や自分が話しやすい先輩の先生など，どなたでもいいので素直に相談しましょう。そのために，職員室があるのです。

◯思春期の「反抗」に会ったとき

　子どもたちが思春期に入る中学生や高校生の授業や学級経営は困難を極めるものです。それは特別な個人的な問題ではなく，一般的な傾向です。

　さて，思春期の子どもたちの「反抗」は，まずは「なぜ学ばなければならないのか」という教科の意味を問う形で現れてきます。その際教師は，教科や学習に関する一般的な当たり前のことを言うのではなく，教師自身の「どうして私はこの教科を教えているのか」という生き様を熱く語らなければなりません。

　根源的な自分の生き方にかかわる「問い」をもち始めた思春期の中学生や高校生には，信念をもった，生徒との直面を恐れない教師が求められます。

　思春期の子どもたちとの葛藤を怖れず，自分自身を人間の見本として誠実に示すとともに，子どもたちが自分の力で真理を求めるように支援していくことが大切です。

　ところで，教師が授業を成立させていくことは，別の面から言えば，教師が権威を確立していく過程とも言えます。教師は，中学生や高校生を圧倒する知的な力や人間的魅力・迫力をもって，教師としての権威を確立しなければなりません。では，どのようにして，そのような権威を確立することができるので

▷4　コメニウス
（Comenius, J. A.：1592〜1670）
チェコ，ボヘミアの教育思想家。コメニウスの教育理念は，「すべての人にすべてのことを」教授することである。『大教授学』『世界図絵』などの著書がある。

▷5　ペスタロッチ
（Pestalozzi, J. H.：1746〜1827）
スイスの教育家。ルソー，カントの影響を受け，孤児教育，民衆教育に生涯を捧げた。人間性の覚醒と天賦の才能の調和的発達を教育の目的とした。『隠者の夕暮』『リーンハルトとゲルトルート』などの著書がある。

しょうか。中学・高校の著名な実践家であった**大村はま**▷6，**吉田和子**▷7らの実践を分析すると参考になります。その実践には，以下のような特質があります。

①教育という仕事に対して，たじろがない覚悟と真剣さがある。
②学校を休まない体力がある。
③生徒を納得させ，生徒からの信頼を勝ち得るために，学習指導に熱心である。授業を通した真の生徒指導を行っている。
　また，自ら研究サークルなどに入り，絶えず自分の実践を振り返り，自分で自分の授業力を高めようとしている。その結果，教科や学級活動などの授業力がきわめて高い。そして，それゆえに，生徒からの信頼を獲得することができている。
④生徒に対して，自分の考えを訴え続ける。生徒への要求の豊かさと高さがあり，生徒への要求を貫く強さとしなやかさがある。

このような「力」をもとうと努力することが，学級崩壊を防ぐことにつながっていきます。身近に研究サークルがなかったり，部活の指導で忙しく，サークル活動に参加できない場合は，以下の2つを行うといいでしょう。

(1)一人静かに，個人的・定期的に，研究授業を行っていく。

誰も見に来てくれなくてもいいのです。自分で月に1回，「この時間は研究授業」と決めて，略案を書いて実行していくのです。授業後には，子どもの声を聴いて振り返り，今後修正すべき点を略案に赤ペンで書きこんでいくのです。

(2)自ら師を求める。

自分が感動した本の著者に直接手紙を書いて教えを請うのも良い方法です。

(赤坂雅裕)

▷6　大村はま
敗戦後，自ら希望して，新制中学の国語教師となる。1963年，ペスタロッチ賞受賞。著書『教えるということ』『大村はまの国語教室』など。

▷7　吉田和子
1968年から商業科の教師として東京都立商業高校に勤務。著書に『愛は教えられるか』『フェミニズム教育実践の創造』など。

Case

中学校の教室黒板に，ある日，以下の言葉が書かれていました。

　　　　　1193（イイ組）つくろう○○（担任の苗字）学級！
人生は100でできている。
悲しい時は，4×9（シク）＝36。楽しい時は，8×8（ハッハ）＝64。
人生は楽しいことが多いんだ。

「色々あるけど，楽しいことのほうが多く起こるのだ。みんなで素晴らしい組にしていこう」と生徒がクラスの仲間たちに呼びかけているのです。担任は感動し，翌日，そのことを学級通信に紹介しました。

学級のなかには，美しく正しい心をもった子どもが必ずいます。そして，そういう子どもたちは先生と共にいい学級をつくりたい，授業をしっかり受けて人間として成長したいと思っているのです。

「授業中の私語禁止」「いけないことは注意しあい，弱点は支えあおう」などの声を道徳や学級活動のなかから引き出し，それを学級に広めていきましょう。学級のなかにある，「自浄作用」を活かすのです。

II 生徒指導と教育課程や教育経営

4 信頼関係とラポールの形成

次のような状況になったとき、あなたは学級担任としてどのような工夫をしたり、計画を立てたりしますか。

課題①：小学校の教師A

> 4月に新しく赴任した学校で、小学3年生の学級担任をすることになりました。学級開き、すなわち学年が1つ上がって新しい学級としてのスタートを切るときの子どもとの最初の出会いの場について、学級担任としてどのような点に注意して準備をしたらよいでしょうか。この学年は、2年のときには2学級あったうちの一つの学級で学級崩壊に近い状態が見られたそうで、3年生になるときにはクラス替えをしています。もう一人の学級担任も、2年生からのもち上がりではありません。

課題②：中学校の教師B

> 現在中学1年生の学級担任をしています。夏休み前は特段、問題を感じませんでしたが、9月の終わり頃からどうも学級内で友人関係がうまくいっていないように感じます。いくつかの小集団に分かれていて、その間で緊張関係が見られるときがあります。それから、一部の生徒は少し孤立気味です。学級担任の私と生徒の間については、特に大きな問題はありませんから、今の間に何とかしたいと思います。具体的には、どんな取組をどのように進めるのが効果的でしょうか。

課題③：高校の教師C

> これまで学級副担任を3年間経験しましたが、今年初めて1年生の正担任になりました。学級は総合学科の3クラスのなかの一つです。初めはこうした学級にしたい、あんな取組をしたいという思いでいっぱいでしたが、実際に正担任をしてみると、なかなか思い通りにはいきません。先日、ある生徒との会話から、「各生徒についての自分の見方がまちがっているのかもしれない」ということを感じ、ますます自信がもてなくなってしまいました。どうしたらよいでしょうか。

1 教育活動の基礎となる信頼関係

学校では，人間である教師が児童生徒を指導し，また児童生徒同士の交流や学び合いで教育が進められます。お互いの間の人間関係が悪いと教育は進みませんから，その基盤になるのがお互いの間の信頼関係（**ラポール**[1]）です。小学校学習指導要領で，「……教師と児童の信頼関係及び児童相互の好ましい人間関係を育てるとともに児童理解を深め，生徒指導の充実を図ること」と書かれている通りで，中学校や高等学校の学習指導要領でも同様に記述されています。[2]

2 子どもと教師の人間関係

子どもと教師の人間関係は，相互の信頼関係（ラポール）にもとづきつつ，他方で親子関係などと異なり，学校という社会的な制度のなかでの教育する者とそれを受ける者という特別な関係にあります。

表Ⅱ-1は，そうした関係において，子どもが教師をどのように認知し，またどのような態度を示すのかを学年段階に分けて示したものです。大きく，「こうあって欲しい」という教師への期待・要求，「教師は○○だ」という教師への理解，そしてこれらにもとづく親和的，反抗的といった実際の教師への態度がまとめられています。これを見ると，小学校入学段階から高校生段階の間では，教師の認知や態度が大きく変化する様子がわかります。ですから，教師の同じ行動を見ても，発達段階の異なる子どもには，異なったとらえ方になります。

さらに，子どもから見た教師との人間関係は全員が同じではなく，子どもによる個人差があります。同じ教師に対して，親しみを感じる子どももいれば，何となく気が合わないあるいは嫌いだという非好意的な印象をもつ子どももいます。教師は，まずこうした発達差や個人差の存在を適切に知っておく必要が

▷1　ラポール（rapport）
互いの間の信頼と親しみにもとづく温かい心的交流がなされている状態を言う。もとは心理治療の成立・進行過程に関して用いられたが，教育に関しても適用されている。

▷2　文部科学省（2008）．小学校学習指導要領　第1章「総則」第4「指導計画の作成等に当たって配慮すべき事項」

表Ⅱ-1　子どもの教師認知・態度の発達

段階＼特徴	教師への期待・要求	教師への理解の特徴	教師への態度
小学校低学年～中学年	母親的教師 やさしい生活指導者・学習指導者	絶対視，偶像視 教師は絶対的権威をもつ	愛情期待と畏敬 親和的，肯定的，依存的，開放的態度
小学校中学年～高学年	父親的教師 公平で熱心な学習指導者	絶対視，偶像視の崩壊 教師への批判の芽ばえ	信頼と批判 信頼的，肯定的，独立的，閉鎖的，一部批判的態度
中学生～高校生	専門家的・人生の先達的教師 厳正で，熱心な学習指導者・人生の教師	理想像の追求 理想と現実との教師像のずれの発見と批判 一人の人間としての受容 教師も弱さと悩みをもつ普通の人間として見る	反抗と性愛的思慕 反抗的，批判的，否定的，独立的，閉鎖的，憧憬的態度

出所：岸田元美（1983）．子どもの教師認知・態度　学習指導研修，9，84-87．

あります。

一方，教師自身から見た子どもとの人間関係も全員が同じではありません。まず，一般に周囲の人を認知するときには歪みがあることがわかっています。「男は〜だ」といった型にはまった見方をするステレオタイプはよく知られていますが，その他に**光背効果**や**寛容効果**などがあります。まず，人を認知するときのそうした歪みの存在を知っておく必要があります。

そして，同じ教師であっても子ども一人ひとりとの関係は異なります。教師にとって，いわゆる"気が合う"子どもと"気が合わない"子どもがいるのは当然です。大切なのは，それだけにとらわれないことです。たとえば，友人への思いやりはどうか，集中して課題に取組んでいるか，しっかり自分の意見を表明しているかなど，できるだけ複数の観点から子どもを見ることを意識するとよいでしょう。日々のきめ細かい観察による子ども一人ひとりの特徴や心情の理解が必要不可欠です。なお，可能であれば前学年やそれ以前の様子についての情報収集と分析も有効でしょう。

３ 子どもの間の人間関係

子どもの日々の学校生活は，大部分が学級単位で行われていますから，そのなかでの子ども同士の人間関係は非常に重要です。図Ⅱ-1は，子どもに自分の学級への満足度を尋ねた結果をまとめたものです。縦軸は「自分の存在や行動がクラスの仲間や教師から承認されている」と感じている承認の度合いを示し，軸の上へいくほど承認されているという自覚が強いことになります。横軸は，クラスへの不適応感やいじめ，冷やかしなどを受けていると感じている被侵害の度合いを示し，軸の左へいけばいくほどその自覚が強いことになります。

２つの軸で区切られた４つの群は，次のような特徴があると考えられます。「学級生活満足群」は最も適応的で，学級内に自分の居場所があって，学校生活を意欲的に送っている児童生徒です。「非承認群」は，いじめや悪ふざけを受けてはいないのですが，学級内で認められることが少ない子どもです。「侵

▷３　光背効果
後光効果，ハロー効果とも言う。性格がよいので成績もいいだろうといったように，一つあるいは少数の特徴によって，その他の特徴が不当に評価されることを言う。

▷４　寛容効果
気の合うタイプの子どもだと，少々の欠点も気にならないといったように，ある感情によって，その人に関する判断が影響を受けることを言う。

▷５　河村茂雄（2006）．学級づくりのためのQ-U入門「楽しい学校生活を送るためのアンケート」活用ガイド　図書文化社

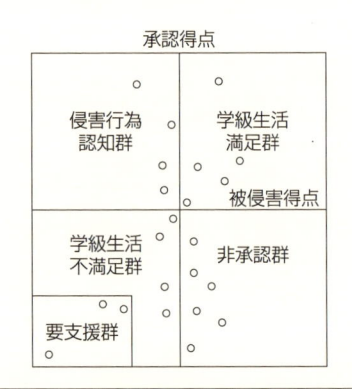

図Ⅱ-1　学級満足度尺度結果のまとめ

出所：河村（2006）．p.55.

害行為認知群」は，他の子どもと何かトラブルがある可能性がある児童生徒です。そして，「学級生活不満足群」は耐えられないいじめや悪ふざけを受けているか，あるいは不安傾向が強い子どもで，特にその程度が強い「要支援群」の児童生徒はすぐに何らかの支援が必要です。

　子どもの学級内の人間関係を知るには，このほかに**ソシオメトリック・テスト**や**ゲス・フー・テスト**などがあります。学級内の人間関係は，日常の学習活動や学級集団のモラール（"やる気"や"士気"の高さ）に深くかかわっていますから，学級担任はその重要性を理解するとともに，日々の観察と上で述べたような手法を使って実態把握に努める必要があります。

❹　学級経営

　学級担任が，教育の目標を達成するために学級の児童生徒を対象に行う意図的な教育活動を，学級（ホームルーム）経営と言います。そして，そのための計画を学級経営案と呼び，その内容は①どのような子どもに育てたいのかという学級の教育目標，②これまでの記録や学級担任から見た子どもの実態，③教育目標を達成するための方針と取組のポイントなどから構成されています。

　この学級経営案をもとに学級内の具体的な組織（班の編成，委員会，係等），学校生活のきまり（持ち物，言葉づかい，いじめの予防・対応等），学習についてのルール（発言方法，聞く姿勢，ノートの取り方等），教室環境の整備（掲示物，背面黒板の使い方等），保護者との連携方法（学級通信の発行等）などを決めます。これらは，児童生徒の１年間の学校生活と深く関係しますから，学期の区切りや学校行事を考慮して，いつ，何を，どのように指導するのかを決めます。

　まず学級開きとも呼ばれる子どもとの最初の出会いで，学級経営の基本的な事項を，子どもの発達段階に合わせてわかりやすく伝える必要があります。児童生徒は，好奇心と期待のまなざしで担任教師を見ています。楽しさや親しみやすさを演出しつつ，学級担任としての基本方針を印象づけるチャンスです。そして，学年最後の段階でどのような子どもに成長していて欲しいのかを具体的にイメージしつつ，日々の学校生活や途中の大きな学校行事などでの子どもの実態と状況に合わせて，柔軟に指導内容と指導方法を修正しなければなりません。子どもの実態については，他の学級担任やあるいは教科指導で学級にかかわる他の教師からの情報収集も非常に重要です。中学や高校のように副担任がいる場合は，チームワークを心がけるべきです。

　このような学級経営の基礎は子どもと教師の信頼関係にありますから，児童生徒理解をもとに，日々の教育活動で子どもとの関係に十分に留意する必要があります。

（小泉令三）

▷6　ソシオメトリック・テスト
「班活動をいっしょにしたい人」といった基準で一定数（５人など）の子どもを指名させて，集団内の選択・排斥関係を調査する方法を言う。なお，排斥関係は教育的な配慮から問わないことが多い。実施後は，調査結果をもとに実際の班編成を行うなど，子どもの生活に貢献できるような活用が重要である。
　詳しくは以下の文献を参照のこと。
　田中熊次郎（1979）．ソシオメトリー入門──集団研究の一つの手引　明治図書出版

▷7　ゲス・フー・テスト
集団内である特徴を有する人（例：親切な人，〜の責任をしっかり果たす人）を相互に指名させる相互評価法の一つである。実施後は，調査結果を学級内の表彰に使うなどの活用が重要である。

II　生徒指導と教育課程や教育経営

5　異年齢集団活動

次のような相談を受けたとき，あなたはどのような回答や情報提供を行いますか。

課題①：小学校の教師A

> 1学年が2学級ずつある中規模の小学校に勤めています。以前から清掃については，全学年を混合して班をつくり縦割り班でやっています。たとえば，各学年1名ずつの児童が集まって6名で1つの班をつくり，ある清掃箇所を担当するようなやり方です。今後，学校内での異年齢での集団活動をさらに充実させようということで，活動の機会を増やすことになりました。具体的に，どのような活動の場と内容を考えたらよいでしょうか。また，そのときの指導の留意点は何でしょうか。

課題②：中学校の教師B

> 私の勤務する中学校には2つの小学校から生徒が入学してきます。最近，中学校に入って1年生で不登校になる生徒が目につきます。そこで，来年度から小中一貫教育を始めることになり，その準備を始めました。校舎は2つの小学校と1つの中学校で3か所のままですが，学年の区切りを変えるようです。今までの小中学校の交流というと，小学6年生を対象に中学校の入学説明会があった程度です。小中一貫教育という言葉は聞いたことがありますが，具体的なことはほとんど知りません。どんな学年の区切りがあるのか，また子ども同士の交流という面でのメリットなどを教えてください。

課題③：高校の教師C

> 私は高校の教師で，今年からある運動部の副顧問になりました。生徒のようすを見ていると，運動部も文化部も部活をしている生徒の数は以前と比べてあまり変わっていないように見えます。けれども，入学前の体験という意味では，運動部で言えば中学校での部活動のやり方は地域や学校によって多様になっているようです。以前に比べると，どのような点が異なってきているのでしょうか。また，それを踏まえて，高校での部活動の意義についても考える必要性があるでしょうか。

1 学級外での人間関係

　子どもは同年齢の人との人間関係だけでなく，異年齢の子どもとの交流やかかわりからも多くのことを学びます。たとえば年上の子どもから教えられたりその言動をモデルにしたりして，新しい行動様式を身に付けます。また，年下の子どもとともに活動することによって，どのようなかかわり方や協力そして補助の仕方が有効なのか，さらには年長者としての自覚をもつことや年下の者を思いやったりすることの重要性に気づくこともあるでしょう。

　しかし，兄弟姉妹の数が少なくなり地域社会での遊びの機会が減少して，こうした異年齢の子ども同士の交流の機会が少なくなっているのが現状です。そこで，学校では同年齢の子どもで構成されている学級だけでなく，異年齢集団での活動の機会を意図的・計画的に設ける必要性が出てきています。

2 縦割り集団活動の実際

　多くの学校で異年齢集団での活動の意義が認められ，実施されています。ただし，実際の実施方法はさまざまで，代表的なのは全学年あるいはそれに近い学年数の子どもで班を編成する縦割り班です。その他として，1年生と6年生，2年生と5年生といったように学年単位で活動を組むペア学年，さらに3年1組と6年1組というように学級単位で組み合わせる兄弟学級などがあります。

　どのような実施方法が採用されるかは，学校規模により異なります（表II-2）。たとえば各学年が1学級ずつの学校では，クラス替えがなく人間関係が固定的になりますから，縦割り班での異年齢での活動は重要な意味をもちます。一方，学校規模が大きくなると，全学年での縦割り班は班編成やその活動のための時間調整などが必要になりますから，柔軟に運用できるように学年や学級単位での活動が設定されることが多くなります。

　異年齢集団での活動内容は，日常的に実施される集会や清掃，そして運動会や遠足などの学校行事です（図II-2）。給食を一緒に食べる学校もあります。このように教科の学習以外のさまざまな学校教育の場で，異年齢集団での活動が実施されています。

　以上は小学校の話ですが，中学校や高校でも学校行事で異学年の生徒や学級

▷1　毛利猛（2004）．小学校における「縦割り班」活動の現状と課題　香川大学教育実践総合研究, 8, 23-35.

表II-2　小学校での異学年集団活動実施率　(％)

学校規模	(a)縦割り班	(b)ペア学年, 兄弟学級	(a)または(b), あるいは両方	(回答校数)
9学級以下	87.7	15.2	89.6	(293)
10～19学級	71.4	36.0	87.2	(203)
20学級以上	48.8	43.0	78.5	(80)

（注）表中の数字は横方向で集計されている。
出所：毛利（2004）．p.26にもとづき作成。

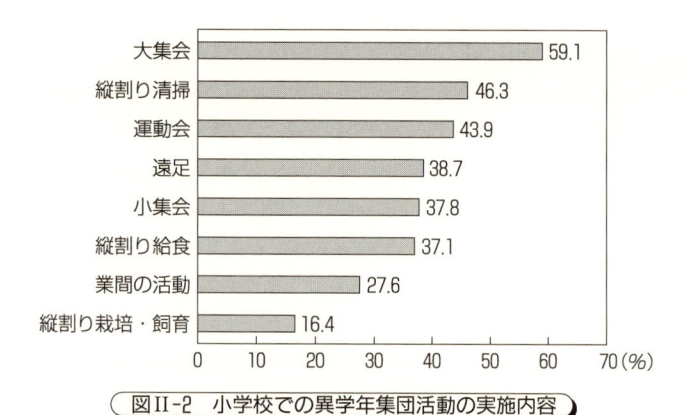

図II-2 小学校での異学年集団活動の実施内容

活動	割合(%)
大集会	59.1
縦割り清掃	46.3
運動会	43.9
遠足	38.7
小集会	37.8
縦割り給食	37.1
業間の活動	27.6
縦割り栽培・飼育	16.4

出所：毛利（2004）．pp. 28-30にもとづき作成．

によって組やグループを構成し，たとえば色別対抗で競うことなどが一般的です。どの発達段階でも，異学年集団での学習や活動などのもつ教育効果が広く認められているためです。さらに子どもの人間関係能力の育成のためには，単に活動の場と機会を提供するだけでなく，目的やねらいを明確にし，また具体的なかかわり方（社会的スキルなど）の指導，そして計画的な評価が必要となります。

③ 部活動

中学校や高等学校での部活動は歴史が古く，明治時代から実施されています。現状では，中学生では約9割，高校生では約8割の生徒が部活動に参加しています[2]（図II-3）。部活動には運動部と文化部があって活動内容は各部で異なりますし，また取組の積極性にも個人差がありますが，生徒同士の友人関係や指導者と生徒の間の信頼関係を育み，社会性や協調性を身に付けさせることができる貴重な教育の場となっています。特に，思春期にある異年齢の生徒が，「先輩―後輩」といった言葉に代表されるような異年齢交流を体験できる貴重な機会を提供しています。また，問題行動傾向をもつ生徒が部活動で「居場所」を得ることもあり，学校生活への適応という観点からは，生徒指導上重要な意味をもちます。

しかし，部活動は従来，学習指導要領では教育課程内に定められておらず，ようやく最近になって学校の教育活動のなかに位置づけられるようになりました[3]。それと同時に，指導者不足の解消に関連して地域の人々の協力を得たり，少子化による学校規模縮小のために複数校でのチーム編成を工夫したりすること，また社会教育施設（スポーツ公園や社会教育センターなど）や社会教育関係団体等の各種団体（地域のスポーツ・文化クラブなど）との連携を進めたりすることなども求められつつあります。

地域の実態にもとづいた運営方法の工夫を行いつつ，学校での部活動を貴重な異年齢交流を体験できる場として位置づけていくことが必要です。学校での

▷2 Benesse教育研究開発センター（2007）．第4回学習基本調査報告書

▷3 文部科学省（2008）．中学校学習指導要領
文部科学省（2009）．高等学校学習指導要領

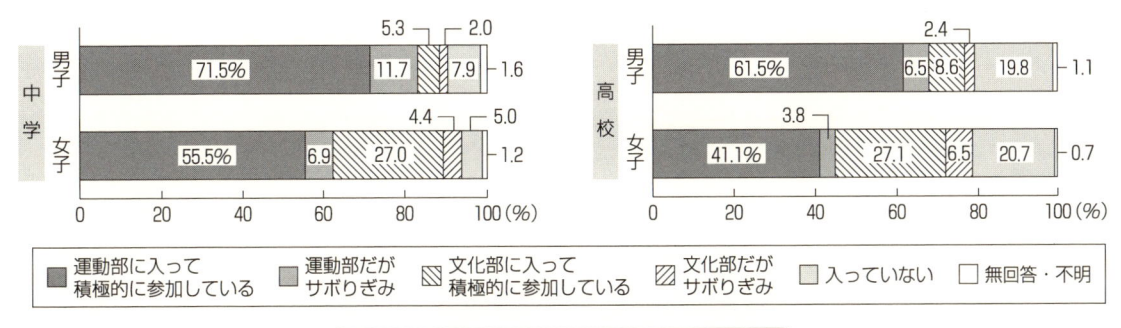

	男子	女子
中学	71.5% / 11.7 / 5.3 / 7.9 / 2.0 / 1.6	55.5% / 6.9 / 4.4 / 27.0 / 5.0 / 1.2
高校	61.5% / 6.5 / 2.4 / 8.6 / 19.8 / 1.1	41.1% / 3.8 / 27.1 / 6.5 / 20.7 / 0.7

凡例：■運動部に入って積極的に参加している ■運動部だがサボりぎみ ▨文化部に入って積極的に参加している ▨文化部だがサボりぎみ □入っていない □無回答・不明

図II-3 中学生・高校生の部活動への参加状況

出所：Benesse 教育研究開発センター（2007）．

部活動は，活動の場である学校が全国どこにでもありますし（遍在性），また生徒にとって移動のための時間的な負担（利便性）や，交通費・会費などの経済的な負担が少ない（経済性）という利点があります。保護者も自らの経験などをもとに期待している点は大きいと考えられます。

子どもの異年齢での交流体験が少なくなっている現状では，異年齢集団での活動の教育効果を高めるために，今まで以上に留意しなければならない点が出てきています。たとえば新入生への活動紹介や勧誘方法の工夫，部活動での活動ルール（準備や後片づけなど）の指導やその改善への動機づけに留意しなければなりません。さらに，人間関係のつまずきやトラブルの予防や，これらが発生した場合の適切な対応が求められます。これらには，指導者や学校関係者（学級担任など）そして保護者の連携が不可欠となります。

④ 小中連携・一貫教育

公立小学校6年間と中学校3年間を連携づける小中連携や，さらに一貫性をもたせて実施する**小中一貫教育**があります。小中一貫教育では，6・3年という区分ではなく，前期（4年間）・中期（3年間）・後期（2年間）という分け方なども実施されています。これは，小学校と中学校の間の授業の進め方や生徒指導の取組の違いをできるだけなだらかにして，義務教育9年間の学校生活への適応を促進しようとする試みの一つです。

この小中連携・一貫教育のなかで，従来は見られなかった学校種を超えての異年齢集団交流も取り入れられています。中学生が小学生の遠足や運動会などの学校行事の補助や手伝いをしたり，あるいは小学生が中学卒業生を送る会に参加したりするなどして，同じ学校内に限らずさらに広い年齢幅での交流を体験します。こうした経験は，小中学校全体が1つの校区であるという意識を子どもや保護者に与えるとともに，年齢幅のある多人数での兄弟・姉妹関係の疑似体験を提供していると考えられます。さまざまな課題も予想されますが，今後さらに多様な工夫が可能な取組の一つと言えます。

（小泉令三）

▷4　**小中一貫教育**
校舎については一体型，隣接型，分離型などがある。教員については小中学校間での人事交流や，両方で指導を担当する兼務教員が配置されていたりする。

品川区教育政策研究会（編）（2009）．検証教育改革　品川区の学校選択制・学校評価・学力定着度調査・小中一貫教育・市民科　教育出版

天笠茂（監修），広島県呉市立五番町小学校・広島県呉市立二河小学校・広島県呉市立二河中学校（編著）（2005）．公立小中で創る一貫教育　4・3・2のカリキュラムが拓く新しい学び　ぎょうせい

▷5　こうした小中学校間の違いや，あるいはそれに伴う問題行動（不登校など）の増加を中1ギャップと呼ぶ。

▷6　寺尾愼一（監修），宗像市小中一貫教育研究会（編著）（2009）．確かな学力と豊かな心を育てる小中一貫教育──福岡県宗像市の試み　ぎょうせい

参考文献
毛利猛（編）（2007）．小学校における「縦割り班」活動　ナカニシヤ出版

III　保護者・地域との連携

1　基本的な生活習慣の形成

　他校の先生方から，次のような相談を受けました。問題点を明らかにし，今後どのように解決していったらよいか考えてみましょう。

課題①：小学校の教師A

> 　私は教師になってからずっと高学年の担任をしてきましたが，5年目の今年，初めて1年生の担任になりました。ところが，クラスに忘れ物が多い子がいて，その児童の指導で困っています。毎日「忘れ物をしてはいけません」と注意しているのですが，そのときには「はい。もう忘れ物しません」と言ってくれます。でも，次の日になるとまた忘れ物を繰り返しています。保護者に注意してもらうようお願いすると，「先生の言うこともきかないのに親の言うことはききません。学校はしつけを教えてくれるところでしょう」などと言われてしまいました。どのような指導の工夫をすればよいでしょうか。

課題②：中学校の教師B

> 　私が担任している中学3年のクラスには，授業中に居眠りを繰り返す女子生徒がいます。クラスを担当してくださる教科担当の先生方からも「あの生徒の居眠りは，なんとかならないでしょうか」と言われています。呼び出して注意すると，そのときには一応反省する素振りを見せるのですが，授業中になるとまた同じように居眠りを繰り返します。保護者に家での様子を尋ねてみると，どうやら就寝が遅いとのことです。保護者は，「私たちの言うことはもう聞いてくれません」と言われます。これからこの生徒にはどのように接していけばよいでしょうか。

課題③：高校の教師C

> 　私は高校の教師になって3年目で，初めて1年生のクラス担任をしています。私のクラスには，入学当初から欠席が多く，登校しても遅刻ばかりを繰り返す男子生徒がいます。どうやらどの教科でも提出物を出し忘れることが多いようで，あまり授業に熱心に参加する意欲も見られないようです。放課後に呼び出しても，それを無視して勝手に帰ってしまうなど，私の言うことをきいてくれません。私は，教師として少し自信を失いかけています。この生徒とどうやって話していけばよいかわからず困っています。

III-1 基本的な生活習慣の形成

人が社会的存在である以上，私たちは自分自身の生活を協調的に他者の生活と合わせていくことが望まれます。一人で生きていくことができない私たちが，基本的な生活習慣を共有することは社会を維持していくうえでとても大切なことです。基本的な生活習慣を身に付けさせることは，学校教育のための土台づくりと言ってもいいでしょう。

1 基本的な生活習慣

規則正しく食事をすること，適切に睡眠をとること，排泄を自分で処置できること，衣服を自分で着脱できること，身の回りを清潔に保つことなど，生きていくうえでもっとも基本的なさまざまな生活上の習慣があります。これらに時間や約束を守るといった社会生活を送るうえで欠かせないルールを守る習慣を含めた基本的な生活習慣を整えることは，人が実際に生活していくうえで生涯を通じてきわめて大切なものだと言えるでしょう。

基本的な生活習慣は，家庭教育が担うという認識がありましたが，現実的にはそれが十分に果たせない場合もあり，学校生活のなかにおいてもそれらを学んでいく必要性が求められています。文部科学省は，**指導要録**に記載する事項等について通知を発表しています。そのなかにある「行動の記録の評価項目及びその趣旨」には，「評価項目及びその学年別の趣旨」として2学年ごとを基準とした基本的な生活習慣の基準が示されています（表III-1）。

2 しつけとモデリング

子どもたちは，基本的生活習慣を自分一人で身に付けるわけではありません。しつけが大切だと言われますが，しつけの前提は子どもたちの模範となる周囲の大人の行いであるということを忘れてはなりません。子どもたちは基本的生活習慣を「大人のすることをまねる」という行為によって身近な大人から学ぶのです（図III-1）。大人の姿勢がそのまま子どもたちのモデルになる（**モデリング**）ということを忘れず，教師や保護者を含めた大人が子どもたちの規範となる行いに努める必要があるでしょう。

表III-1 基本的な生活習慣

学 年	趣 旨
1・2学年	安全に気を付け，時間を守り，物を大切にし，気持ちのよいあいさつを行い，規則正しい生活をする。
3・4学年	安全に努め，物や時間を有効に使い，礼儀正しく節度のある生活をする。
5・6学年	自他の安全に努め，礼儀正しく行動し，節度を守り節制に心掛ける。
中学生	自他の安全に努め，礼儀正しく節度を守り節制に心掛け調和のある生活をする。

出所：文部科学省（2001）．より作成．

▷1 指導要録
児童生徒の学籍並びに指導の過程および結果の要約を記録し，その後の指導および外部に対する証明などに役立たせるために作成する原簿のこと。

▷2 文部科学省（2001）．小学校児童指導要録，中学校生徒指導要録，高等学校生徒指導要録，中等教育学校生徒指導要録並びに盲学校，聾学校及び養護学校の小学部児童指導要録，中学部生徒指導要録及び高等部生徒指導要録の改善等について（通知）

▷3 Bandura, A. (1965). Influence of models' reinforcement contingencies on the acquisition of imitative response. *Journal of Personality and Social Psychology*, **1**, 589-595.

▷4 モデリング
バンデューラは，子どもたちにモデルの大人が人形に攻撃行動をとる場面を見せる実験をした。子どもたちは，モデルの大人がその後3つの異なる扱いを受ける場面を見せられるグループに分かれた。「モデルが報酬を受けた」「モデルが罰も報酬も与えられなかった」の2グループの攻撃行動の発生率は高く，「攻撃行動をとったモデルが罰を受ける」というパターンを見た子どもたちの発生率は低くなった。観察するだけでも行動は学習されること（観察学習），自分自身に罰を与えられなくても，他の人がどのように接せられるかによって，行動が強化されるということ（代理強化）がわかった。

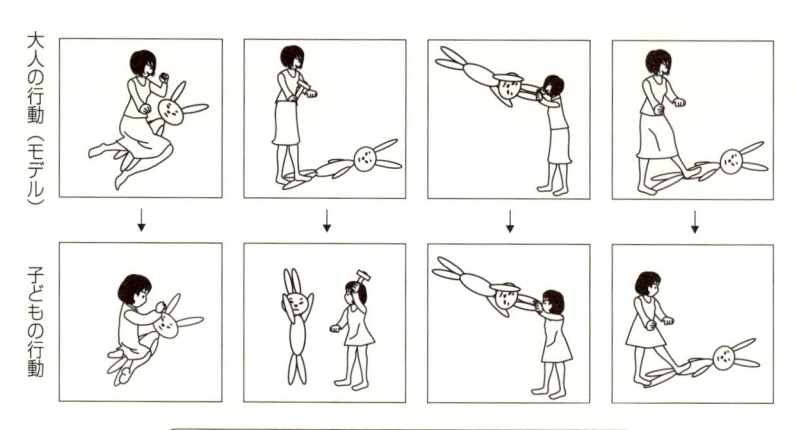

図III-1　モデリング（攻撃行動の観察学習実験）

出所：Bandura（1965）．にもとづきイラストにした。

3　思春期の生活習慣

　小学校の高学年から中学校にかけて，子どもたちは児童期から思春期に入ります。この時期，子どもたちの心は自分自身に向くようになります。親や先生，大好きな先輩など，それまで全面的に受け入れてきた理想的な人のなかにも矛盾を感じたり，素直にその人たちを受け入れることができなくなってきたりといったことが起き始めるのです。自分を意識するようになり，他の人からどんなふうに自分が見られているかがとても気になったりもします。そのような段階に入ると，自分でも自分自身をうまくコントロールできなくなってしまう場合があります。この時期の児童生徒には劣等感が生まれやすいので，個々人がもっている特性を十分に理解して，適切に対応することが大切です。

　自分自身でも自分のなかに湧き起こるさまざまな思いをもて余している思春期の子どもたちに，考えをすぐに話すようにせかしたりすることはあまり意味がない場合も多いと思われます。いきなり注意することが反発を招くこともあります。生活習慣に課題を感じる児童生徒とじっくり話す機会をもつようにすることが大切だと言えるでしょう。

　今の自分の生活を児童生徒自身がどのように思っているのかを聴く姿勢から始めてみましょう。思春期の児童生徒の自尊心を傷つけないようにしながら，自分自身の生活を振り返ることで，児童生徒自身が生活を改めていくことができるようになることが望ましいと思われます。保護者に対しても，どうなってほしいかといったことについての話し合いをきっかけに，子どもについて一緒に考える機会をもてるとよいでしょう。

4　青年期の生活

　高校生になると，生徒は学校以外のさまざまな人間関係の広がりをもつようになり，さまざまな対人関係のなかに生徒の成長の可能性を探ることができる

ようになります。そのなかで，自分らしさ（アイデンティティ）をつくりあげていく時期だと言えるでしょう。青年期にある生徒に対しては，生徒の自発的な自己像を支持して，主体的に生きることができるよう支援する姿勢が大切です。さまざまな対人関係のなかでのかかわりを模索してみましょう。

　生活の乱れが顕著になるなどといった生活習慣上の諸問題がみられるようにもなりますが，生徒の問題点を指摘するだけでなく，受容・共感的に生徒とかかわり，人生の先輩としての願いや思いを伝えてみることが関係性をつくり，生徒自身のあり方を振り返ることにつながると思われます。生徒が自身のあり方を自ら振り返ることができるようかかわることが大切です。

5　基本的な社会習慣と社会

　近年は，無条件に「社会のルールに個人が合わせなければうまく生きていけない」といった考えが自明であると考えて教育を進めることが難しい社会環境が到来したと言えそうです。以前のように個人が社会に合わせることが望まれるのではなく，社会が個人の要望に応えることが大切にされるようになっています。学校においても，子どもたちをやみくもに学校の方針に従わせるような指導を行うのではなく，一人ひとりとの話し合いを重視し，そのニーズに丁寧に向き合って，時には学校のシステムを整備しなおしたり，支援のあり方を改善したりするような機会が増しています。たとえば不登校や特別支援を必要とする子どもたちに対しては，それぞれの現状に応じた適切できめ細かい指導をしていこうとする姿勢が学校教育に求められるようになっています。

　これらはある意味では社会の進歩であり，学校教育にとっても望ましい方向であると言えるでしょう。しかし同時にそれは誰しもが認める「大きな価値の崩壊」をもたらし，個別の嗜好が優先される社会になっているという側面も否定できません。このような社会に生きる子どもたちに基本的生活習慣を守ることの必要性を説明することは，以前より難しくなっています。教師からの一方的な指導では，学校教育は成り立たなくなってきています。教師自身が基本的な生活習慣を守ることの大切さを説明できるようになることが求められています。

　基本的な生活習慣は，児童期までに身に付けておくことが望まれます。ただし気をつけておかなければならないこともあります。基本的習慣が身に付いていないように見える児童のなかに，発達支援を要する児童（ADHD，アスペルガー症候群など）が含まれることがあるということです。その場合には，本人へのしつけの問題だけを考えるのではなく，専門家の支援をも考えることが必要になります。そのような可能性が感じられる場合には，まず専門の保健所や教育センターなどに相談するとよいでしょう。

▶5　発達障害については，Ⅸ「発達障害の支援」も参照のこと。

（松本　剛）

III　保護者・地域との連携

2　家庭環境への働きかけ

他校の先生方から，次のような相談を受けました。問題点を明らかにし，今後どのように解決していったらよいか考えてみましょう。

課題①：小学校の教師A

　私が勤めている学校では，高学年になってくると学校で居眠りをする児童や遅刻を繰り返す児童が目立つようになっています。このような学校の状況を受けて，今朝の朝礼で校長先生から「本校では，『早寝，早起き，朝ごはん』国民運動に賛同して，保護者にも提唱したいと思います。先生方もそれぞれどのように家庭に呼びかけていけばよいか考えてみてください。何をどのように伝えればよいと考えますか」と問いかけられました。2年生のクラス担任である私は，どのような内容をどのような形で保護者に伝えればよいでしょうか。

課題②：中学校の教師B

　私は今年から教師になり，中学1年生の担任になりました。1学期の中間考査が終わり，成績も出そろいました。これから，今年度最初の保護者会を開かなくてはなりません。まずは，保護者に集まっていただいて，皆さんに話をすることになっています。その後，一人ひとりの保護者と話し合うことにもなっています。この時期に保護者に話したり，お話を聞いたりするにあたって，それぞれ大切にしなければならないことはどのようなことでしょうか。また，家庭教育として，保護者にはどのような話や働きかけをしたらよいでしょうか。

課題③：高校の教師C

　私は高校2年生のクラスの担任をしています。先日学校に，保護者（母親）から電話がありました。女子生徒であるAさんの帰りが毎日遅く，「もうこの年になると，私の言うことはきいてくれません。先生から早く帰ってくるように言ってください」とのことでした。Aさんはクラブ活動をしているわけでもなく，放課後になると毎日学校を早々に出ていました。呼び出して話を聞いてみると「両親の仲が悪くていつもケンカばかりするので，家が楽しくない。外で遊んでいるほうがいい」と言いました。保護者にはどのように考えてもらうようにすればよいでしょうか。

|Ⅲ-2| 家庭環境への働きかけ

　家庭は，一人ひとりの子どもたちにとって生活の基盤です。他者への信頼，他者とのつながりといった人間社会で生きるうえで欠かせない礎は，特別な人とのかかわりによって形づくられるものであると言えます。人は生涯を通じて発達し続ける存在だと言われていますが，幼少期の家庭における養育環境は，多くの人にとってその後の生き方に大きな影響を与えていると言えるでしょう。学校教育においても，家庭環境への働きかけや相互協力は子どもたちの育成にとって大きな鍵になります。

１　家庭環境の変化

　生活水準の向上とあいまって社会は変化してきました。物質的には豊かに生活できるようになり，個人のプライバシーが守られる環境も整備されてきています。その一方で，核家族化，少子化などが進んで，家庭を取り巻く生活環境・生活様式は大きく変わりました。都市化，情報化，個別化が進展し，近隣家庭とのふれあいの機会は減少しています。このような傾向は，児童生徒の心身の発達にも変化をもたらしています。

　子どもたちが健やかに成長していくためには，適切な運動，調和のとれた食事，十分な休養・睡眠が大切です。また，子どもがこうした生活習慣を身に付けていくために家庭の果たすべき役割は大きいと言えますが，家庭における食事や睡眠など基本的生活習慣の乱れが目立つようになっています。これらは，児童生徒にとっても学習意欲や体力，気力の低下要因の一因となっています。

　これらの子どもたちに見られる問題は，大人一人ひとりの意識の問題，大人自身の生活の問題でもあります。子どもたちの生活はもちろんですが，大人も含めた家庭生活全体をもう一度見直すことが必要です。しかし，先に述べたように，地域社会では近隣との関係が希薄になる傾向がみられ，学校をはじめとする公共諸機関がこれらの啓発にかかわっていくことが求められています。

２　「早寝，早起き，朝ごはん」国民運動

　家庭における食事や睡眠などの乱れを個々の家庭や子どもの問題としてしまわないで，社会全体の問題として考えることを目指して，子どもたちに望ましい基本的生活習慣を身に付けさせる取組が進められています。特に「適切な運動」，「調和のとれた食事」，「十分な休養・睡眠」に着目して「早寝，早起き，朝ごはん」国民運動が推進されています。

　「早寝，早起き，朝ごはん」国民運動は，子どもの望ましい基本的生活習慣を育成し，生活リズムを向上させるための全国的な普及啓発を行うため，2006年に文部科学省生涯学習政策局政策課が中心となって進められた社会活動です。100を超える個人や団体（PTA，子ども会，青少年団体，スポーツ団体，文化関係団体，読書・食育推進団体，経済界等）が賛同しています。

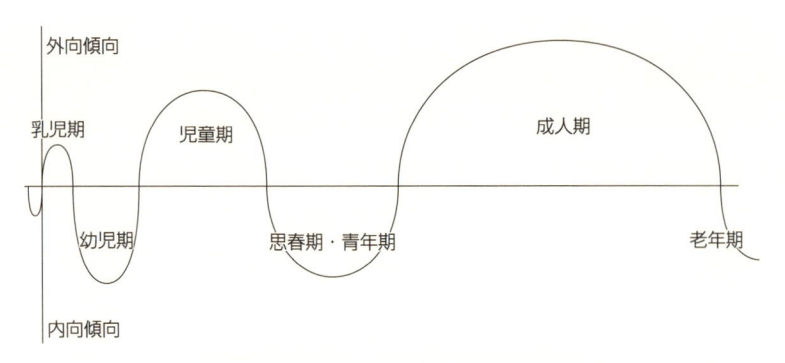

図Ⅲ-2 発達に伴う外向・内向の傾向

出所：内藤勇次（1991）．生き方の教育としての学校進路指導　北大路書房をもとに作成．

このように，社会全体で家庭の教育力を支えていこうという機運が高まっています。学校においても，保健所などと協力しながら，さまざまな機会を通じてこれらの必要性を家庭に伝え，啓発していくことが必要だと言えるでしょう。

③ 発達段階と家庭環境

子どもたちは日々成長する存在であり，家庭における子どもたちへのかかわりもその成長とともに変化していかなくてはなりません。特に児童期から思春期・青年期への変化は大きく，周囲の大人は児童生徒にどのように接すればよいか思い悩んでしまうことも多くなります。

児童期は，現実的，客観的，合理的なものの見方・考え方（外面への志向）が強い時代であると言えそうです。この時期の子どもたちはさまざまなものに興味を示します。たとえば，キャラクターカードの収集に対する執着心の強さなどには情報収集への傾倒の様子がよく表れていますし，大人からの外出の誘いなどにも積極的に応じることが多いように思われます。児童期は，社会とのつながりが強く求められる成人期（大人）との間に，外面への志向が強くなるという同じ方向性をもつ時期であると言えるでしょう。それに対して，思春期・青年期は非現実的，主観的，空想的，理想的なものの見方・考え方（内面への志向）が強くなる時期だと言われます。大人との間でそれまでのような関係をとらなくなる傾向が強まります（図Ⅲ-2）。これはそれぞれに「自分は何者か？」「自分は何のためにここにいるのか」といった自分の存在を見つけることが求められる時代に入り，それまで従順だった大人との関係に疑問を抱くようになる傾向が見られるからです。大人，特に保護者とのぎくしゃくした関係をとる傾向は，アイデンティティが確立され大人になる青年後期まで続きますが，この子どもと大人の過渡期には周囲の大人は子どもたちとの関係づくりに苦慮することが多くなります。

学校（教師・**スクールカウンセラー**[1]）が児童生徒の思いを聴き，それを家庭に伝える役割を果たさなければならない必要も生じます。その際には，児童生徒

▶1　スクールカウンセラー
⇒ Ⅰ-1 参照。

の気持ちを理解してもらわなければなりません。また，一方的に児童生徒の代弁者になるのではなく，保護者自身の立場や気持ちも理解することが必要です。場合によっては，カウンセリングを受けるなどの対処を勧めてみることも必要になります。小学校から中学校への進学など，校種が変わる変化の時期には，家庭のストレスは大きくなります。小学校と中学校の違いを丁寧に説明するなど丁寧なかかわりが求められるところです。

4　家庭・PTAとの連携

　対人関係が希薄な時代となり，学校と保護者とのつながりももちづらくなった状況があり，一方では大量の情報が溢れる時代に，適切な家庭環境をどう支援していくかについて考える必要があります。家庭からの学校への苦情が増えているという指摘もある一方で，家庭間のつながりは希薄になる傾向があります。プライバシーに関する配慮や守秘義務を守りながらも，学校と家庭とが連携して児童生徒の成長を支援していくあり方が問われています。

　児童生徒一人ひとりを正しく理解し，適切な生徒指導を行うためには，学校と家庭との連携が不可欠です。子どもの成長発達のために家庭が果たす役割と学校の役割を，互いに意思疎通を図りながら理解し，食い違いや誤解が生じないようにすることが大切です。学校での様子を，評価にかかわる形ではなく家庭に正しく伝え，また学校の生徒指導方針などを誤解が生じないように丁寧に説明することも大切です。保護者にとって学校教育の理解は学校への信頼を深め，家庭での様子を教師に伝え，相談しあえる関係をつくることにつながっていくと思われます。

　一方，個別に家庭との関係をつくりあげていくことと同時に，学校と保護者全体とのかかわりを深めていくことも大切です。PTA（parent-teacher association）はそのような関係構築に欠かせない組織だと言えるでしょう。PTAは，児童生徒のよりよい教育環境の醸成を目指す保護者と教師によって構成され，社会教育，家庭教育と学校教育との連携を深め，青少年の健全育成と福祉の増進を図り，社会の発展に寄与することを目的とした社会教育関係団体です。家庭と学校が担っている役割を互いに責任をもって果たしつつ，緊密に連携を取り合いながら，健全な子どもの育成を行うことが求められています。

　昨今，保護者が学校教育を応援する動きの一つとして，「おやじの会」などの活動が見られるようになりました。子育てを母親に任せきりになりがちな父親たちの集まりは，学校と家庭との関係をより親密にし，自分の子どものことだけでなく，地域全体の子どもの育成について一緒に考えていこうとする保護者の姿勢の表れだと言えるでしょう。保護者と教師が協力しあう関係をつくるうえで，PTAがよりいっそう適切に機能することが望まれるところです。

(松本　剛)

▷2　小野田正利（2006）.
悲鳴をあげる学校　旬報社

III　保護者・地域との連携

3　各種機関や組織との連携

　他校の先生方から，次のような相談を受けました。問題点を明らかにし，今後どのように解決していったらよいか考えてみましょう。

課題①：小学校の教師A

> 　私のクラスには，いつも「先生，おなかがすいた……」と私に話しかけてくる女子児童がいます。話を聞くとどうやら朝ごはんを食べていないようです。夜もごはんをつくってもらえず，「栄養不良に陥っているかもしれない」と養護の先生からの指摘を受けました。家に連絡をしても全く誰も電話に出ません。家庭訪問をするとどうやら家にはいるようなのですが誰も家から出てきてくれません。この児童の場合には，家庭の教育力には期待できないようです。このような場合，学校以外にどこか相談できるところはあるでしょうか。またその際にどのように相談すればよいでしょうか？

課題②：中学校の教師B

> 　私のクラスには不登校の生徒が2人います。Aくん（男子生徒）は家のなかにひきこもったまま出てこない状態です。Bさん（女子生徒）は家のなかでじっとしているわけではなく，放課後の時間帯にならば保護者と一緒に外出することができるということです。どちらの生徒も家庭訪問しても私に会おうとしてくれず，部屋から出てきません。保護者もとても心配して，「どこか相談できるところがあるとよいのですが」と話しています。2人への支援をしたいのですが，どこと連携したらよいでしょうか。また私はどのように行動すればよいでしょうか？

課題③：高校の教師C

> 　私は高校2年生のクラス担任になりました。先日，一人の男子生徒が放課後に校外で本校の卒業生とけんかになり，相手を殴ってけがを負わせるという暴力事件を起こしてしまいました。どうやら警察に補導されたとのことです。少し興奮しやすい性格のもち主だとは思っていましたが，これまで学校では問題行動を起こしたことはなく，今回の件には少し驚いています。この生徒には，私は今後どのように指導していけばよいでしょうか。またこの先，学校はどのような機関との間でどのように連携していくのがよいのでしょうか？

子どもたちが発するさまざまな「心のサイン」に気づき，適切なかかわりを通して心身の発達を促すうえで，学校は中心的な役割を果たしています。しかし，学校内の対応だけでは，子どもたちの成長を支援するのに十分な成果が期待できない場合もあります。そのような場合には，さまざまな学校外の機関・施設と学校との連携が求められます。学校と諸機関・施設との間で，児童生徒の健全な育成に役立つ情報の交換をすることや，相互に連携して一体的に子どもたちに対応すること（行動連携）が大切になるのです。

1　連携を必要とする諸課題

青少年白書（内閣府，2009）は，青少年にまつわるさまざまな問題行動をあげています（薬物乱用，非行，いじめ，家出，自殺など）。子どもたちが犯罪被害者となることもあります。これらには「いじめ」「不登校」のように学校や教育委員会が中心となって対処することが望まれる項目とともに，警察や児童相談所，保健所などの諸機関・施設と学校とが連携して対応することが必要な問題が多く含まれています。

少年の福祉を害する犯罪，出会い系サイトなど各種メディアを通した犯罪，健康上の問題，児童虐待などさまざまな課題に対しては，学校だけの対処には限界があります。学校と諸機関・施設との連携を通して，児童生徒の「心」の問題への対応や社会性の育成を進め，社会全体として問題行動の兆候を早期にとらえた対応を行ったり，専門機関による継続的なケアを適切に行ったりすることが必要です。

2　児童相談所

児童相談所は0歳から17歳を対象に，児童に関するさまざまな問題について，家庭や学校などからの相談に応じる児童福祉の専門機関です。①判定，②相談，③一時保護，④措置の諸機能をもっています（表Ⅲ-2）。このうち，相談機能では次のような内容の相談を受け入れています。

「養護相談」：養護困難な児童についての相談や虐待に関する相談
「保健相談」：身体疾患・精神疾患をもつ子どもに関する相談
「障害相談」：肢体不自由，運動発達の遅れ，視聴覚障害，ことばや学習障害・注意欠陥多動性障害などの発達障害，知的障害や自閉症などに関する相談
「非行相談」：ぐ犯行為，飲酒喫煙等の問題行動，触法行為に関する相談
「育成相談」：反抗，友人関係，落ち着きがない，内気，緘黙，不活発，家庭内暴力，生活習慣の逸脱など性格もしくは行動に関する相談

親（養育者）によって子どもに加えられた児童虐待への対応は児童相談所の中心的な役割になっています。児童虐待は子どもの心や身体を傷つけたり，健

▷1　児童の定義
児童福祉法第4条では，児童とは，満18歳に満たない者を言い，児童を以下の3つに分けている。
①乳児：満1歳に満たない者，②幼児：満1歳から，小学校就学の始期に達するまでの者，③少年：小学校就学の始期から，満18歳に達するまでの者。

▷2　ぐ犯行為
虚言癖，浪費癖，家出，乱暴，性的逸脱など将来，罪を犯したり，または刑罰法令に触れる行為をするおそれのある行為。

表III-2 児童相談所の機能

機能	趣　旨
判定	児童，その家庭について，必要な調査を行い，医学的，心理学的，教育学的，社会学的および精神保健上の判定を行う。
相談	児童に関する家庭その他からの相談のうち，専門的な知識・技術を必要とするものに応じる。
一時保護	児童の一時保護を行う。
措置	児童，保護者を，児童福祉司や児童委員に指導させたり，児童家庭支援センター等に指導させる。児童を児童福祉施設などに入所させる。

出所：児童福祉法第11・12・26・33条をもとに作成。

全な成長や発達を損なったりするもので，暴行などに限らず子どもへの不適切なかかわりはすべて含まれます。児童虐待には，生命が危うくなるようなけがをさせたり，体に苦痛を与えたりする身体的虐待，子どもの世話をせず放ったらかしにしておくネグレクト（保護の怠慢・拒否），子どもを情緒不安定にさせたり心に傷をつくる心理的虐待，子どもに対して性的ないたずらや性的行為をする性的虐待があります。

▷3　虐待については，X-2 参照。

養育の知識や経済力が不足しているといったような，子どもを育てられない明確な理由がない育児放棄（積極的ネグレクト）であれば児童相談所に，親の経済力の不足や，精神的疾患・知的な障害があるなどの理由で育児ができない場合（消極的ネグレクト）であればまず保健所や行政の福祉部門に相談してみるなど，状況に応じて連携先を選択することも大切です。

③ 警察による補導

少年非行の防止と少年の福祉を図るための警察活動のすべてを補導と言います。少年に対してはできるだけ強制措置をとらない，任意による補導が原則とされています。家族や職場への連絡，注意，助言などの活動が中心です。街頭などでの少年等に対する注意助言，期間を継続して行われる補導，少年・保護者などへの相談活動も行っています。警察もまた青少年の健全な発育を願っているのです。「補導」と「逮捕」は異なることを理解し，学校においても本人が十分反省し，同じ過ちを繰り返さないよう教育していくことが大切です。

▷4　「補導」と「逮捕」
「逮捕」は強制力をもち自由を拘束するもので，「補導」は指導・注意することが目的である。

④ 適応指導教室（教育支援センター）

不登校へのかかわりは一人ひとり異なります。担任一人で背負い込むことなく，管理職や不登校担当の先生と相談をしながらかかわりを続けていくことが望まれます。校内のスクールカウンセラーや教育センターなどの専門家とも相談することが大切です。適応指導教室は，登校が難しい状況にある不登校の小中学生を対象に，市町村の教育委員会が学校とは別の公的な施設に設置した教室です。適応指導教室では，学習や心的な援助をしながら学校に復帰できることを目標としますが，適応指導教室への参加は学校への出席として扱われます。

最近の動向として，適応指導教室では，アスペルガー症候群やADHDなどをはじめとした特別支援と関連する**二次障害**▷5による不登校への対応が求められる機会が多くなっています。

5 校内の環境整備

学校外との連携を行う際は，その前提として学校内での連携がうまく進んでいなければなりません。教職員が協力しあえる関係ができていることが連携を進めるうえにおいても大切になります。児童生徒の問題行動に対する教職員の共通の認識や対応を十分したうえで，学校と家庭や地域社会との連携を図り，学校と関係機関との連携のあり方について検討や改善を行うことが大切です。問題によっては他校との連携を図ることも必要になるかもしれませんし，教育委員会による学校への支援が十分行われることがポイントになるかもしれません。連携先に任せきりにならないよう，学校でも家庭との連絡を継続し，定期的に共同で会議をもつなどの配慮を続けたいところです。

学校と家庭や地域社会，関係機関とをつなぎ，連携を進めるためには，ネットワークの形成と「**サポートチーム**」▷6の組織化が必要になります。教育委員会等の行政が中心となり，学校，PTA，教育委員会，地域住民，警察，児童相談所等の関係機関，保護司，民生・児童委員等からなる地域におけるネットワークを日常から形成しておくことが大切だと思われます。

6 連携活動のための留意点

連携のためには，個人情報保護や秘密保持への配慮をしながら，日常から諸機関・施設と信頼関係を構築するように努めることが大切です。共通理解にもとづいて，同じ方向性をもった指導・支援ができることにより，指導目標が達成されます。

指導計画の作成，活動記録の作成・保存，継続的な指導，定期的な評価の実施，指導目標・指導計画等の再設定など，連携活動のためには，さまざまな準備が必要です。問題が起こったときだけでなく，日常から次のような活動を積み重ねることが求められます。

- 各機関の連携方法等を定めた連携マニュアルや行動計画の作成
- 問題行動についての合同事例研究の実施や，前兆を把握した場合など具体的事例を想定した連携のためのシミュレーションの日頃からの実施
- 「サポートチーム」を適時に組織できるような体制の整備，問題行動の前兆が把握されたときや問題行動が発生したときの的確な連携
- 学校や教育委員会における問題行動への対応に関する自己点検・自己評価の実施

（松本　剛）

▷5　**二次障害**
本来抱えている困難さとは別の二次的な情緒や行動の課題。発達障害をもつ児童生徒の不登校は，本来もっている障害そのものが原因ではなく，周囲との関係の困難さから生じることが多い。

▷6　**サポートチーム**
職種を越えたさまざまな専門家や児童生徒にかかわる人たちが，協力しあいながら問題解決に取組んだり，共同で会議をもって子どもたちにどのような支援をしていけばよいかを一緒に考えたりする。サポートチームの必要性が広く認識されるようになり，実際に取組む機会が増えている。

参考文献

内閣府（2009）．青少年白書（平成21年度版）

警察庁（1960）．少年の逸脱的な非行行為に関する少年警察活動要綱（昭和35年警察庁次長通達）

文部科学省（2004）．学校と関係機関等との行動連携を一層推進するために——学校と関係機関との行動連携に関する研究

Ⅳ　生徒指導における法律事項

1 校則，生徒心得

　校則・生徒心得をテーマに課題を設定してみました。対応や説明のしかたを考えてみて下さい。

課題①：X小学校の場合

> 　あなたはX小学校に勤務して1年目を終えようとしています。今年度の学校評価で，児童の生活態度や集団生活に課題があることが確認されました。もともと中学校教員としてキャリアを積んできた校長は，対策として校則の新設を提案しますが，小学校教員にはなじみは薄く周りの同僚と話してもピンとこない人がほとんどのようです。保護者の反応もおおむね「よくわからない」という様子で，一部「規則で管理しすぎるのはいかがなものか」という意見もあるようです。校長のリーダーシップで校則の新設は決まりましたが，あなた自身はどうあるべきだと考え，どのように児童や保護者に説明しますか。

課題②：Y中学校の場合

> 　あなたのクラスにAさんが転校してきました。前の学校では学校指定の制服はなかったようです。あなたの勤務するY中学校では制服があるため当然のこととして制服の購入を親御さんに求めましたが，「服装を強制することがおかしいのではないか？」と説明を求められました。特に，①個性の尊重，②学校が服装などの生活態度を強制することの意味，③Aさんも親御さんも制服の必要性を感じていないこと，の3点について納得のいく説明を求められています。あなたはどのように説明し，どのような対応をしますか。

課題③：Z高校の場合

> 　あなたの担任するBくんは学校内外での度重なる喫煙と暴行，恐喝などをめぐるトラブルを重ねたため2回の停学を経て，学校としては自主退学を勧告することとなりました。Bくんと親御さんはそれを拒否。「そもそも教育においてその後の人生に負の影響を与える退学措置は厳しすぎる」と主張し，「警察でもないのに校則に触れたからといって罰することが学校にできるのか」と反発しています。自主退学を選択しない場合は退学処分となりますが，学校の立場を説明しつつ，あなたはどのような説得をBくん親子に行いますか。

1 校則や生徒心得とは

"校則"や"生徒心得","生徒規則"などとさまざまな呼び方がありますが,どれもほぼ同じ内容と言っていいものですからここでは「校則等」と表現します。これら校則等は法律上の根拠は明確ではありません。後に述べるように定義となる根拠や論理に曖昧な部分もあります。ですが,日本の学校は勉強だけでなく集団生活をする場でもあるので,"学校が定めることができる集団生活のルール",と認識してもらえば校則等の説明としては間違いはありません。ちなみに,校則等は罰則や強制力を伴うものではなく大まかな生活の過ごし方に関する規定としての性格が強いため,「校則」というよりは「生徒心得」という表現の方が性格をよく表しているという意見もあります。▷1

校則等について十分なデータや情報をもった全国調査や研究はあまり見あたりませんが,「校則」という表現は中学校や高校で決められているものが多く,小学校ではあまり使われていないようです。もっとも,小学校にもさまざまな「生活ルール」や「目当て」などがありますから,名前が違うだけでこれらも広い意味では校則等と同じようなものと言えるでしょう。▷2

2 校則や生徒心得が登場した経緯

校則などが現在の形になるまでの経緯を少し整理してみましょう。1975年頃から少年非行「戦後第3のピーク」が始まっています。それ以前の少年非行のピークと比べての特徴は,(1)従来の非就学者の非行傾向から就学者の非行傾向へ変化,(2)非行の低年齢化による中学校・高校での問題の増加,の2点に集約できます。▷3 つまり,中学生や高校生が学校生活とかかわるなかで非行や犯罪を犯すというケースが増大したわけです。マスコミはこれをセンセーショナルに取り上げ,学校の管理責任を厳しく問う世論が強まりました。これを受けて当時の中学校や高校は生徒指導の強化に力を入れることになります。その手段が校則などによるルールの強化と,今では体罰にあたる過剰な懲戒（IV-2 参照）の実施などでした。これはこれで改めてマスコミを通して世論より厳しい視点で批判を受けることになります。現在の校則等の実態は,このような経緯を経て厳しすぎてもダメで,逆に生徒指導の規律の確保が全くできなくてもダメという葛藤を伴った状況のなかで,社会的に理解がなされる範囲で成り立っています。

法律の現実の運用の問題において,もっとも具体的な示唆を与えるのは裁判の結果である判例です。高校では過去に校則の違反とかかわりながら身分としての懲戒（IV-2 参照）である退学がなされたケースがあり,裁判になったものもあります。また,制服の着用義務や校則に従う義務の無効確認の裁判も過去になされています。もちろん,ケースごとに詳細は異なりますが,いずれも

▷1 下村哲夫（1997）.教育法規を読む——これだけは知っておきたい 東洋館出版社

▷2 これは,小学校では中学校ほど制服の規定が明確でなかったり,学区の広さの関係で登下校の方法がほとんど徒歩によるものだったりという制度的違いが影響していると考えられる。また,小学生は生徒指導上の問題が中学校や高校のように大きな損害や犯罪にかかわるようなケースが少ないことも関係していると言えよう。

▷3 柏熊岬二 ほか（1979）.少年非行——七〇年代から八〇年代へ 家庭裁判所現代非行問題研究会（編）日本の少年非行——八〇年代少年非行への展望 大成出版 pp.341-373.

▷4 これ以前の「生徒指導」は「進路指導（特に就職支援）」の意味を指すことが多く,1980年代以降は「問題行動への対応を中心とした生活指導」のニュアンスになったと言われている。
詳しくは,北神正行・高木亮（2007）.教師の多忙と多忙感を規定する諸要因の考察Ⅰ 岡山大学教育学部研究集録, **134**, 1-10. を参照。

> **表Ⅳ-1　校則等の根拠に関する判例〈東京地裁　昭和42年4月10日〉**
>
> (1) いわゆる校則とは，生徒心得，生徒規則等と通称されるように，学校の設置の認可・届け出の添付書類としての学則とは異なり，生徒としての生活指針となる学習上・生活上心得るべき事項を定め，学校としての生徒指導の大綱となる原則を示した学校内規の一種である。
> (2) 校則等は，教務内規や懲戒規定と同様，学則の委任を受け，あるいは施行細則として制定され，たがいに関連しあって生徒指導面での効果を上げることが期待される。

校則と学校の判断を合法としています◁5。あえて校則の法的根拠を問えば，この際の判例の指摘が根拠になると言えるでしょう（表Ⅳ-1）。

判例が示す校則の根拠に関する論理はおおむね2種類あって，1点目は学校と児童生徒の関係には公的な機関としての命令する権利と命令に従う義務が生じる関係（特別権力関係）があり，その関係にかかわる規定が校則などであるという考え方です。2点目は学校はある種の"社会"としての性格をもっており，安全な社会生活を送るため部分的な社会のなかでのルールは自主的に守る必要があるという考え方（部分社会説）です◁6。最近の学校と児童生徒の関係の理解としては後者をとるケースが増えており，校則等を部分社会説的な規則と理解する必要がありそうです。

部分社会説的な視点で校則等を考えた場合は学校が権力者として命令するような性格のものでなく，あくまで集団生活を適切にまとめるためのルールとして理解し，児童生徒や保護者が自主的にそれを尊重するという理解を共有することが大切でしょう。また，学校は社会全体のなかに存在する公の性格をもった"部分的な社会"なので，広く社会全体の常識の範囲内で考えて理解や納得が得られる範囲の内容を校則等に定める必要があると言えます。社会というものは変化していくものですから，従来の校則等を守ることが社会全体の変化のなかで結果的に学校外から見て違和感が生じることも考えられます。絶えず，校則等の内容を社会全体の状況に合わせて調整をしていくことも必要でしょう。さらに，懲戒つまり叱ったり処分をしたりする際は「校則を破ったから」という理由で対応するのではなく，「基準となるような校則にも書いてあるような学校生活（部分社会）のルールを破ったから」という理由で起きた問題のもつ教育的な意味を考え，伝え，懲戒を含めた指導をすることが重要だと言えるでしょう。このような意味で冒頭に述べたように「校則」という規則という理解よりは「生徒心得」という注意点と理解した方が適切だと言われているわけです。

③　校則や生徒指導がもつ効果と現代的課題

ここでのテーマである校則等によって"どのような生徒指導上の効果が期待できるのか？"という観点から考えてみましょう。日本の学校教育の目的は勉

▷5　これはあくまで，裁判当時の校則やその懲戒につながる判断が社会常識の範囲内であったことと，校則を設定すること自体が合法とされたわけである。当然，学校の校則は社会的常識の範囲内で定められ運用されることが重要であると言える。

▷6　これに加えて義務教育段階で私立や国立などへあえて進学した場合や，義務教育段階ではない高校などの場合は入学が契約上の関係であり，契約の一つの条件として校則が位置づけられるとも理解される（在学契約説）。

強ができることだけではなく，もっと広い「人格の完成」（教育基本法第1条：Ⅳ-3 参照）だとされています。学校や教師にとって児童生徒が現在も将来も"犯罪を犯さない"，"犯罪に巻き込まれない"ような生活力を育てる指導が重要です。また，未成年は犯罪を犯さなくても犯罪につながりそうな行動をした場合でも「ぐ犯（虞犯）」という刑事上の問題になることがあります。つまり，未成年は犯罪を犯したから刑事処分として罰せられるのではなく，未成熟であるため犯罪を犯しかねない状況（「ぐ犯性」）であれば保護して教育し，将来の社会的な適応を促すことがあります（保護主義）。そのため，"道を踏み外さない"ために，また法的な保護の対象とならないために教育上必要なルールとしての校則等はやはり必要であり，今後も重要であることには変わりないと言えるでしょう。

一方で社会の変化に目を移せば，日本全体では家庭や地域が昔はもっていた子育てや教育力，躾の能力が低下していっていることは否定できない状況です。そのなかで"誰がこの代わりをするか？"と考えた場合，今の日本では大多数の人が学校に家庭・地域の教育力低下を補う役割を担うことを期待しているのもまた事実です。最近では「早寝，早起き，朝ごはん」が国民運動になり，従来は私的な責任と権限の範囲であった食生活や生活習慣の躾が学校に求められていますし，小中学校において携帯のもち込みの原則禁止の通知がなされたり，不審者対策のための登下校の指導を徹底することなど学校に従来以上の規律を担うことを期待する動きが増えています。強制ではないわけですが児童生徒にとって自由という権利を危険性からの保護という視点で規制されることが理解できると思います。

"良い悪い"は別として，社会のなかには児童生徒を傷つけたり，誘惑するような人や物事は昔から存在しますし，これからもなくならないでしょう。また，日本の憲法が定めるように個人の権利は尊重されるものですが，そのために責任を守る必要もありますし，権利は他の人の権利を侵害しない範囲（公共の福祉）で成立するものです。権利と責任を児童生徒の心身の発達にあわせて徐々にバランスよく担えるような生活全般のなかでの教育を担うのが学校教育であり，その後に自立した大人としての「人格の完成」が果たされると言えるでしょう。それは勉強だけではなく学校の集団生活全体のなかでも育つものです。

子どもが成長するに従って少しずつ責任を背負える範囲の権利を広げていくことができるようにすることが，学校を中心とした大人の責任と言えます。子どもにもわかりやすい公共の福祉であり責任を果たせるようなきっかけとして，今後も校則等は時代や社会のニーズにあわせて変化しながらも重要な意義をもち続けるでしょう。

（高木　亮）

▷7　2008年7月に文部科学省は「児童生徒が利用する携帯電話等をめぐる問題への取組の徹底について（通知）」でネットいじめなどを問題視し，インターネットなどの情報利用における児童生徒の保護やマナーの徹底などが指摘されている。基準や徹底には曖昧さが残るが，これらの措置を学校で行う場合は主に校則等による文章化を行うこととなるだろう。

IV 生徒指導における法律事項

2 懲戒，体罰

　3つの懲戒と体罰にかかわる課題を設定しました。いずれも，小・中・高校どこでも「ありえる」話題ですので考えてみてください。

課題①：X小学校の職員室での話題

　以前に大阪府知事が「子どもが走り回って授業にならない。ちょっとしかって頭でもコツンとしようものなら，やれ体罰だと叫んでくる。これで赤の他人の先生が教育をできるか」と発言して，それを取材したマスコミは「体罰容認発言」と厳しい論調で報道しています（朝日新聞2008年10月26日）。そのことが職員室で話題になり同僚の先生も賛否両論です。発言を求められたあなたはどのような意見を述べますか。

課題②：Y中学校での保護者のクレーム対応

　あなたが授業中のクラスで落ち着きのないCくんが私語をやめず，少し目を離すと歩き回ったり，周りの子にちょっかいを出したりします。あなたは少し感情的にもなりながら厳しく口頭で叱り席に着かせたところ，その後一日落ち込んだ様子だったそうです。翌日Cくんの担任のD先生から話をされました。なんでもその夜にCくんのお母さんからD先生の家に電話があり「うちの子は先生の言葉の暴力による体罰で傷ついた」とかなり興奮した様子だった，とのこと。D先生や管理職にも状況を説明したのですが，クレームが来ただけで気が弱い校長は取り乱してしまい「頭ごなしに叱りつけるとは何事か」とあなたを責めるような態度をとります。「ちょっと感情的になりすぎたかな」と感じながらも，あなたはどのように振り返り，どのように説明しますか。また，これは「体罰」なのでしょうか。

課題③：Z高校での保護者へのクレーム対応

　あなたの担任するクラスでEくんとFくんの間でかなり激しい喧嘩がありました。あなたが仲裁中に興奮が収まらないEくんが椅子を持ちあげてFくんに襲いかかろうとしたため，あなたは強くEくんの腕をつかみ羽交い絞めにする形で押さえつけたところ，制服が破れてしまいました。その夜，かなり興奮したEくんのお母さんからあなたの家に電話があり，服の弁償と謝罪を要求しています。どのように対応しますか。

1 「懲戒」・「体罰」・「暴行」の法律上の定義

　法律で子どもの懲戒を行うことが許されているのは保護者（民法第822条），少年院の長（少年院法第8条），さらに教師（学校教育法第11条）です。学校教育法第11条によれば校長や教諭は児童生徒に懲戒は行えるものの，体罰はくわえることができないことになります。よく言われるように"体罰は是か非か？"という問いかけは"体罰は法律上違法であり，絶対にダメ"としか答えることができません。問題は懲戒と体罰はお互いが直接延長線上にあることで，その間の区別が難しいことです。懲戒と体罰の区別は後述するとして，まず懲戒と体罰の共通点を考えてみましょう。(1)懲戒も体罰も学校教育の範囲のなかで行われる，(2)教育上の必要性にもとづいて行われる，の2点をあげることができます。学校教育の範囲外であったり，教育上の文脈が成立しない目に見える身体的な侵害（「有形力の行使」と言います）や，たとえ上記の(1)と(2)を満たしていても有形力の行使の仕方が社会的常識から外れる場合は体罰にすらならない「暴行」（刑法第208条）や「傷害」（刑法第204条）ということになります。

2 懲戒と体罰の境界

　懲戒は合法の範囲内で，体罰と暴行・傷害は違法になります。暴行・傷害はここで詳しくは触れるまでもないでしょう。問題は懲戒や体罰の境界です。有形力の行使でも口頭注意と変わらない程度の肉体的苦痛を与えるものであれば「スキンシップ」として懲戒の範囲内とされます。児童生徒の年齢や発達の状態に合わせて判断が必要とされていますから，中学生には懲戒にあたることが小学生には体罰になることもあります。また，社会的な「常識」は常に変化するものですし，人それぞれ考え方や感じ方は異なりますので，懲戒である「スキンシップ」と体罰の境界はとても曖昧なものだと言えるでしょう。

　教師が懲戒とは言えないような体罰や暴行を行った場合は，違法ですから法的責任をとることになります。その場合は(1)行政上の責任：教師という身分において処分を受けるものと，(2)刑事上の責任：暴行罪や傷害罪として警察に捕まるもの，(3)民事上の責任：体罰や暴行で生じた問題への経済的賠償を要求されるもの，の3種類の責任が問われます。

　傷やその後に深刻な問題が生じない体罰の範囲であれば行政上の責任にとどまると言えますが，深刻な問題が生じた場合は民事上の賠償責任が問われます。この場合は教師本人ではなく教師を雇用する学校設置者である教育委員会が責任を取って賠償を行います（国家賠償法第1条）。教育活動という文脈をもたないものであったり，体罰を超えて暴行や傷害と言えるほど悪質なものであれば教師個人に刑事上の責任が問われたり賠償が請求されることになります。また，いずれの場合も行政上の責任も教師に問われるでしょう。

▶1　励ましや叱責・警告の意図でたとえば「肩や背中などを軽くたたく程度の身体的接触（スキンシップ）」などは有形力の行使であっても体罰とは扱われない。詳しくは「水戸五中事件」（昭和56年4月1日判決　東京高等裁判所）判決文を参照のこと。

▶2　私立学校の場合は学校法人が設置者として賠償責任を負う。

❸ 処分としての懲戒と出席停止

ところで，ここでのキーワードである懲戒には「事実行為としての懲戒」と「処分としての懲戒」の2つの概念があります。「事実行為としての懲戒」はすでに触れたような体罰にならない範囲の指導を指します。一方，「処分としての懲戒」は停学や退学などの学籍上の処分を指し，体罰や有形力とは別の次元の対応です。義務教育段階では特別に国立や私立学校に就学している場合を除き，退学はさせられません。また，国立や私立学校の場合でも停学はできません[3]。が，高校等の場合は校長の権限として懲戒裁量権（学校教育法施行規則第26条）で退学や，停学，訓告ができることになっています。

処分としての懲戒として退学や停学になるケースはほとんどが生徒指導上の問題が原因となると言えるでしょう。また，停学の手前の処置として本人や保護者が納得したうえでの非公式の実質的な停学的処分として「謹慎」と呼ばれる措置がありますし，退学も自主的な退学と強制的な退学では意味あいが異なってきます。

一方，義務教育段階であっても学校に出席できないような身分上の命令を下すこともあります。これを出席停止と呼びます（学校教育法第35条）[4]。停学と出席停止の違いは，(1)出席停止は本人への懲戒ではなく，他の児童生徒の教育を受ける権利を侵害している状態を食い止める目的で行われることと，(2)停学は校長が決定するのに対し，出席停止は教育委員会が学校と十分な意見交換をしたうえで実施されるという裁量権者の違いが存在します[5]。他の児童生徒を守るうえで仕方なく行う，という意味で出席停止の措置は停学よりも深刻な問題ですし，本人の出席停止の終了後のケアの仕方も考慮して実施する必要があるため十分な配慮が必要であると言えるでしょう[6]。

❹ 懲戒に関する議論は今後もなくならない

このように言葉の定義だけ聞くと"事実行為としての懲戒にならない有形力を伴った指導が違法な体罰や暴行"と理解できます。しかし，現実には懲戒と体罰の区別は非常に曖昧ですし，従来の正当な「事実行為としての懲戒」の範囲とされていた指導も「体罰」として訴訟になることも少なくありません。訴訟に至らないまでも学校と児童生徒や保護者との関係，さらに教育活動に悪影響を与えるケースも少なくありません。また，「処分としての懲戒」である退学についても人生に与える影響は大きいものがありますから，本人や保護者からすれば納得できず訴訟に至るケースも存在しますし，今後もこのようなケースはなくならないでしょう。教育活動のなかでも「懲戒」は特に大きな影響を与えることを考え，事実関係の客観的で確実な把握や「懲戒」の実施後の影響を十分考えたうえで実施する必要があります。また，常に変化する社会的常識

▷3 義務教育段階において国立や私立学校のようにあえて選択して就学している場合は退学しても公立（ここではほとんどが市町村立または区立）の小中学校に就学が可能である。しかし，停学については義務教育の機会を奪うことにつながるので，公立だけでなく国立や私立学校でも許されない。

▷4 生徒指導上の問題行動ではなく学校保健安全法施行規則第18条に定められた感染症に罹患またはその疑いがあるケースも出席停止扱いになるが，これは性格も根拠の法律も異なる（学校保健安全法第19条）。

▷5 文部科学省初等中等教育局長通知（平成19年2月5日）「問題行動を起こす児童生徒に対する指導について」の「2．出席停止制度の活用」を参照。文部科学省のホームページから通知全文を閲覧できるため，必ず参照されたい。

▷6 出席停止の実施の条件や手続き，実施方法等についてはかなり詳細な指摘があるため学校教育法施行規則第35条，文部科学省初等中等教育局長通知（平成13年11月6日）「出席停止制度の運用の在り方について」および同通知（平成19年2月5日）「問題行動を起こす児童生徒に対する指導について」を参照。

表IV-2　関連法規の条文

学校教育法第11条（懲戒）
校長及び教員は，教育上必要があると認めるときは，文部科学大臣の定めるところにより，児童，生徒及び学生に懲戒を加えることができる。ただし，体罰を加えることはできない。

学校教育法施行規則第26条（懲戒）
校長及び教員が児童等に懲戒を加えるに当つては，児童等の心身の発達に応ずる等教育上必要な配慮をしなければならない。
2　懲戒のうち，退学，停学及び訓告の処分は，校長（大学にあつては，学長の委任を受けた学部長を含む。）が行う。
3　前項の退学は，公立の小学校，中学校（学校教育法第七十一条の規定により高等学校における教育と一貫した教育を施すもの（以下「併設型中学校」という。）を除く。）又は特別支援学校に在学する学齢児童又は学齢生徒を除き，次の各号のいずれかに該当する児童等に対して行うことができる。
　1　性行不良で改善の見込がないと認められる者
　2　学力劣等で成業の見込がないと認められる者
　3　正当の理由がなくて出席常でない者
　4　学校の秩序を乱し，その他学生又は生徒としての本分に反した者
4　第二項の停学は，学齢児童又は学齢生徒に対しては，行うことができない。

の範囲での懲戒を実施することも考える必要があります。このような「懲戒」に至るまでの経緯を常に他者に客観的に説明できる説明責任を果たすという姿勢を日頃から注意しておくことが重要であると言えるでしょう。

現実には教師や学校が間違いを起こすこともあるでしょうし，世の中にはどうしても一方的な主張しかできない児童生徒や保護者が一部存在することも確かです。同時に，無責任に報道し訴訟が起きただけで適切な指導も"事件"と扱うマスコミや世論の問題もあります。また，医療や福祉の分野で問題になっているように手数料欲しさや"画期的な判例"をつくることを目的に訴訟で事件化を煽る法律家も存在します。

これらはすべて倫理上は"あってはならない"ことかもしれませんが，現実には世の中に必ず"存在する"ことを前提に考えていかなければならない危機管理的課題と言えます。大変な時代とも言えますが，そのようなリスクを考えながら緊張感をもって必要な生徒指導上の責任を果たしていくことに教師としての成長のきっかけがあり，行き過ぎた懲戒や体罰を未然に防ぐことができるのだと思います。また，不幸にも皆さんの生徒指導が"事件"と扱われても，謙虚に自らを顧みつつ，それでも自分が信念をもって正しいと考えたことを行ったと考える場合は強く正当性を主張することも大切であると言えます。その結果，決着として現れる判例や社会の評価がその後の学校や教師の仕事を決めていくことになるのですから。

（高木　亮）

▷7　たとえ法的責任が客観的にもないケースや冤罪と言えるケースでも，刑事上または民事上訴訟となれば「事件」となる。また，非訴訟の申立てなどでも「事件」と呼ばれる。一般的イメージと法的意味のズレを留意されたい。

▷8　「福島県立大野病院事件」や「杏林大学割り箸事件」などでは従来の正当な対応でも医療者側が民事事件（損害賠償）だけでなく刑事事件（逮捕・起訴）にまで巻き込まれている。いずれも，無罪が確定したものの，医療現場の萎縮の問題などが指摘されている。学校教育にも深刻な示唆を与える事件と言えよう。

Ⅳ 生徒指導における法律事項

3 学校の責任と権限

以下の3つの課題を通して，学校や教師のできること（権利）としなくてはいけないこと（責任）を考えてみましょう。

課題①：X小学校での問題

> X小学校に勤務するあなたは同僚の養護教諭から身体計測の終わった後に相談をもちかけられました。Gくんの身体の服に隠れるあたりに痣や火傷のような跡があり，「これはどうしたの？」と聞いても口ごもるだけで要領を得ないとのこと。あなたと養護教諭はどうしていいのかわからないまま，ああでもない，こうでもないと論議して時間を費やしてしまっています。特に保護者との今後の関係の悪化と学校や教師の守秘義務の観点から学校外に知らせたり相談すること自体に難しさを感じます。また，教職上の守秘義務にかかわらないかも気になります。このようなときに，学校や担任教師の責任として何をすべきで，権限としてどういう選択肢がとれるでしょうか。

課題②：Y中学校での問題

> Y中学校に勤務するあなたのクラスのHさんの親御さんは小学校のときから教材費も給食費も未納です。当然，小学校のときから担任や管理職が連絡を取っているのですが猛烈に逆ギレすることで恐れられていたようです。実際，一度督促の電話をかけた教頭先生によれば「義務教育だから全部無料で当然だ」などと言って取りつく島もない状況だそうです。担任のあなたはどういう形で学校の立場（責任と権利）を説明しますか。また，それでも応じない場合の対応にはどのような対応が考えられますか。

課題③：Z高校での問題

> Z高校に勤務するあなたが顧問となっている運動部で，休日の練習試合中に部員のIくんが試合中のアクシデントで足の骨を折る怪我を負ってしまいました。病院へ連れて行ったり保護者や学校への連絡も上手くいき，Iくんも親御さんも状況を前向きにとらえてくれています。とはいえ，自転車通学のIくんがしばらく骨折で登下校に苦労することや治療にかかるコスト（費用や通院時間）を考えれば気の毒にも感じます。学校としてはどのような対応ができると考えますか。

1 教師という職業（work）と職務（job）

　責任とは"職務上しなくてはいけないこと"と"職務上起こした結果に対処する（させられる）こと"で，権限とは"職務を行ううえでの与えられた能力"を意味しています。では，職務とは何かを考えてみましょう。日本語では曖昧ですが英語では明確な区別があり参考になるので，比較しつつ整理してみましょう。教師というのはさまざまな仕事のなかの一つですが，このような職種を分ける仕事を意味する単語が"職業（work）"です。教師という職業のなかで小学校教諭や養護教諭，校長といったような少し詳細な役割（role）をもった仕事を意味する単語が"職位（position）"で，職業と職位ごとに決められた仕事の範囲が"職務（job）"です。職務とは責任の範囲で行う沢山の個々の仕事の集合を指しますが，このような具体的な個々の仕事のことを"業務（business）"や"任務（duty）"，"仕事上の複雑な活動（operation）"と呼びます。また，この項目のタイトルの「責任」とはduties（任務の集合）で，「権限」はofficial power（職務上決められた権力）としてとらえてもらえるとわかりやすいと思います。

　次に職務を考えるうえで学校と教師が"どういうことを行う存在か？"を確認しておきましょう。法律では学校が「公の性質を有」し，「教育を受ける者の心身の発達に応じて，体系的な教育が組織的に行」われる場とされ（教育基本法第6条），教師は「職責の遂行に努め」（教育基本法第9条），「児童の教育をつかさどる」（学校教育法第28条）とされています。法律は基準としての"大枠"ですので，学校や教師は公共性の強い存在であり，教育を行う存在であるという少し広い立場の定義がなされているわけです。

　では，職務を方向づける"教育の目的とは何か？"を確認してみましょう。教育は「人格の完成」（教育基本法第1条）を目的としています。近代国家のなかで，教育の目的を法律で規定し，さらに学習だけではなく人間性にまで目的として言及する国は珍しいと言われています。学習に特化した欧米の近代学校制度と異なり日本の近代学校制度は生活学校としての性質を強くもっているわけです。ですから，日本の学校や教師は時代のニーズにより変化した部分こそありましたが，昔から躾や生活態度といった生徒指導と，進学や就職の準備といった進路指導を職務のなかに伝統的に含んできました。

　職務としてこのような広い範囲を担うため，研究者によっては学校や教師の個々の職務内容を具体的にリストアップすること自体が研究ですら難しい，と指摘する意見もあります。ですから個々の職務内容ごとに権限と責任の位置づけがありますが，それをすべてここで整理することはできません。また，個々の職務内容は後述するように内容や位置づけ，責任や権限の解釈が時代により変化します。そこで，課題のケースに見られる個々の職務内容の具体的責任と

▷1　たとえば，課題文のさまざまなアクシデントへの対応などは業務や任務のレベルの問題である。しかし，教師については業務や任務という表現はあまり馴染まないので，"職務自体の内容"や"個々の職務内容"などと表現されることも多い。

▷2　たとえ私立学校であっても公の性質をもつ点は変わりない。

▷3　下村哲夫（1997）．教育法規を読む――これだけは知っておきたい　東洋館出版社

▷4　たとえば，高旗正人・北神正行・平井安久（1992）．教師の「多忙」に関する調査研究　岡山大学教育学部附属教育実習センター（編）　教育実習研究年報　3, 100-114.

権限の内容は皆さんで調べてもらうこととして，ここでは学校や教師の職務上の責任と権限はどのように形づくられるかということと，職業上の責任を意味する2つの別々の概念を整理してみたいと思います。

❷ 法令により決められた学校と教師の職務上の権限・責任

　法律の条文だけでは学校や教師の仕事は具体的にイメージしにくいと思います。法律は議会で制定するのですが，これらはあくまで滅多に変えない"大枠"という前提に立っていると言えます。時代のニーズに合わせるにはこの"大枠"を踏まえて行政（たとえば文部科学省）が必要に応じて出す通達や基準が命令として効果を発揮します。学校や教師の職務は教育行政上は法律と法律を踏まえた命令（あわせて法令）で形づくられているわけです。

　これに時代のニーズとして児童生徒や保護者，社会の変化や要望などへの対応の必要があります。さらに，事故や訴訟といった事件（IV-2 参照）が生じた場合は，学校や教師の権限と責任の行使やその解釈が適切であったかどうかが裁判所で議論されます。このような結果，時代の新しいニーズが学校や教師の職務に変化を要求するわけです。個々の判決内容である判例はその後の法律の詳細な解釈として法令同様に影響力をもつこととなります。教師の職務や個々の職務の範囲・内容はこういったものの影響を受けて変化してきましたし，今後も変化していくことでしょう。

❸ すべての職業で必要となる2つの責任――結果責任と説明責任

　個々の職務の遂行の際にかかわる責任（duties）とはまた別の次元の責任もあります。すべての職業に存在する責任として結果責任（responsibility）と説明責任（accountability）という2つの考え方です。結果責任はもともと「責任」と呼ばれてきましたが，説明責任という概念の登場で区分するために結果責任と表現されることが多くなりました。結果責任とは自分が原因となって起きたすべての現象に対して発生します。ですから職業上の職務としての言動にはすべて結果責任が後々に生じます。故意や過失で起こした問題は不法行為として法的責任が生じますが，不法ではない適正な行為であっても不幸な結果となったものについては結果責任として道義的な責任を感じる必要は生じます。

　一方，**説明責任**とは自分の行為のための手続きが適切であったかどうかを客観的に説明するための責任です。学校や教師について言えば，学習指導や生徒指導などを行う個々の必要が生じた経緯と，その指導方法を選択した判断，実施状況などを客観的に説明することがこの説明責任上の課題になります。そのため，説明責任を適切に果たせる場合の結果責任は道義上の責任しか生じず，適正に果たせない場合は法的責任が生じると考えていいでしょう。

　重要な点として，手続きが適切で説明責任が果たせるのであれば，児童生徒

▷5　厳密には法律の解釈としての効力を発揮する最高裁判所の判決である。しかし，高等裁判所や地方裁判所などの下級審の判決も教育行政（文部科学省や教育委員会）や学校，教師へ大きな影響を与える。また，判決が確定する以前の訴訟が生じた時点で"事件"となり，判決が出る以前にその結果と必ずしも関係のない影響が生じることが多く，教育活動の萎縮が問題となっている。

▷6　この場合は責任（duties）と結果責任（responsibility），さらに説明責任（accountability）は全く別の概念としてとらえた方が理解しやすい。

▷7　説明責任（アカウンタビリティ）
会計（account）上の責任から派生した用語で，職務上適正な責任を果たしたことを"説明"することができるようにしておく責任である。

や保護者からすれば不満な結果が生じた場合でも法的には学校の責任にはならないという点です。学校は公立・私立を問わず公の性質をもつわけですから，いわば"オーナー"である日本全体に責任をもつことになり，児童生徒や保護者はいわば"顧客"にあたります。両者のニーズはほとんど一致するものでしょうが，法令や制度上に正当性がなかったり，日本全体や他のほとんどの児童生徒や保護者の害になるような特定の児童生徒や保護者の要求や不満はやはり公の判断として許されないでしょう。説明責任はあくまで客観的で大多数の人が納得する"説明の責任"であって，特定の不満をもつ人を"説得する責任"ではない点であることもあわせて理解してください。当然のことを言っているようですが，近年話題になっている**モンスターペアレント**の問題などは大多数の納税者や児童生徒，保護者の視点から見て目に余る主張をする保護者のケースに関心が高まっているからだと考えられます。身勝手な主張には，毅然と対応する必要もあえて強調したいところです。

▷8 法律として問題がないのはあくまで最低限の基準であって，少しでも納得してもらえるように説明の努力をする必要は常にあると言えよう。

▷9 モンスターペアレント
2007年頃につくられた和製英語で2008年のテレビドラマで一般的に普及した概念。なお，医療福祉分野ではモンスターペイシェントという表現も一般に普及しつつある。

❹ 教師として生徒指導上の責任を果たすために必要なリテラシー

　現在の学校教育は"適切に責任（duties）を果たせているのが当然"といった理解が社会のなかでなされています。ですが，学校や教師にとって教育課程上や生徒指導上，さらに給食や課外活動，地域での事件・事故などさまざまな問題が生じかねないのが実際のところです。また，学校や教師の立場からしたら"不当"と感じられるような要求が"適切に責任を果たしていない"という文脈でなされます。時代の変化により教育に関するニーズに学校も教師も適応していかないといけないわけですが，現在の権限では"対応できないニーズ"や"対応してはいけないニーズ"もあり職務のあり方には悩ましい部分が多いのではないかと思います。また，今後の社会の変化を考えれば権限と責任を完全に網羅した解説も難しいと言え，ここでは権限と責任の考え方をまとめることまでしかできません。

　代わりに一点だけ職務の変化に適応する教師に有効と考えられる姿勢を説明してまとめとしたいと思います。これからの学校や教師にとって大切なことは，社会の学校や教師へのニーズを理解し，日常の教育活動を公のものとして第三者から見られても疑われないような透明で適切な形で進めていくことです。また，後からでも客観的な説明ができるようにしておくことが大切であると言えるでしょう。そのために必要な情報として法令や文部科学省が示したガイドライン，さらにニュースなどを通して教育問題や学校での事件・事故については積極的に知り，自分なりにこれからの職務の変化について想像を交えて考えてください。そのうえで教師という専門職を考え，どのような教師を将来目指していくのか自分なりに考え続けて下さい。そうすることで時代の変化に適応できる立派な教師として責任を果たしていけるのだと思います。　　（高木　亮）

> コラム

教師としての法律との付き合い方

　原稿に行き詰った高木は，教育法制を専門にしている岡山帝国大学助教の銭形蘭さんのところに相談に行くことにした。

高木：あのぉ，銭形さん先日メールでお願いした件なんだけど……。

銭形：わ，ホントに来たんですか。私，忙しいんですけど……。

高木：ホント頼むよ。これだと原稿書けないよ。小泉先生に怒られちゃうよ。

銭形：お土産ももってきてくれているし……仕方ないなぁ……。

（1）「法令」って何？

高木：生徒指導とキャリア教育（進路指導）の本に法律って関係するの？　関係なくない？

銭形：はぁ，そんな理解で原稿引き受けたんですか？　まぁいいや。生徒指導やキャリア教育に限らず学校や教師の仕事の仕組みは法令で決まっています。たとえば，小学校と中学校で教師の配置数が決まっていたり，学習指導要領は法令じゃないけど法的拘束力があったり，多分勉強しはじめの人からすると「こんなことまで」って印象を受けるぐらい細かなことが決まっていますよ。でも，学校や教師の仕事の全部を議会で法律として決めるだけでは対応しきれないので，大まかな枠組みを"法律"で，細かくは行政上の"命令"で決めているわけですね。「法令」っていうのは「法律と命令」の略って考えてください。国会が決めた決まりが法律で，命令は内閣が決めた政令や文部科学省などの行政が決めた省令などのことです。

高木：とはいえね，生徒指導の問題って時代によって変化が激しいものだから，いちいち詳しい法令をつくるので間に合うの？

銭形：変化への適応が必要な部分は解釈を時代に合わせていくわけですね。たとえば，裁判の結果である判例も時代の変化などを加味したうえで法令の詳細な解釈を結論づけたものと言えますね。

　他にも，教育で言うと文部科学省が法令の解釈や現状のガイドラインを発表したり，教育委員会が現場の質問に答えたりする形で学校の日常にわかりやすいものとして示してくれていますよ。他にも10年に一度改訂される学習指導要領なども他の法令を根拠に定期的に更新する「公示」ですから同じようなものですね。

（2）生徒指導に法令はどう役に立つの？

高木：教育課程には教科書があるし，生徒指導にはガイドラインなんかがあるんだったら法令を知らなくても，それを読んでおけば大丈夫だね。

銭形：そんなセリフ教育実習で学生が言うと無茶苦茶怒られますよ。"学習指導要領でできた教科書を教える"じゃなくて，"学習指導要領が決めるような最低限の学力が身に付くような授業を教科書を使って教える"でしょ。同じように，生徒指導もキャリア教育も児童生徒の生活，つまり"生き方"の教育ですから，ガイドラインだけでは網羅できませんよ。あくまで教科書も

コラム　教師としての法律との付き合い方

ガイドラインも最低限の基準なんです。教師はいろんな複雑な事態や，事前に想定できない質問やケースに対応するわけですから，「対応の仕方」だけじゃなくて，「行動の根拠になる方向づけ」や「考え方」を知る必要があるでしょうね。[6]

あともう一つ，教師って単純な作業をするだけじゃなくて自分で専門的な能力をもって，判断する"専門職"なんですよ。時代に合わせて能力や判断力を適応させながら学校や教育課程などの自分の職務を経営していく立場でもあるんです。経営っていうと今ある条件で最善を尽くしていく計画や工夫（Plan）と，教育活動を実際に行って（Do），後から評価や反省（Check）をして次の改善に活かしていくこと（Action）ですよね（PDCAの経営サイクル）。"最低限必要なこと"である法律の基準を知ったうえで，学校や教師の実情から"できること"，"できないこと"，を考えないと計画も工夫も充実した教育活動もできませんよ。

（3）教師としてどのように法令と付き合うか

（高木）教育関係の法令って，どう読んで，どう活かしていけばいいの？

（銭形）法令はあくまで大まかな最低限の基準ですね。教育活動は人間関係を通した生活ですから"法律上できる"，"法律で決まっている"って言って，他の教師や児童生徒や保護者が理解や協力をしてくれなかったら，実際は無理でしょ。学校の先生を目指す多くの人や，その人たちのための解説書では最低限の注意事項を押さえたうえで，"自分なら"，"自分の学校なら"といったケースに合わせて考えてみることが大切でしょうね。だから，本書の課題は重要ですよね。

（高木）読んでおかないといけないものや参考図書とか教えてもらえる？

（銭形）教師になりたい人はホームページなどで文部科学省のガイドラインなどを教育小六法とかを引きながら理解できるようになれば，オッケーですよ。そのうえで，もっと専門的なことを勉強したい人は『教育法規便覧』[7]や『やさしい教育法規の読み方』[8]などがお勧めです。

（高木）あと原稿のまとめ方なんだけど……。

（銭形）あっ，もうこんな時間。あとは自分で頑張ってください。バイバイ。

（高木　亮）

▷1　たとえば，教育基本法，学校教育法など。
▷2　たとえば，学校教育法施行令など。
▷3　たとえば，学校教育法施行規則など。
▷4　厳密には他の裁判に影響を与えるだけの影響力があるのは最高裁判所の判例のみ。しかし，解釈の参考や実際の教育制度への影響は高等裁判所や地方裁判所などの下級審判例も影響を与えていると言える。
▷5　解釈実例などのガイドライン。たとえば，IV-2 で取り上げた「問題行動を起こす児童生徒に対する対応について」など。
▷6　このような内容を「法の精神」と呼び，具体的な解釈に影響を与える。
▷7　窪田眞二・小川友次（2008）．平成21年版教育法規便覧　学陽書房
　新しく制定された法律や改正された法律，通知等を含めてテーマごとに整理しているため，かなり便利。
▷8　菱村幸彦（2008）．やさしい教育法規の読み方（新訂第4版）　教育開発研究所
　著者の菱村氏自身が指摘するように，題名通りの「やさしさ」は必ずしもないが，法令の読み方や解釈を解説し，事例の考え方まで詳しく整理している。

V 児童生徒理解とアセスメント

1 児童生徒の理解

　生徒指導に悩む先生から，以下のような相談を受けました。児童生徒の理解という観点から，以下の問題をどのようにとらえ解決すればいいでしょうか。

課題①：小学校の教師

> 　私が担任をしている4年生のクラスには，とても気になるAくんという児童がいます。授業中も全然話を聞くことができず，友達との私語や教師への文句など，授業の妨げとなるような言動も目につきます。ふだんの生活のなかでも，教師への反抗や友達とのいざこざなどにより私（担任）に叱られることも多くあります。両親の話では，まだ手のかかる小さい妹がいるため甘え足りないのかなあという話も出ていました。Aくんの気になる行動を，どのようにとらえればいいのでしょうか？

課題②：中学校の教師

> 　私が担任する1年生のBくんは，クラスのなかでも気になる生徒の一人です。担任の私の前では，おとなしそうに振る舞っているのですが，その陰で気の弱い友達に嫌がらせをすることもあるようです。ほかの教科の授業では，きちんと席に座って受けている科目もあれば，担当の教員にかなり反抗的な態度を取る科目もあり，教師によって態度を変えているようです。Bくんが好きな部活（サッカー）では，リーダーシップも発揮し頑張っているということも聞きます。どれが本当のBくんなのか，わからなくなってしまいました。

課題③：高校の教師

> 　私は養護教諭をしています。1年生のCさんは読書家で，ほかの生徒たちと一緒におしゃべりするよりは，一人で本を読んだり考え事をしていることが好きなようです。ただ，連休が終わった頃から保健室によく来るようになりました。過敏性大腸症候群という診断を受けたと聞きますし，私と話している間もチックの症状が出ているのに気づきました。心配になって，Cさんの出身中学校の養護教諭にも連絡を取ってみました。いろいろと話し合ううちに，Cさんの家庭の複雑な事情が背景にありそうだということがわかってきました。

1 児童生徒理解の必要性

　読者のなかには，生徒指導というと「校則に違反した生徒を厳しく叱る」という場面を思い浮かべる人も多いのではないでしょうか。もちろんそういう一面もありますが，生徒指導とは"一人一人の児童生徒の個性の伸張を図りながら，同時に社会的な資質や能力・態度を育成し，さらに将来において社会的に自己実現ができるような資質・態度を形成していくための指導・援助である"（文部科学省）という定義が示すとおり，児童生徒に対する学校生活全般についての指導を含み込む大きな概念です。そして，その指導がどうあるべきかを考えるときに，まず必要になるのが「児童生徒理解」という観点です。「非行傾向の児童生徒にはかくあるべし」「不登校の子どもたちにはこういう対応をすべし」と一般化する前に，まずは目の前にいる児童生徒を理解するのが第一であり，その理解にもとづいて一人ひとりに合った指導がどうあるべきかが論じられねばならないと言えます。

　目の前で起こっている現象が〈その子の性格なのか，それとも「問題」なのか〉，その判断は容易なことではありませんし，容易に判断してしまうのは危険です。児童生徒が示す「問題」と言われる行動を，どうとらえればいいのか考えてみたいと思います。

2 「問題」をメッセージとしてとらえる

　学校現場にかかわっていると「問題行動」という言葉を耳にすることが多くあります。この「問題行動」の一つには，教師への暴力や反抗などの〈反社会的行動〉があります。他方，引きこもりや神経症のような〈非社会的行動〉も生徒指導の対象となります。さらに最近は，反社会的な要素と非社会的な要素を併せもつケースも増えています。それら「問題」の多くは「教師から見て望ましくない行動」であり「学校としては，なくしたい行動」であると言えます。

　しかしそれらを見ていると，たとえば，教師に甘えたい気持ちを，あえて〈反抗〉という形で表現していると思われるケースがあります。いじめによるストレスを吐き出せずに溜め込んだ結果，円形脱毛症や過敏性大腸症候群などの病気として発現してしまうケースもあります。

　このように，子どもたちが抱えているストレスや悩みの多くは，子ども本人に自覚されないまま，さまざまな「問題」として発現することになります。身体面では，筋肉の緊張や手のひらの発汗，下痢や嘔吐などがその例です。また感情面の反応としては，イライラや怒り，不安や不機嫌という不快な状態として表れます。そして行動面としては，食事や睡眠の変化として出てきたり，チック[1]やつめかみ，反抗やひきこもりという「問題行動」として表現されることもあります（表V-1）。とりわけ，自分の状態をきちんと言語化して伝えるこ

▷1　チック
⇒ VIII-6 参照。

(表V-1　具体的なストレス反応の例)

- ◆身体面
  - ・筋肉の緊張（肩に力が入っているなど）
  - ・呼吸のみだれ（一時的に鼓動が激しくなるなど）
  - ・手のひらの汗　　・夜尿，頻尿
  - ・悪心，嘔吐，下痢　・疲労
- ◆感情面
  - ・イライラ，怒り，恐れ　・不安，失望，憎しみ，攻撃心
  - ・不機嫌，泣く
- ◆行動面
  - ・食事量の増加・減少，偏食　・睡眠の増加・減少
  - ・ひきこもり　・反抗
  - ・指しゃぶり，爪かみ，貧乏ゆすり，舌打ちなどの癖
  - ・歯ぎしり，チック　・髪の毛をひっぱる，抜く
  - ・落ちつきのなさ　・夜叫・悪夢　・おしゃべり

出所：竹中晃二（1997）．子どものためのストレス・マネージメント教育
　　　――対症療法から予防措置への転換　北大路書房

(表V-2　子どもに見られる心身症とその周辺疾患)

〈呼吸器〉　気管支喘息，過換気症候群，呼吸困難，神経性咳嗽（がいそう）など
〈循環器〉　情動性不整脈，起立性調節障害，心悸亢進，胸痛など
〈消化器〉　消化性潰瘍，過敏性大腸症候群，反復性腹痛，臍仙痛，心因性嘔吐など
〈内分泌・代謝〉　神経性食欲不振症，（神経性）過食症，心因性多飲症など
〈神経・筋肉〉　筋収縮性頭痛，偏頭痛，書痙，眼瞼痙攣，自律神経失調症など
〈皮膚〉　慢性蕁麻疹，アトピー性皮膚炎，円形脱毛症，多汗症など
〈生殖器〉　無月経，月経困難，月経異常など
〈感覚器〉　視力，聴力，味覚，嗅覚など
〈全身症状〉　発熱，虚弱，全身倦怠など
〈行動上の問題〉　神経性習癖（抜毛，爪かみ），摂食障害，睡眠障害など

出所：伊藤隆（2005）．ストレスによる症状4：子どもの心身症　伊藤美奈子（編）ストレスに負けないこころを育てる学校の取り組み　教育開発研究所　pp. 104-109.

2　身体化

悩みやストレスなどの精神的な問題が，身体を通して表現されることを言う。病気や症状として表れる場合は「心身症」と呼ばれる。

とができない発達段階では，症状という形で〈身体化〉してしまったり（表V-2），「問題」と言われる形で〈行動化〉してしまうことはよくあります（図V-1）。しかし，すでに言葉で表現できる年齢と言える思春期でも，いろいろな要因で言語化が妨げられることがあります。一つは，「大人になんか，わかってたまるか！」という反抗心が言語化を妨げている場合です。また「大人になんか，わかってもらえない」という諦めの境地から口を閉ざすケースもあるでしょう。他方，「親に心配をかけたくない」という健気な思いから，言わずに我慢している子どももいるようです。その一方で，「親なんだから，子どもの気持ちくらい，いちいち言わなくてもわかるでしょ！」という甘えの心理が隠されていることもあります。こうしたさまざまな事情から，子どもたちは自分の思いを言語化しなくなっていきます。本心では〈わかってほしい〉〈聞いてほしい〉と切望しているのに，大人が近づくと「べつに～」「うるさいなあ」と，木で鼻をくくったような突っ張った返事が返ってくることもしばしばです。近づいてほしい人に，自ら遠ざけてしまうような対応を取ってしまうのも，この年頃の特徴でしょう。

　このように，冷静に受け止めにくい形で表現されるのが心のサインの特徴であると言えます。大人の目には「問題」と映る行動の背後に隠された心のサインをしっかり受けとめ，かかわりのなかで解決を図ることが大切です。つまり，その「問題」を〈どうなくすか〉だけでなく，〈その行動をどう理解するか〉という目をもつことが，われわれ大人に求められていると言えるでしょう。こうした「問題」に対し，表面的なかかわり（暴力を力で押さえようとしたり，身体の病気だけに気を取られたり，通り一遍の励ましや説教で押さえつけたり）をしてしまうと，メッセージとしての行動は本来の目的（SOS発信機能）を遂げるために何度も繰り返されることになるのです。「問題」という言葉で切り捨

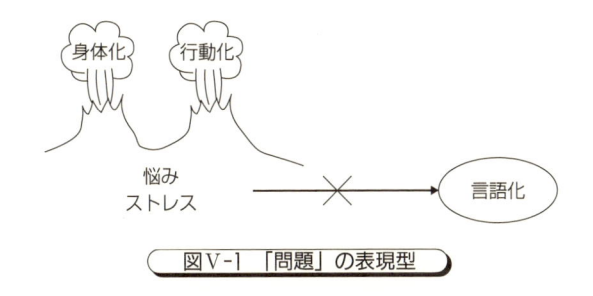

```
身体化   行動化
  ↑      ↑
  悩み
  ストレス ────×───→ 言語化
```

図Ⅴ-1 「問題」の表現型

てしまう前に，"そこにどんなメッセージが隠されているのか""学校という場で，教育（とりわけ生徒指導）という方法でできることはないのか"，こうした観点から子どもたちの言葉や行動を見直すことが求められていると言えます。

3 多面的な視点

このように，「問題」に意味を読み取るという対応と同時に，もう一つ必要となるのが「多面的にとらえる」という視点です。小学校・中学校・高校という12年の間に，子どもたちの心身は子どもから大人へと大きく成長します。生活の場が増えるにつれて，「家での顔」「先生の前での顔」「友達といるときの顔」「塾での顔」など，演じ分ける「顔」の数も増えていくことになります。また，時と場，あるいは相手によって見せる顔を変えることができるようにもなっていきます。学校は，担任教師，教科担当教員，管理職，養護教諭，司書教諭，部活動の顧問など，さまざまな教師が一人の児童生徒にかかわっています。また，教師以外にも事務や給食担当の職員，部活動などの外部指導員，介助員やスクールカウンセラーなど多くの大人が子どもたちの育ちを支える場です。担任教師だからといって，「なんでも自分が把握しかかわらないといけない」「担任なんだからすべて知りたい」と考える必要はないのです。いくつもの顔のうちどれか一つが「本物」で残りは「偽物」というわけではなく，すべてをひっくるめてその子自身なのだと言えます。どんなときに，どんな相手に対して，どのような「顔」を出すのか，これらの複数の「顔」を突き合わせて理解するという方法が必要になります。こうして，子どもにかかわる大人たちがお互いの情報をもち寄りそれぞれが把握している子どもたちの「顔」を重ね合わせる作業により，立体的な子ども像を結ぶことができると言えるでしょう。

さらに，校内の複数の目だけでなく，家庭や出身学校との連携という形で学校という枠を超えて多くの有益な情報を集めることで，より正確な理解につながります。公立の小中学校などでは，地域（地域住人や近隣施設など）から有益な情報が寄せられることも多々あります。この，学校内でのチーム，そして学校を超えてのネットワークを活用して多面的・複眼的に児童生徒を理解するという視点が今の学校現場には求められていると言えるでしょう。

〔伊藤美奈子〕

V 児童生徒理解とアセスメント

2 児童生徒理解の方法

　児童生徒を理解する方法について，3人の先生方から，以下のような相談を受けました。学校現場で行えるものとして，どのような方法があるでしょうか。

課題①：小学校の教師

　私が担任する4年生のクラスには，授業に身が入らず，私語が目につくAくんという児童がいます。友達への暴言や暴力によるトラブルも多く，周囲から孤立し始めています。教師への反発からこういう態度を取るのか，それとも何か発達的な問題が背景にあるのか，そのあたりがわからずに，どう指導していいのか悩んでしまっています。Aくん自身は専門機関に行くことを拒否していますし，保護者も消極的です。学校のなかでできるアセスメントとしては，どんな方法があるのでしょうか？

課題②：中学校の教師

　私のクラス（2年1組）のBくんという生徒について相談があります。Bくんは，小学校の頃から授業中の立ち歩きや，友達とのトラブルが多く，学力的にも授業についていくことが難しいという生徒です。1年生のときの担任からも「もしかしたら発達的な問題を抱えているかもしれない」という申し送りがあり，担任としても判断が難しく悩んでいます。保護者も，学力の低さや友達関係の問題を気にしており，専門機関に相談に行った方がいいか迷っているようです。Bくんを正しくアセスメントするためには，どんな検査があり，それはどこで受けられるのでしょうか？

課題③：高校の教師

　私が養護教諭を務める学校では，3年生のCさんが，1学期の終わり頃から自傷行為を続けています。体重もどんどん減少しており，摂食障害の疑いもあると考えられます。もともとおとなしく，友達も多くはなかったのですが，2年生までは特に問題もなく過ごしていました。ただ家庭の事情は複雑なようで，両親の不仲や両親からの虐待が疑われるような情報もCさん自身から聞かれています。最近は「死にたい」「私なんて生きている意味もない」などと泣き出すこともあり，精神的にかなり参っている様子です。できれば精神科への受診を勧めたいのですが……。

1 アセスメントと児童生徒理解

　学校現場に心理臨床的な理論や技法が導入され，新しい専門用語が多く使われるようになりました。「アセスメント」もその一つにあげられます。アセスメントとは「心理査定」「心理診断」と訳されますが，学校臨床においては"対象となる児童生徒が直面している「問題状況」についての情報収集と分析により，指導や援助に必要な材料を提供する"というプロセスそのものがアセスメントであると考えられます。一方，「児童生徒理解」とは，教育を行うための資料とすべく児童生徒（児童生徒一般のこともあれば，特定の児童生徒のこともある）の個性や行動の特性について理解することを意味します。つまり，学校臨床におけるアセスメントとは，この「児童生徒理解」を基盤とし，その子どもに必要な指導や援助の方法を判断することまでを含み込む心理・教育的な作業過程であると言えます。

2 児童生徒理解の方法

　学校現場における児童生徒理解の方法としては次の5点があげられます。[1]
　まず第1は「観察法」です。観察法には「自然的観察法」と「参加観察法」があります。前者は「教師が介入をしたり指示をしたりしないで，子どものありのままの行動を観察していく」というあり方です。スクールカウンセラーが「気になる子ども」を授業中などに観察するときは「行動観察」などと称して，この自然的観察法のスタイルをとることが多くあります。一方，「参加観察法」は「観察する者がその集団の一員として活動にも参加しながら観察を行う」という方法です。年齢の低い子どもたちなどでは，観察者が一緒に参加することで緊張せずに自然なふるまいが観察されるという利点もあります。
　第2は「面接法」です。面接を行うには，子どもと面接者との間に信頼関係（ラポール）が成立していることが条件となります。しっかりと相手の話を聴こうという「傾聴」により，子どもの気持ちを理解することが可能になります。大人が陥りやすい「教え癖（言い分を十分に聴かないで説教したくなる癖）」や「先回り（相手が言い終わらないうちに，教師が先に方向づけをしてしまう）」などが傾聴を邪魔することもあるため，「聴く練習」は必要でしょう。
　第3は「質問紙調査法」という方法です。これは学級集団などに対して実施する方法で，用意された質問項目に回答する形で児童生徒の意識や行動などを理解しようというものです。すでに学校で広く行われている調査の例を表V-3にあげておきます。たとえば，いじめがあると思われたときに学級全体に対し「いじめを知っているか？」等の項目に対し，匿名で回答を求めるアンケート調査が実施されることがあります。内容によっては，匿名性が守られないと回答が歪められることもあるため，個人情報の扱いには十分な配慮が必要です。

▷1　鈴木健一（2005）．生徒指導の方法　宮下一博・河野荘子（編）　生きる力を育む生徒指導　北樹出版　pp.32-43.

表V-3 校内における調査・検査

小学校	知能・学力検査，性格に関する検査，交友関係調査，いじめ調査，通塾調査，家庭生活調査，問題行動調査，悩みの調査，性に関する調査
中学校	知能・学力検査，性格に関する検査，交友関係調査，いじめ調査，通塾調査，家庭生活調査，生活意識調査，喫煙調査，問題行動調査，悩みの調査，性に関する調査
高等学校	知能・学力検査，性格に関する検査，職業・進路適正検査，精神衛生検査，いじめ調査，家庭生活調査，生活意識調査，喫煙調査，バイク免許取得調査，アルバイト調査，問題行動調査，悩みの調査，性に関する調査

出所：相馬誠一（2007）．学校カウンセリングの組織と運営 佐藤修策（監修） 学校カウンセリングの理論と実践 ナカニシヤ出版 p. 53.

第4は，「日記や作文，詩などの創作物を用いた方法」です。学校現場ではこれらの創作物を扱うことが多く，授業のなかで自然にデータを集めることもでき，非常に有効な方法であると言えます。特に担任教師の場合，子どもたちの「ふだんの姿」を知っているので，その内容に変化が生じたときも早期に把握しやすいというメリットがあります。

第5は「心理検査を使った方法」です。心理検査には，Y-G性格検査やエゴグラムなど質問紙法によるものと，ロールシャッハ・テストやTAT，SCT（文章完成法テスト），バウム・テスト（樹木画テスト）のような投影法によるものがあります。これら心理検査は，実施にあたっては専門的な技術を求められるものが多いため，学校という場で教師が実施するのはリスクも伴います。専門機関との連携により，検査を行うことの是非を十分に検討するとともに，本人・保護者の了解のもと，専門家による実施が望ましいと言えます。

3 学校現場で求められる生きたアセスメント

近年，学校では発達障害（LDやADHD，高機能自閉症など広汎性発達障害）の子どもたちに対する理解とかかわりが求められることが多くなりました。正確な診断をするためには，医療や療育等の専門機関で発達検査などを行うことが必要ですが，学校では行動観察がまず出発点になります。学校内で収集された情報をもち寄り，校内の委員会で検討したり事例検討会を開いたりという形で，共通理解を図ることが肝要です。

こうした発達障害に限らず，児童生徒の「問題」を学校現場で理解し判断する際に必要になるのが，「生きたアセスメント」という視点です。学校現場は病院やクリニックとは異なり「診断名をつける」ことはできません。しかし，教育の立場から，「その子がどんなしんどさを抱えているのか」「発達的にどんな偏りを抱えているのか」等々を判断し，その子に必要な対応（指導や援助）を考えることが求められます。学校現場に求められるのは，その後の児童生徒理解やより適切な対応（指導や援助の方法）を考えるための有効な資料となる「生きたアセスメント」です。その際のポイントとして，石隈（1999）の紹介する「賢いアセスメント」（表V-4）が参考になるでしょう。また，アセスメ

▶2 発達障害については，Ⅸ「発達障害の支援」を参照。

▶3 校内のチーム支援体制のつくり方や支援の実際についてはⅠ「学校内のシステム構成」を参照。

▶4 石隈利紀（1999）．学校心理学 誠信書房

ントについては，結果のフィードバックについても十分な配慮が必要になります。特に，子どもと直接のかかわりがある保護者や学校関係者には，検査の結果だけでなく今後の指導・対応についての助言も含め丁寧にかつ具体的に説明することが重要になります。

表V-4　賢いアセスメントのための5つの条件

①アセスメントは，子どもの援助のために行われる。
②アセスメントは，子どもとの信頼関係を基盤に行われる。
③アセスメントでは，臨床的な情報（援助者の経験からくる勘など）と数理的な情報（検査結果など）が統合される。
④アセスメントは，子どもと子どもの環境の相互作用に焦点をあてる。
⑤アセスメントの結果は，子どもに関する心理学や学校教育の最新の研究成果（学問的基盤）によって解釈される。

出所：石隈（1999）.

4　精神疾患等のアセスメント

学校にかかわっていると，うつ病や摂食障害など医療現場での専門的な治療や投薬が必要になるケースにも多く出会います。精神疾患などの疑いがもたれる場合は，学校関係者だけで安易に判断するのではなく，**精神科医の診断**を受けることが大切になります。

もちろん，本人に病識（受診の必要性についての認識）がある場合は医療機関につながりやすいのですが，本人にも保護者にも病識がない場合は，学校から医療機関を紹介すること自体が波紋を生むこともあります。そのため，担任だけでなく，養護教諭やスクールカウンセラーなどが子ども本人や保護者を支えながら，その必要性を伝えることも必要になります。その場合も，「どんな症状があるのか（専門機関を勧める根拠）」「どんな専門機関があるか」「どんな対応をしてもらえるか」など，丁寧な説明を行い，当事者が納得したうえで治療を行えるような手順（インフォームド・コンセント）が不可欠です。また専門機関につながってからも，学校側からも連絡を取り，連携しながら，治療や学校復帰を目指すことが大切であると言えます。

▶5　精神科医の診断
精神科医の診断を受けるには精神科のある病院・クリニックへの受診が必要になるが，子ども本人にも保護者にも精神科に対する抵抗が強い場合も多い。学校から受診を勧める場合は，心療内科など，比較的抵抗が少ない病院を紹介できると受診につながりやすい。

5　複眼的なアセスメントの大切さ

学校臨床においては，上記のような方法で児童生徒個人を理解することに加えて，子どもが生きる生活場面や環境についてのアセスメントも必要になります。なぜなら，子どもが抱える「問題」は子ども一人のなかに原因があるのではなく，家庭や学校，地域や社会との相互作用のなかで起こっていると考えられるからです。たとえば「学校の要因」としては教師の態度や教育方針，教室内での座席位置などがあります。また「家庭要因」としては，家族構成や家族間の関係，養育態度や養育方針などがかかわってくることがあります。それ以外にも，児童生徒が生活している「地域の要因」（地域の環境や近所づきあいのあり方など）をアセスメントする必要も出てきます。これら複眼的な側面からの情報を資料として正確なアセスメントを行うことが求められます。

（伊藤美奈子）

V 児童生徒理解とアセスメント

3 児童生徒アセスメントの課題
——発達的視点と守秘の壁

　児童生徒理解の実際について，3人の先生方が悩んでいます。以下のような相談に対し，どのような対応がアドバイスできるでしょうか。

課題①：小学校の教師

　私のクラス（5年生）のAくんは最近，授業中も集中できずにぼーっとしていることが多く，どうも元気がありません。熱心だった地域のボランティア活動も休みがちで，成績も下がってきています。心配になったので，休み時間に一人でいたAくんに声をかけてみました。Aくんの話のなかで気になったのは，自己否定的な表現が多く，「友達と比べて自分のダメな部分が目につき自分が嫌いになった」と話したことです。担任として何か助言できることはないのでしょうか。

課題②：中学校の教師

　私が担任をしているクラス（3年2組）にBくんという生徒がいるのですが，最近，親子関係がこじれているようです。保健室の養護教諭のところには，保護者から「2年生頃から親と全然話をしなくなり，口答えもひどい」という相談があったようです。Bくん自身は，少々不機嫌なときもありますが，教師に対して反抗的な態度をとることはなく，友人関係や学業面でも全く問題はありません。悩んでいる保護者を支えるには，どうすればいいでしょうか。

課題③：高校の教師

　私は養護教諭をしています。2年生のCさんは2学期になってから保健室登校が始まり，自分自身のことや将来のことについての悩みが語られるようになりました。自分と向き合う時間が必要なんだなあと思うのですが，高校の場合は留年制度もあり，欠席・欠課については厳しい対応を取らざるをえない状況もあります。担任は「本人にやる気のないのが問題」と，保健室登校にも否定的な見方をしています。一方，保護者の話では，家でも不眠が続き食欲もないため近所の心療内科に通院しはじめたと言います。保護者の了解を受け，病院の主治医に電話で連絡を取ったのですが，「詳しいことは話せません」と情報はいただけませんでした。私は，一人でCさんを抱えているような不安で一杯です。

① 発達という軸でとらえる

　心身の変化が著しい児童生徒をアセスメントする際に必要になるのが「発達」という軸です。生涯発達の考え方によると，人間の各発達段階にはそれぞれの課題（**発達課題**）があるとされます。エリクソン（Erikson, E. H.）は生涯発達の観点から，人生すべての発達段階とおのおのの課題を1枚のチャートに描き出しました（図V-2）。この図式では，生から死という時間軸に加え，外的世界（社会や他者）との関係性という軸が重視されています。また，発達段階ごとに成熟と退行の岐路を意味する「**心理社会的危機**」が設定されました。こうした発達的な見方は，学校現場で児童生徒を理解するときにも大変重要になります。

　とりわけ，子どもから大人への移行期を含み込む小学校から中学校，そして高校へという12年間に，子どもたちは心身ともに大きな変化を遂げます。発達心理学では，小学生は児童期と呼ばれますが，中学生以降は青年期としてくくられます。また生物学的には，第二次性徴が到来する小学校高学年くらいから中学・高校にかけては思春期として区別されることもあります。思春期という時期は心身ともに不安定で，子どもたちが発するメッセージもますます複雑になっていきます。さまざまな軋轢や悩みを抱え込みやすい一方で，素直に自分のことを話さなくなるため，保護者や教師には「わかりにくい」「やりにくい」

> **1　発達課題**
> ハヴィガースト（Havighust, R. J.）により提唱された概念。乳幼児期，児童期，青年期，成人期，老年期という発達段階それぞれの意味と特徴を反映した課題のこと。この発達課題を確実に達成していくことにより，健全で幸福な人生の営みが保障されると言う。

> **2　心理社会的危機**
> エリクソン独自の概念で，それぞれの発達段階ごとに対極的な言葉で表される。エリクソンが注目した自我発達においては成熟と退行のバランスが重要とされ，成熟の方が上回っていれば健康度が高く（児童期であれば「勤勉性」の獲得），退行の方が上回っていれば病理性が高まることになる（児童期であれば「劣等感」）。

	1	2	3	4	5	6	7	8
Ⅷ 老年期								統合性 対 絶望
Ⅶ 成人期							世代性 対 停滞	
Ⅵ 成人前期						親密性 対 孤立		
Ⅴ 青年期	時間的展望 対 展望の拡散	自己確信 対 自意識過剰（同一性意識）	役割実験 対 役割固着（否定的アイデンティティ）	仕事見習い 対 労働麻痺	アイデンティティ 対 アイデンティティの拡散	性的同一性 対 両性的拡散	指導性と服従性 対 権威の拡散	イデオロギーへの関与 対 価値の拡散
Ⅳ 学童期				勤勉性 対 劣等感	課題同一視 対 無価値であるという感覚			
Ⅲ 幼児後期			自発性 対 罪悪感		役割の予期 対 役割の抑制			
Ⅱ 幼児前期		自律性 対 恥・疑惑			自分でありたいという意志 対 自己疑惑			
Ⅰ 乳児期	信頼 対 不信				相互的認知 対 自閉的孤立			

図V-2　心理・社会的危機とアイデンティティ拡散に関する個体発達分化の図式

出所：杉村和美（2004）．エリクソンの理論　伊藤美奈子・宮下一博（編）傷つけ傷つく青少年の心　北大路書房　p.23.

年頃でもあります。この思春期に浮上しやすいテーマをいくつか取り上げてみましょう。

○ 自分を見つめる

思春期になると、子どもたちは自分自身のことを客観的に見つめることができるようになります。自らの言動を振り返ったり、自分の容姿が気になったり、さまざまな形で自己意識が高まってきます。そしてそれと同時に、他者（とりわけ、友人や親のまなざし）への意識も高まります。自分を内省するときも、この「人の目」を取り込んで自分を評価するため、人の目に振り回されることになります。しかも、それは実際の「人の目」ではなく、自信のなさや自己嫌悪の気持ちが勝手につくりあげた「厳しい目」「冷たい目」であるため、どんどんと否定的な方向に落ち込んでしまうことも多くなります。それと同時に、他者（友達）と自分を引き比べて自分の欠点や弱点を見つけ出し、ますます自己評価を低めてしまうというメカニズムもあるようです。

○ 親子の関係を結び替える

思春期には、「親離れ」も大きな課題になります。先述したように、思春期に入ると自我の成長とともに、「もう子どもじゃない」「一人で決めたい」という気持ちが大きくなり、親の介入や指示がうっとうしいものとして意識されるようになってきます。反抗という言動は、縦の関係にある（自分より上に立つ）親の権威を引きはがし、自分のところまで引きずり下ろす作業であると考えられます。この反抗期が終結するのは、子どもが成熟した一人の大人となったときであり、この反抗というやりとりを通じて親子の関係もタテ関係からヨコ関係に変わっていくのです。このように、発達心理学的に見ても反抗期というのは、親子の関係を結び替えるというきわめて重要な意味をもっていると言えます。しかし、この反抗期は当事者である子どもにとっても親にとっても、必ずしも歓迎すべきものではありません。子どもも反抗したことで後味の悪さを抱え、親もその攻撃性を受け止めるために心身ともに疲弊してしまうことがあります。必要に応じて、担任教諭や養護教諭、スクールカウンセラーなどが母親の話を聴き、子ども自身の成長を信じ実感しながら反抗期を無事に乗り越えられるよう支えることが求められます。

○ 青年期的な課題——自分さがし

高校生ともなると「自分さがし（アイデンティティの模索）」がテーマになることも多く、人との交流を断ち切ってしまったり気分の揺れ動きが激しくなったりと、かなり不安定になるケースも増えてきます。ほかのクラスメイトたちと話題や考え方が合わないと言って自分の殻に閉じこもり、実存的な問いを堂々巡りしながら考え込み、身体症状が現れたり自殺願望をうかがわせるなど抑鬱的な状態が続いたり、深刻化するケースもあります。思春期・青年期に特徴的な一過性の揺れなのか、それとも精神病理が背景にあるのか、その点に対

するアセスメントはなかなか難しいと言えます。一担任の目だけで判断せずに，養護教諭やスクールカウンセラー，そして必要に応じて専門家（医師等）の目も借りながら，早期のアセスメントと速やかな対応が求められます。

❷ 立場による壁と守秘義務の壁

　ところで，児童生徒のことをアセスメントしようとするとき，さまざまな「壁」が邪魔になることがあります。まず校内での「壁」としては，教員の立場間にある「壁」です。たとえば，養護教諭やスクールカウンセラーなどは，子どもたちの心身の悩みや不安を聴く機会が多く，児童生徒個人への対応が中心になりがちです。一方，担任教師の場合はクラス全体への指導や学年全体の方針などもあり，現実的で厳しい対応を迫られることも少なくありません。児童生徒に対する見立てについては共通理解を図ることが重要ですが，立場によってかかわり方に違いがあるのはやむを得ないことです。そのため，校内では立場による「壁」を越え，立場に応じた役割分担ができる体制につくり替えていくことが求められます。つまり，立場の異なる者同士がそれぞれがバラバラに対応するのではなく，お互いに情報を共有しそれぞれの立場を理解したうえで学校全体として連携協力を図ることが大切です。そういう連携体制が組めていると，養護教諭やスクールカウンセラーが子どもから「担任に対する不満」を聴く場合も，担任と敵対関係にならずに，担任と子どもの間に立って両者の関係を修復するような「ちょうつがい」的役割を取ることが可能になります。

　もう一つが守秘の「壁」です。心理臨床の仕事をする立場の者には，相談者から聴いた情報を安易に人に話してはいけないという守秘義務が課されます。学校内でも校外でも，子どもの話を聴く立場に立ちうる者はすべて守秘義務を背負っていると言えます。病院や専門機関にも，それぞれに守秘の壁があります。そして，この守秘の「壁」が情報を共有すべき者同士の間に溝をつくってしまうことがあるのです。とりわけ，教師とカウンセラーとの間や学校と専門機関との間で，この「壁」が問題になることは少なくありません。担任教師としては，「子どもの悩みを知って，クラスでも何とかいい対応をしたい」という思いがあるのは当然です。にもかかわらず，カウンセラーが「守秘義務」を盾にして情報を流さなければ，教師に子どもが置かれている状況を理解してもらうこともできませんし，友人関係や家庭の状況など学校として把握している情報を受け取ることもできないでしょう。学校現場では，子どもの秘密を守ることそのものよりも子どもの命や将来を守ること（子どもを守ること）が最優先とされるべきなのであり，そのためにも，狭い守秘義務ではなく学校全体で子どもの秘密を守る集団守秘の考えが大切となります。

（伊藤美奈子）

Ⅵ 予防・開発的対応

1 居場所づくり

次のような相談を受けたとき，あなたはどのように回答しますか。

課題①：小学校の教師A

　小学生は一日の大半を教室で過ごします。そしてクラスの友達が一番仲のよい友達となり，放課後を一緒に過ごす友達ともなります。同年齢，同性の友人との遊びが活発になるギャングエイジ時代も小学校高学年です。つまり，小学校での担任の学級経営の力は子どもたちの育ちに大きく影響すると言えるのではないでしょうか。健全な子どもたちの育ちを支援できる居場所を学級内につくろうと考えるとき，教師はどのような視点をもち，具体的にどのような工夫をすればよいのでしょうか。

課題②：中学校の教師B

　中学生になると個性が多様になり，必ずしも席の近い生徒と話題が合うわけではありません。教室内の興味のない話題，関心のない話題に息苦しさを感じる生徒が出てきます。こんななかでは，学級内で居場所をつくろうとすると，無理に周囲に合わせる必要が生じ，そのことがストレスになる生徒，また，周囲への同調を重視する余り個性が伸ばせない生徒が出てくるのではないかと感じます。中学生では，居場所づくりをどのように工夫すればよいでしょうか。

課題③：高校の教師C

　高校では学習する課題も多くなります。しかし個性が大きくなり，熱中する活動も出てくるため，一部の生徒は好きな部活や読書，音楽には力を注いでも，嫌いな教科の学習を怠ける生徒がでてきます。そのような生徒は，通常の指導を行ってもノートは取らない，提出物は出さない，試験の勉強もしないという状況になりがちです。その結果，複数の科目で赤点を取り，進級が怪しくなります。高校は義務教育ではないので，怠学傾向のある生徒は，留年あるいは退学となることがあり，途中で関係が切れる場合もあります。学習意欲の低い生徒には，学校も教室も居場所になりそうにありません。どのように居場所を工夫すればよいでしょうか。

居場所とは，子どもが他者との相互交流のなかで無条件に承認され，自己を安心して表出できるような空間です。自分らしい振る舞いが許される安心感，また何もしなくても，どんな自分であっても周囲から受け入れられている安全感。これらを実感でき，人として成長できる場所が居場所なのです。

1 学校の特殊性と評価・承認

授業でのあるやりとりを見てみましょう。小学生の時計の読み方だと思ってください。このやりとり，日常の会話と何が違うかを考えてみてください。

先　生「何時ですか」
児　童「3時10分です」
先　生「そうですね。3時10分です」

日常生活では，「何時ですか」「3時10分です」の次は「ありがとう」と感謝の言葉が続きます。ところが学校での会話の多くは，感謝ではなく，「正しい」「正しくない」との「評価」の言葉がつきます。学校は，周囲と絶えず比較される場所でもあるのです。このようななか，一日の生活のほとんどでよくない評価を受けたら，だんだん自分の考えに自信がなくなり不安になってきます。その結果，ある子どもは不安定で孤独な状況に置かれるのです。

○他者の承認と居場所

ある小学校のことです。6年生の4月に，帰国子女の子が転校してきました。漢字もよく読めません。もちろん，勉強も遅れがち。友達も誰一人いません。その子は毎日，小さくなって黙って座っていました。この学校は春に運動会があります。担任はこの子に体育委員を任せました。体育委員は運動会に向けて活躍しなくてはなりません。その子は一生懸命やりました。教師もそれを見逃さず，声をかけ（社会的評価），仲間にも認めてもらえるように配慮していきました。運動会のメインイベントでその子は全体の司会進行を担当しました。クラスだけでなく，学校全体で評価される結果になり，学期が終わる頃には，その子は入学時からそのクラスにいたかのように学校に溶け込み，やがて勉強の遅れも感じなくなっていきました。

この例から次のことがわかります。人が安定し，安心するためには，他者の承認がかかわっているのです。その承認を通して，自分に自信がもてるようになります。逆に，自分を発揮できない場所，つまり他者から全く承認してもらえない場所は，人の生きるエネルギーを奪ってしまいます。ですから居場所をつくるためには，まずは教師が授業中だけでなく，係の仕事，グループ活動，掃除，異年齢交流など，学校生活の多くの場面を工夫して，子どもたちが主体的に取組める場をつくることが大切です。そしてそのなかで子どもたちに関心を向け，小さな前向きの変化に気を配り，声をかけて評価していきます。叱る場合にも，その子を見捨てず，最後まで手を尽くして指導する気持ちを伝えま

▷1　田中治彦（2001）．子ども・若者の居場所の構想　学陽書房

▷2　杉本・庄司（2007）は先行研究より居場所の構成概念を分類し，①「感情的要因（精神的安定要素，受容・共感・連帯要素，肯定的感情・体験要素，他者排除要素）」と②「環境的要因（環境要素）」があるとしている。
　杉本希映，庄司一子（2007）．子どもの「居場所」研究の動向と課題　カウンセリング研究，**40**，81-91．

▷3　本山方子（1998）．学習を支える状況　無藤隆・市川伸一（編）　学校教育の心理学　学文社　pp. 136-155．

す。さらに教師が承認するだけでなく，仲間が相互に認め合える機会を工夫していくことが重要です。子どもはどんな自分でも受けいれられる安心感，安全感を感じられると，「私って捨てたものではないかも」と思い始め，**自己愛**[4]が健全に育ち，意欲を高めていけます。

◯自己愛の修復と居場所[5]

何かに主体的に取組み始めると，小さな達成感を感じることができます。「できた」という喜び，周囲からの賞賛は健全な自己愛を育み，自尊心を高め，自分が必要とされている実感を築き上げます。「自分」がその場に必要不可欠な存在だと感じると，自尊心はもっと高まります。しかし社会の現実は厳しく，人が自主的な小さな遂行を重ね始めても，いつも成功するとは限りません。失敗することも多いと言えるでしょう。そして人は，特に人格が未完成な児童生徒は，その失敗や怒りを自分で引き受けるのではなく，誰かに投げつけ，自分が背負い込むことから逃げようとします。このとき投げつけられるのは，多くの場合，保護者や担任の教師など，居場所の支援者になります。ですから居場所の支援者は，自己愛の傷ついた子どもたちの苦しさ，否定的な感情をしっかり受け止める覚悟が必要です。まずは耳を傾け，ささやかな達成に肯定的な評価を与え，遂行に伴う失敗や挫折に寄り添う態度が必要です。こうして子ども自身が失敗や挫折にきちんと向き合っていけるようにかかわっていくと，子どもたちの自己愛は健全に発達していきます。居場所とは当事者が自分の抱えた苦しみや怒りを，安心して投げ入れられる場所でもあるのです。

② 居場所づくりの視点

◯クラス以外の仲間をつくる

自分のクラス以外にも気の合う仲間がいると，自分のクラスでも自分らしく振る舞えます。なぜなら，クラスの外に仲間がいるので，クラス内の友達に無理に合わせる必要性が弱まり，自分らしさを発揮しやすいからです。小学校での異年齢交流や中学校の部活などはクラス外に仲間をつくる工夫の一つと言えます。次の取組は，異年齢交流が居場所をつくっている例です。

岡山県藤野小学校では，一人ひとりの居場所と役割をつくるため，2校時と3校時の間の休みを全校30分，昼休みを40分としてゆったりと使える自由時間をつくりました。昼休みは子どもたちが見たい，聞きたい，知りたいことを探求するイベントタイムとし，子ども自身がイベント掲示板にポスターを張りアナウンスをして全校から仲間を集めて楽しむ時間としました。異年齢交流となったこの時間，子どもたち自身の企画で将棋大会，けん玉大会，釣りや指人形，クラブの発表が行われました。毎日の企画で不登校の子が学校に来て好きなイベントに参加できるようになりました。保健室登校の児童たちも徐々に仲間に入れるようになりました。そして11月には保健室登校はゼロになりました。[6]

▷4 **自己愛**
自分をかわいいと思う気持ち，自分を愛する気持ち。自己愛が健全に育たないと，不適応を起こしやすくなる。

▷5 本間友巳（2006）．居場所とは何か――不登校・ひきこもり支援への視座 忠井俊明・本間友巳（編）不登校・ひきこもりと居場所 ミネルヴァ書房 pp. 2-25.

▷6 岡山県和気町藤野小学校（編）（2002）．夢いっぱい・手仕事いっぱいの学校づくり――生きる力あふれる教育実践の展開 手帖舎

○ストレスを抱える子どもたちの居場所

　ストレスは身体症状となって出やすいものです。そんなときが保健室を訪れるきっかけになり，保健室は，ストレスを抱える児童生徒が行きやすい場所となっています。養護教諭に悪いところを訴え，それを受け止めてもらう何気ない会話を交わす。この過程で心を整理し，楽になる児童生徒がいます。

　不登校になった子どもたちには**適応指導教室（教育支援センター）**[7]があります。ここでの学校生活は，未知なる自分の能力を発見したり，理想とする他者に出会ったり，**自己効力感**[8]を高めたり，児童生徒にさまざまな体験をさせてくれ，向上心を培うことができます。また，仲間とのふれあい，ぶつかりあいのなかで社会性を身に付けます。そこは自らを磨く「育ちあいの場」でもあります。学校に行かなくなると，学業の心配もありますが，この「育ちあいの場」の欠如で，社会性の発達にも不安がでてきます。適応指導教室は，不登校の子どもたちの居場所であると同時に，「育ちあいの場」を提供する場ともなっています。[9]

○中高生の居場所[10]

　中学生になると個性の違いが大きくなります。この点，部活動は同じ趣味や興味，目標をもっている生徒の集まりです。上下関係があり，役割も明確に決まっているので，相手に合わせる気遣いが減り，楽に過ごせる場になります。部活動には，健全な自己愛の成長という観点で見たとき，注目できる良さがあります。それは自己愛の傷つきと修復を安全に体験できることです。社会には競争が多いのが現状です。負ける経験を積んでおくことは大切です。そうでないと，抵抗力のない自己愛はすぐに傷ついてしまいます。学業だけでなく，このような部活を居場所にする生徒を認めてやると，自己肯定感を大きくしていきます。また内向的な生徒たちの居場所になりやすい場所が図書館です。元気で友達の多い，教師好みの生徒とは違っていますが，活字を通して自我を強化し，伸びる力をもっています。読書に向かう姿を教師が評価すると，喜んでおもしろかった本や，読書仲間と語り合った本の内容等を話してくれるでしょう。

　高校では生徒の個人差はさらに大きくなります。中学までに問題がなくても急に問題が生じることがあります。これらの生徒を見守り，生徒の成長にふさわしい居場所の提供に生徒指導部が機能する場合があります。学習意欲の低い生徒に対する担任の最後まで見捨てない母性的かかわり，進級規定という父性的ルール，現実の状況，本人の進路の選択等，進級・進路について本人と周囲の教師や保護者で一緒に真剣に深く，前向きに考え，本人に課題解決に取り組ませることができれば，学校は生徒を成長させる居場所になります。

　以上のように，工夫すれば単に物理的空間の提供に限らない，安心感，安全感をベースに子どもたちの成長意欲を引き出す居場所づくりができるでしょう。

（青木多寿子）

▷7　適応指導教室（教育支援センター）
適応指導教室は近年では教育支援センターと呼ばれることが多い。各市町村単位で設置された公立小中学校の児童生徒の不登校支援施設で，全国に1,000か所以上ある。

▷8　自己効力感
自分自身について，「やればできる」という自己信頼的な信念のこと。

▷9　中川美保子（2006）．居場所としての適応指導教室——臨床心理の視点から　忠井俊明・本間友巳（編）不登校・ひきこもりと居場所　ミネルヴァ書房　pp. 117-137.

▷10　小泉隆平（2006）．学校と居場所——高等学校での支援を中心に　忠井俊明・本間友巳（編）不登校・ひきこもりと居場所　ミネルヴァ書房　pp. 76-99.

VI 予防・開発的対応

2 心理教育プログラムの活用

　心理教育プログラムに関して悩みをもっている各学校種の教師から，次のような質問をもらいました。質問に対して，どのように解決していけばよいか考えてみましょう。

課題①：小学校の教師A

> 　私は，小学5年生の担任をしています。私のクラスでは，小さなケンカが絶えません。普段の様子を見ていると，些細なことですぐケンカになってしまいます。そこで，ケンカをなくすために，心理教育プログラムを実施しようと思って，いくつか調べました。しかし，種類が多くてどのプログラムを用いていいのかわかりません。そこで質問なのですが，私のクラスの場合，どんなプログラムを用いたらいいでしょうか。

課題②：中学校の教師B

> 　私は，心理教育プログラムを実施しています。しかし，自分のクラスだけで実施する場合，なかなか心理教育プログラムを実施する時間をとることができません。全校規模であれば，総合的な学習の時間を用いて実施できるのですが，自分のクラスで実施するのは，時間的に難しいです。特別活動の時間も使おうと思うのですが，他の活動もあるので大変です。どうしたらよいでしょうか。

課題③：高校の教師C

> 　私は，自分のクラスで心理教育プログラムを何度か実施しました。授業は，毎回楽しく意義のあるものになっていると感じています。しかし，生徒は"三日坊主"状態で，すぐに学習した内容を忘れてしまいます。当然，普段の生活場面での変化も見られません。授業で学習したスキルが本当に身に付いているのか不安です。どうしたら，授業で学習した内容が，普段の生活場面で見られるようになるでしょうか。

1 心理教育プログラム

　心理教育プログラムとは，人間関係上の問題解決に役立つスキルの獲得に焦点を当てた教育プログラムです。近年，いじめや不登校，暴力行為など児童生徒が抱える問題は深刻になってきています。これらの問題が起こる原因はさまざまありますが，その一つに，核家族化や少子化などによる多様な人間関係を構築する機会の減少があげられます。人間関係にかかわるスキルは，本来，家庭や子ども同士の遊びのなかで自然と身に付けられてきました。しかし，このようなスキルを身に付ける機会が減少してしまった現在，すべての児童生徒の人間関係にかかわるスキルが不足していると言えます。そこで，そのような不足したスキルを学校教育のなかで補うために，「心の教育」や「生きる力の教育」の必要性が言及されるようになり，心理教育プログラムが注目されるようになりました。今では，ねらいを焦点化したプログラム（たとえば，**アサーション・トレーニング**）や生活全体に関係する能力の育成をねらいとした包括的なプログラム（たとえば，**ライフスキル教育**や**社会性と情動の学習**）など多くのプログラムが開発・実施されています。この他によく知られているプログラムとして，**ソーシャルスキルトレーニング**や，**ピア・サポートプログラム**，**ストレス・マネジメント教育**などがあります。

2 心理教育プログラムとアセスメント

　多くの心理教育プログラムのなかから，児童生徒のニーズに応じたプログラムを選択するには，**アセスメント**が必要となります。通常，教師は経験から主観的に児童生徒の問題を予想するのですが，時に，その予想は外れることがあります。たとえば，友達を平気で叩くような児童生徒の行動を見て，思いやりが不足していると教師が予想しても，面接や心理検査などのアセスメントによって，感情がコントロールできないことが本当の問題であることが明らかになることがあります。このように，アセスメントで客観的な情報を集めることで，より正確に児童生徒の問題を把握することができます。アセスメントを通して，適切なプログラムを選ぶことが，成功への第一歩です。

3 授業時間での基本的な進め方

　心理教育プログラムは，目的に応じたさまざまな学習内容によって構成されています。学習の基本的な進め方は，インストラクション→エクササイズ→フィードバックの3段階となっています。

○インストラクション（導入）

　インストラクションではまず，エクササイズのねらいや内容，留意点などを説明します。児童生徒が学習の大切さを理解し，学習しやすい雰囲気をつくる

▷1　中央教育審議会（1998）．新しい時代を開く心を育てるために――次世代を育てる心を失う危機　中央教育審議会（答申）

▷2　アサーション・トレーニング
自分と相手を共に大切にした自己表現の仕方を身に付けるためのトレーニング。

▷3　ライフスキル教育
日常で生じるさまざまな問題や要求に対して，建設的かつ効果的に対処するために必要な心理社会的能力（ライフスキル）を身に付ける教育活動。
　世界保健機構，川畑徹朗ほか（監訳）（1997）．ライフスキル教育プログラム　大修館書店

▷4　社会性と情動の学習
社会性と情動の学習とは，自己のとらえ方と他者とのかかわり方を基礎とした，対人関係に関するスキル，態度，価値観を身に付ける学習。
　小泉令三（2006）．自尊心とストレス耐性育成に向けた社会性と情動の学習（SEL）の実際　現代のエスプリ469号　至文堂，114-124．

▷5　ソーシャルスキルトレーニング
人間関係に関する知識と具体的な技術やコツを身に付ける教育活動。
　小林正幸・相川充（編）（1999）．ソーシャルスキル教育で子どもが変わる――小学校　図書文化社

▷6 ピア・サポートプログラム
児童生徒自身が，児童生徒同士でお互いの心をサポートしあう活動。
清水井一（編）(2007).
社会性を育てるスキル教育35時間——小学6年生　図書文化社

▷7 ストレス・マネジメント教育
ストレスに対する自己管理を効果的に行えることを目的とした健康教育。
竹中晃二（編）(1997).
子どものためのストレス・マネジメント教育　北大路書房

▷8 アセスメント
行動観察，児童生徒やその保護者との面接，心理検査などによって情報を収集し，児童生徒が抱える諸問題を把握すること。

▷9 モデリング
適切な行動の手本を示して，参加者にその行動の真似をさせて学習させる技法。

▷10 ロール・プレイ
⇒ Ⅵ-5 参照。

▷11 ブレインストーミング
グループのメンバーが，自由に意見や考え方を出しあって，最良のアイデアを引き出す技法。

▷12 強化
賞を与えることによって，行動や反応を強めること。

▷13 般化
授業で学習したスキルを日常生活で使えるようになること。

時間になります。

○エクササイズ（活動）

次に，ねらいを達成するためのエクササイズを行います。活動中はねらいに応じて，**モデリング**[9]，**ロール・プレイ**[10]，**ブレインストーミング**[11]などの手法を用いています。

○フィードバック（振り返り）

エクササイズで学習したことを振り返って，良かった点や改善点などを話し合います。良かった点に対しては，言葉でほめたり，スタンプやシールを与えたりして，その行動を**強化**[12]します。うまくいかなかった点については，「あそこがだめだった」というような否定的な評価ではなく，「次はこうしたらうまくなる」という肯定的な指導をするように留意します。

❹ 心理教育プログラムの課題と解決策

○時間の確保

心理教育プログラムを学校教育に導入するうえで，時間を確保することは大きな課題となります。学校現場では，道徳教育，特別活動，総合的な学習の時間を用いて実施しているケースがほとんどですが，これらの時間のすべてを心理教育プログラムのために用いることはできません。しかし，本来の心理教育プログラムのねらいを考えると，学校のさまざまな教科と関連づけることができます。たとえば，ストレス・マネジメント教育は，ストレス対処をねらいとしたものであり，心身の健康の関連から保健・体育の時間で実施することができます。また，コミュニケーションに関する授業は，国語の教科内容である「話すこと・聞くこと」と関連づけて実施することができます。このように，該当する教科に心理教育プログラムを組み込むことで，実施時間を確保することができるでしょう。

○学習したスキルの般化

次に，心理教育プログラムを実施するうえで課題となるのは，学習したスキルの実生活への**般化**[13]が難しいということです。一度スキルを学習したからといって，すぐに使えるようになることはありません。学習したスキルを般化させるためには，普段の生活場面でも指導しなければいけません。なるべく，実生活のなかで使えるような工夫が必要です。たとえば，教室の壁面に学習したポイントを掲示するコーナーをつくるなどの環境づくりも大切ですし，実生活で学習したスキルを使っている児童生徒を見つけた場合は，ほめて強化することも大切です。ほめて強化することで，児童生徒は学習したスキルを実生活のなかで使えるようになります。

○カリキュラム上の位置づけ

多くの心理教育プログラムの場合，生活全体に関係する能力を育成すること

VI-2　心理教育プログラムの活用

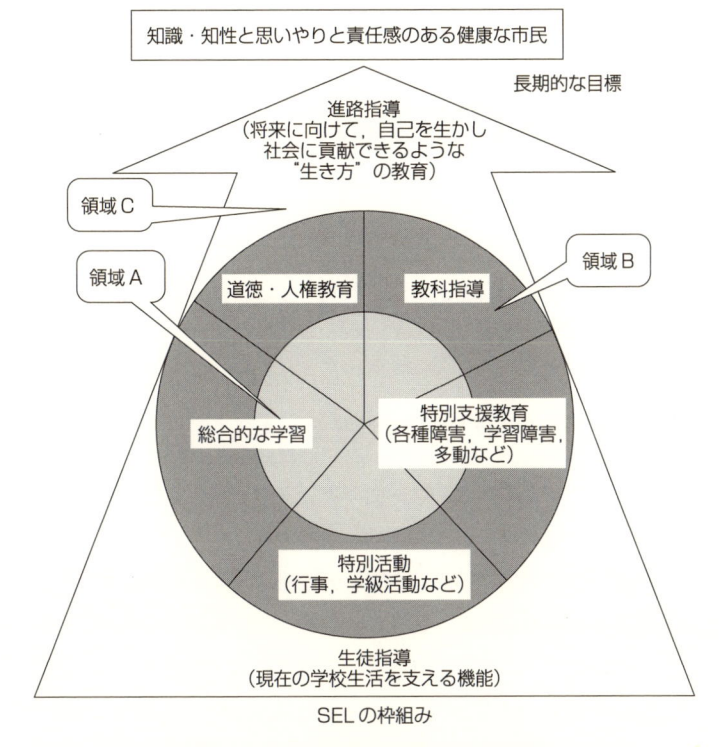

図VI-1　小泉の提案する新しい枠組み

出所：小泉（2005）.

が目的です。そのため，心理教育プログラムは，あらゆる教育活動のベースとして位置づけることができます。小泉（2005）は，社会性と情動の学習（SEL）の立場から，次のような学校生活のカリキュラム上の位置づけを提案しています。まずカリキュラムを，領域A・B・Cの3つに分けます（図VI-1）。領域Aは，心理教育プログラムを，特別活動や道徳教育などで実施するこれまでの授業スタイルの部分です。たとえば，「じょうずな聞き方」というエクササイズを，そのまま授業の主活動として取り上げることです。次に，領域Bとは，活動を取り上げた教科外の学習の過程や基本的背景・技能としてプログラムの活動を取り入れます。たとえば，「じょうずな聞き方」で学習した「聞く」態度や姿勢などを国語や社会科の授業に取り入れ，学習の基本的土台として位置づけることです。最後の領域Cは，朝の会，休憩時間，放課後の時間などの学校生活場面での活動の実践になります。たとえば，朝の会でも先生の方を向いて「聞く」態度を示すことがそれにあたります。領域Cでの学習は非常に大切で，領域Aで学習したことの適用や般化に大きな役割をもちます。こうして，心理教育プログラムを学校全体に位置づけることで，実施時間の問題や般化・スキル維持の問題を解決することができます。

（山田洋平・青木多寿子）

▷14　小泉令三（2005）.
社会性と情動の学習（SEL）の導入と展開に向けて　福岡教育大学紀要，**54**，113-121．

VI 予防・開発的対応

3 ストレスへの対応

次のような問題に教師が直面した場合，どのような指導・教育方法が考えられるでしょうか。

課題①：小学校5年生の担任教師A

私の学級のXさんは，たびたび友達とトラブルを起こしています。自分と友達の意見が合わないことが多く，自分の意見を優先しようとするために，友達との間で葛藤が生じているようです。Xさんは「自分の意見はいつも正しい」と主張しています。Xさんの気持ちもわかりますが，学級の意見としてまとめるときに大変困っています。Xさん自身も周りの友達と意見が合わないことにいらだちを感じているようです。

課題②：中学校3年生の担任教師B

私の学級のYさんは，第1志望であった高校の入学試験に合格できず，落ち込んでしまいました。本人のことを思うと，なかなか声をかけることができませんでした。しばらく落ち込んでいましたが，最近では，受験が終わったこともあって，髪の毛を染めたり，繁華街へ遊びに行ったりしているようです。落ち込んでいるよりはよいのかもしれませんが，繁華街での遊びがエスカレートして，非行に結びつかないか心配しています。

課題③：高校で生徒指導を担当している教師C

Zさんは，ファッションに敏感な生徒です。将来は，デザイナーの仕事に就きたいと話しています。私の学校では，制服が義務づけられていますが，Zさんはその規則について不満をもっています。先日あった生徒会の選挙では，制服撤廃を公約に掲げて生徒会長に立候補していました。もし，Zさんが生徒会長になって，制服撤廃運動を行ったら，どのように対応すればよいか悩んでいます。

1 ストレスとは

ストレスという言葉は一般によく使われますが,これには2つの意味があります。まず,暑さや病気,人間関係によって生じる心理的な刺激のようなストレスの原因をストレッサーと言います。そして,ストレッサーによって引き起こされる反応のことをストレス反応と言います。

ストレス反応には,仕事や勉強による多忙といった日常生活において経験する比較的弱いものから,肉親との死別や転校,入試の失敗といったライフイベントにおいて経験する比較的強いものまであります。ストレス反応には,(1)不機嫌になることや怒りの感情を示すこと,(2)**抑うつ**を示すことや不安になること,(3)身体的な反応が起こること,(4)無気力的な状態になり,考えることがうまくできなくなること,があると指摘されています。不機嫌になり,怒りの感情が喚起されれば,攻撃行動をとりやすくなりますし,不安感情や抑うつ状態が続けば,不登校に陥ってしまうかもしれません。日常的に観察されるストレス反応は,問題行動に直結しやすいと考えることができます。

2 学校生活にあるさまざまな日常ストレッサー

強いストレスを感じながらの学校生活は,学校への不適応につながります。では,学校生活で経験するストレッサーにはどのようなものがあるでしょうか。

○ 小学校,中学校,高校において経験されるストレッサー

嶋田(1998)によれば,小学生にとってのストレッサーは,教師との関係,友達との関係,学業,叱責があると言われています。一方で,中学生にとってのストレッサーは,教師との関係,友達との関係,学業,部活動があげられています。また,三浦・川岡(2008)によれば,高校生にとってのストレッサーは,教師との関係,友達との関係,学業,部活動,校則・規則があると指摘されています。

○ ストレッサーとストレス反応の関係

学校生活におけるストレッサーとストレス反応の関連をみたところ,友達との関係ストレッサーは,さまざまなストレス反応を引き起こすことが明らかにされています(図Ⅵ-2)。また,学業ストレッサーは無気力になりやすく,高校入試を間近に迎えるようになる中学生では,抑うつになったり,不安を感じたり,場合によっては身体的な反応を引き起こすこともあります。教師との関係ストレッサーは,教師に対する怒りや不満という形で表出されるようです。

○ 過剰適応によるストレス

子どもたちは学級という集団のなかで生活しています。学級のなかでは,自分の欲求を抑えて,友達と付き合っていかなければならないこともあります。しかしながら,友達との付き合いを優先するあまり,自分の欲求を抑え過ぎて

▷1 Selye, H. (1980). *Selye's guide to stress research.* Vol.1. New York: Van Nostrand Reinhold Company.

▷2 抑うつ
悲哀,憂うつ,不安,絶望などの感情が現れ,一定期間継続する状態にあること。思考過程に滞りが生じる。また,不眠や食欲不振に陥る。測定するためのベックうつ病尺度などが考案されている。

▷3 岡安孝弘・嶋田洋徳・坂野雄二(1992). 中学生用ストレス反応尺度の作成の試み 早稲田大学人間科学研究, 5, 23-29.

▷4 岡田佳子(2002). 中学生の心理的ストレス・プロセスに関する研究――二次的反応の生起についての検討 教育心理学研究, 50, 193-203.

▷5 嶋田洋徳(1998). 小中学生の心理的ストレスと学校不適応に関する研究 風間書房

▷6 三浦正江・川岡史(2008). 高校生用学校ストレッサー尺度(SSS)の作成 カウンセリング研究, 41, 73-83.

▷7 過剰適応
自分の欲求を無理に抑えてでも,周囲に合わせようとすること。

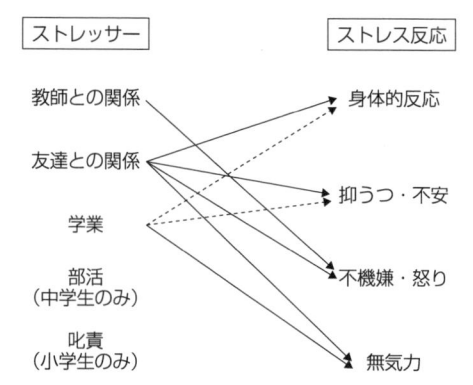

図VI-2　ストレッサーが引き起こすストレス反応（小学生・中学生）

（注）　標準偏回帰係数が.10より大きな値のみ矢印を引いた。
　　　点線矢印は中学生の結果のみを示している。
出所：嶋田（1998）．をもとに作成。

しまい，ストレスを感じていることがあると指摘されています。これを過剰適応と呼んでいます。

○学校制度によるストレス

学校生活のなかで経験するストレッサーには，制度上避けられないものもあります。修学年限，学習内容，担任教師，学級の構成員などは子どもが自由に決められるものではありません。したがって，ストレッサーを回避しようとしても，困難な場合もあるのです。

３　ストレス・コーピング

○ストレス反応に至る過程

教師から叱責を受けたときに，強いストレス反応を示す子どももいれば，ほとんど気にしないで，弱いストレス反応しか示さない子どももいます。このことは，同じストレッサーでも，引き起こされるストレス反応に違いが生じることを示唆しています。その個人差を説明するものとして，ストレッサーの認知的評価の違いや対処方法の違いがあります（図VI-3）。認知的評価の違いとは，ストレッサーの受け止め方の違いです。たとえば，同じ教師からの叱責であっても，叱責を受けることは信頼を失うことであると思っている子どもにとっては強いストレス経験になりますが，日常茶飯事のことであるくらいにしか思わない子どもにとってはそれほど強いストレス経験にはなりません。

一方，ストレッサーへの対処のことをストレス・コーピングと言います。ストレス・コーピングには，積極的対処，思考の肯定的転換，サポート希求，あきらめなどがあります。積極的対処とは，気分を一新するようなことをしたり，問題を整理したりすることです。思考の肯定的転換とは，今の経験から何かしら得るところがあると考えたり，試練の機会だと思うことにしたりすることです。サポート希求とは，自分の気持ちを人にわかってもらったり，問題を解決

▷8　石津憲一郎・安保英勇（2008）．中学生の過剰適応傾向が学校適応感とストレス反応に与える影響　教育心理学研究，56，23-31．

▷9　三浦正江・坂野雄二（1996）．中学生における心理的ストレスの継時的変化　教育心理学研究，44，368-378．

```
[ストレッサーの経験] → [認知的評価] → [ストレス反応]
                              ↑
                        [ストレス・コーピング]
```

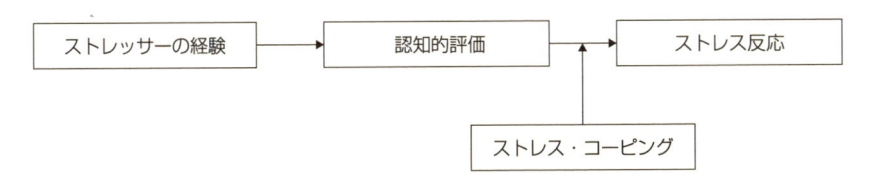

図VI-3　ストレス反応に至る過程

するために，人に援助してくれるよう頼んだりすることです。あきらめとは，どうしようもないのであきらめたり，不運だと考えたりすることです。

◯ソーシャル・サポート

ストレス・コーピングのなかでサポート希求がありましたが，周囲の他者から得られるサポートのことを**ソーシャル・サポート**と言います。その内容には，大きく分類して情緒的サポートと道具的サポートがあります。情緒的サポートとは，ストレス反応を示した感情に焦点があてられるサポートです。慰めたり，励ましたりして，精神的安定を図ろうとすることです。問題の源であるストレッサーに直接的に働きかけるものではありませんので，問題の解決には至りません。他方，道具的サポートとは，ストレッサーに焦点があてられるサポートです。問題を解決するための実質的なサポートのことです。トラブルで仲が悪くなった2人の仲介役をするようなサポートのことです。

◯ストレスマネジメント教育

ストレス耐性の形成に関しては，性格などの個人的な要因の影響もありますが，教育によって身に付けさせることができると考えられます。ストレス耐性を身に付けさせるには，認知的評価の段階における教育，ストレス・コーピング段階における教育，ストレス反応段階における教育が考えられます。認知的評価の段階における教育では，自分の認知の特徴を知り，状況に応じた柔軟な考え方ができるように，認知的評価のバリエーションを増やすことが目標になります。たとえば，**認知行動療法**を取り入れて，悲観的思考から楽観的思考に転換させることがあげられます。ストレス・コーピング段階における教育もまた，コーピングのバリエーションを増やし，適切なコーピングを選択できる力を養うことを目的にします。解決が困難で，自分の力ではどうしようもないような場合には，他者からサポートを得たり，あきらめたりする必要があると思いますが，努力すれば解決できるような場合は，積極的に問題に取組んでいくことが適切な判断になります。実際にコーピングを活用可能なように訓練することも必要です。ストレス反応段階における教育には，**リラクセーション法**による対処が多く用いられます。たとえば，怒りの感情が高まったら，深呼吸をしてそれを静めるように働きかけることです。ストレッサーを生じさせている環境を変えることは困難な場合が多いため，ストレスへの対処には，このように個人に介入し，適切な対処ができるよう教育していくことが多くなされています。

（黒川雅幸）

▷10　ソーシャル・サポート
他者からの援助を言う。ソーシャル・サポートがあるとは，受け手の対人ネットワークに提供者を有している状態にあること，受け手が主観的に提供を受けられると知覚していること，実際に受けられることを言う。

▷11　坂野雄二（監修）(2004)．学校，職場，地域におけるストレスマネジメント実践マニュアル　北大路書房

▷12　認知行動療法
認知的・行動的技法を用いて，対処法の理解や思考の再構築を行うこと。

▷13　リラクセーション法
心身の緊張状態をセルフ・コントロールにより，リラックスさせる方法。

VI 予防・開発的対応

4 規範意識の育成

次のような規範意識をもたせたい場合，どのような方法が考えられるでしょうか。

課題①：小学校 3 年生の担任教師 A

外で遊んだ後は手を洗う，廊下は走らない，きちんと挨拶をするといった学校内の活動や，交通ルールを守る，放課後に危険な場所に行かない，下校途中では買い物をしない，といった学校外の活動における約束事をつくって守らせたいと思っています。廊下を走っているのを目にしたら，注意するように心がけていますが，なかなか実を結びません。どのように指導すれば，約束事を守れるようになるのでしょうか。

課題②：中学校 2 年生の担任教師 B

私の学級では，器物破損や生徒間暴力をする生徒がいます。問題が起きるたびに指導しているのですが，いっこうに成果がありません。最近では，そのような問題行動が起きるせいか，学級の雰囲気も悪くなっているように感じます。どのように指導すれば，学級内の問題行動を抑制することができるでしょうか。

課題③：高校の校長 C

本校にある図書館では，傘の持ち込みを禁止していて，入り口にある傘立て置き場に置くように指導しています。しかし，傘立て置き場には鍵がついていないので，図書館を利用した生徒が帰るときに，自分の傘が盗まれているといったことがたびたびあります。また，本校は電車で通学する生徒が多いのですが，電車内での座り込み，携帯電話で通話をするといった行為で，苦情の電話を受けることがあります。どのように規範意識を育てていけばよいでしょうか。

1 規範意識とは何か

○ 規範とは

規範とは，特定の人々の間で個人が同調することを期待されている行動，判断あるいは評価の基準のことを言います。単に規範と言うのではなく，集団規範とも言います。特定の人々が社会全体を指す場合は，社会規範と呼びます。規範意識は，当該集団の規範に対してもつ個人の認識としてとらえることができます。

○ 社会的慣習と道徳性

規範には，生活上の必要性から自然に定着していった行動様式である「社会的慣習」と善・悪の判断が中心となる「道徳性」があります。たとえば，朝に「おはよう」と挨拶をするのは，社会的慣習になります。また，急病人を見かけたら，介抱するというのは道徳性になります。

2 規範意識の希薄化

近年，子どもたちの規範意識の希薄化が問題視されることがあります。中学生を対象にした意識調査結果では，実際に規範意識が低下しているものも見られます（表VI-1）。道徳的規範に関しては，時代の変化によって影響を受けないものなので，その変化について以前の子どもと比較できると思いますが，慣習的な規範に関しては，時代とともに変化していきますので，以前の子どもと一概には比較できないという特徴をもっています。慣習的な規範の変化には，以前は規範として成り立っていたものが現在では成り立たなくなった場合と，新たに規範が生成された場合の2つを考えることができます。慣習的な規範意識の希薄化が指摘される場合，以前から存在する規範意識との比較を行って，規範が成立しなくなったものに着目しがちですが，時代とともに新たに形成された規範も含めて検討しなければ，本当に規範意識が希薄化しているかどうかは明らかではないと言えるでしょう。

▷ 1 佐々木薫（1963）．集団規範の研究——概念の展開と方法論的吟味　教育・社会心理学研究，4, 21-41.

▷ 2 二宮克美（1991）．規範意識の発達および非行・問題行動と道徳性の関係　大西文行（編）新・児童心理学講座9　道徳性と規範意識の発達　金子書房

表VI-1　中学生の生活意識の変化（1990年と2002年の比較）　(%)

中学生が絶対してはならないことと思うか？	1990年 はい	1990年 いいえ	2002年 はい	2002年 いいえ
無断外泊をする	66.8	31.8	64.9	34.5
約束を破る	62.6	36.2	57.1	42.4
万引きをする	85.1	14.3	81.3	18.4
遊びまわって夜遅くまで家に帰らない	67.2	32.0	62.6	36.7
授業をさぼる	76.3	22.0	64.3	35.1
遅刻する	47.3	51.0	45.4	54.2
うそをつく	58.2	40.0	47.1	52.4

出所：日本青少年研究所「中学生の生活意識に関する調査」
〈http://www1.odn.ne.jp/youth-study/reserch/index.html〉

3　規範意識の変容

規範意識が希薄化しているかどうかよりも，規範意識が変容する原因について明らかにすることは，規範意識の教育を考えるうえで重要です。ここでは，以前から存在する規範意識が変容する場合を考えてみます。規範意識が変容する原因として，規範自体が変容する場合と個人の意識が変容する場合が考えられます。ただし，これらはお互いに影響しあうものですので，明確に分けることはできません。

○規範の変容

規範が変容するのは，集団の不成立，**規範の結晶度**[3]が低くなったことが考えられます。集団の不成立とは，規範を維持する囲いがなくなってしまったようなものです。たとえば，ゴミを指定された日以外に出す人が増えてきたのは，規範を維持する枠組みであった地域社会がなくなりつつあることが一つの原因として考えられます。規範の結晶度が低くなるとは，規範を形成していた集団成員のもつ基準が収束されなくなるということです。多様な価値観をもつようになり，集団規範が曖昧になっています。たとえば，学校に髪の毛を染めてくる生徒がいますが，「染めることは問題である」「清潔にしていれば問題ない」「個人の自由である」など，生徒の意見はさまざまです。

○個人の意識の変容

個人の意識の変容に関しては，規範よりも自己の欲求を満たすことを優先するようになったことが考えられます。電車内において携帯電話で通話をしてはいけないことは，規範として成立していることです。しかし，電話がかかってくると，「待たせてはいけない」「ちょっとくらいは電話しても構わない」といった個人の欲求を抑制できずに，通話してしまうのです。

また，規範の変容によって，個人の意識も変わってきます。規範が曖昧になれば，**規範の強度**[4]が弱くなります。規範の強度が弱くなると，逸脱行動をすることに抵抗がなくなります。一般に，規範から逸脱すると制裁を受けますが，集団からの圧力が弱くなれば，逸脱者は制裁を受ける可能性を低く見積もるようになると考えられます。したがって，規範からの逸脱行動をしやすくなってしまうのです。

4　規範意識の育成に向けて

規範意識を育てるためには，学校や学級といった集団に規範をつくることと，子どもたちにその意識をもたせることが必要になります。

○規範の形成

規範をつくるには，まずそのルールを適用する枠をつくらなければなりません。このことは，**規範の逸脱に対する罰**[5]と関係してきます。担任の先生が教室

▷3　規範の結晶度
ある規範に対する成員間の一致度。規範に対する考え方の違いの大きさを指標にすることができる。

▷4　規範の強度
集団が成員に規範に従うように及ぼす圧力の強さ。

▷5　規範の逸脱に対する罰
ここでいう罰とは，学習理論にもとづくものであり，リーダーを含む集団内成員からの叱責や冷笑，集団からの追放などが考えられる。

内では「ボールを使わないこと」というルールをつくって、学級の子どもたちに徹底させたとしても、他の学級の子どもが教室内で使用していて、その子どもが注意を受けていなければ、ルールへの逸脱行動が容認されやすくなります。学校におけるルールは、学級ごとに設けるのではなく、学校全体のルールとして、教職員の共通認識のもとで、徹底することが必要です。学校内の規範形成には、教師が強い影響力をもっていますので、学校の目標が反映されやすいですが、家庭を含めた場合、保護者の影響力が大きくなります。学校と家庭の目標が一致していれば、強い規範形成が可能ですが、学校と家庭で意識のズレがある場合は、規範の成立は難しくなります。家庭も含めた規範を形成していく場合は、**家庭・地域との連携**が必要になります。

◯ 規範意識をもたせる

子どもたちに規範意識をもたせるには、規範への自我関与度を高める方法があります。生徒会活動などを通して、ルールづくりやルール改善に主体的に参加させたり、標語やポスターを募集したりすることで、規範に対する意識を高めることができます。また、集団規範の強度を高めるために、規範に沿った行動への是認・賞賛と、規範からの逸脱への否認・罰を与える方法もあります。学校で先生に大きな声で挨拶をした子どもが褒められることは、賞賛を受けたことになります。他の子どもはそれを見て、大きな声で挨拶をすれば褒められるということを理解し、挨拶をした方がよいということを**モデリング学習**するでしょう。挨拶をしなかった子どもが叱責を受けることは、罰を受けたことになります。他の子どもはそれを見て、挨拶をしなくてはいけないということを学習するでしょう。

ただし、重要なのは規範を守らせることだけではありません。山岸（2007）は規範を守ることによって自分や他者に何をもたらすととらえているかという認知の適切性が重要であると指摘しています。状況によって、規範は破られることもあり、規範を破った行動の方が望ましい場合もあります。ただ規範を受け入れるのではなく、状況に応じて判断できる力を身に付けさせていくことが重要になるのです。状況に応じた適切な判断を導くには、**共感性**をもっていることや**セルフ・モニタリング**できることが必要です。共感性は思いやりと関係がある概念であり、共感性が高い子どもは、他者の気持ちを考慮したうえでの行動ができると考えられています。セルフ・モニタリングができる子どもは、状況に応じて、自分の行動について省察することが可能になります。他者の気持ちを考慮することと、状況に応じて自分の行動を省察することによって、自分と他者の状況を知り、自分の行動が他者に及ぼす影響を理解でき、適切な行動をとれると考えられます。

（黒川雅幸）

▷6　**家庭・地域との連携**
Ⅲ「保護者・地域との連携」参照。

▷7　**モデリング学習**
バンデューラ（Bandura, A.）の理論によるもの。適切な行動パターンを観察させることで、習得させる方法。たとえば、姉が叱責を受けたのを見て、妹が同じ行動をとらないように注意することである。
⇒ Ⅲ-1 参照。

▷8　山岸明子（2007）. 現代小学生の約束概念の発達——状況の考慮をめぐって　社会心理学研究, **22**, 285-294.

▷9　**共感性**
認知的側面と感情的側面から構成される。認知的側面は、他者の考えや視点を理解する認知能力のことであり、感情的側面は、他者の情動の共有反応を示すことである。

▷10　**セルフ・モニタリング**
状況的な手がかりをもとに自分の行動を振り返り、適宜調整していくこと。

▷11　森下正康・仲野綾（1996）. 児童の共感性の認知的因子と情動的因子が向社会的行動におよぼす影響　和歌山大学教育学部紀要（教育科学）, **46**, 57-71.

Ⅵ 予防・開発的対応

5 ロール・プレイの活用

　ロール・プレイに関して悩みをもっている3名の教師から，次のような質問をもらいました。質問に対して，どのように解決していけばよいか考えてみましょう。

課題①：小学校の教師A

> 　私は小学校で担任をしています。私のクラスでは，ソーシャルスキルトレーニングを始めました。児童はとても興味をもって意欲的に活動をしてくれています。しかし，一つ悩みがあります。私は，学習のなかで必ず一度ずつロール・プレイをしているのですが，担任が設定したシナリオをただ復唱しているだけのような気がして，ロール・プレイでの行動が本当に児童に身に付いているのかわかりません。復唱させる以外にどのようなロール・プレイの方法があるでしょうか。

課題②：中学校の教師B

> 　私は中学校の担任です。授業のなかで，ロール・プレイを行っています。しかし，生徒が恥ずかしがって，ロール・プレイをしてくれません。中学生という多感な時期で恥ずかしい気持ちになるのは仕方ないと思うのですが，生徒にとって大事なことだと思っているので，全員にロール・プレイをしてほしいと思っています。やっていない生徒を見つけたときはやるように声をかけるのですが，それでも見ているだけの生徒もいます。どうすれば全員がロール・プレイに参加してくれるでしょうか。

課題③：高校の教師C

> 　高校の教師をしています。私のクラスでは，いじめに発展しそうな仲間関係のトラブルが生じています。学校での様子を見ていると，生徒に相手を思いやる気持ちが足りないことが問題だと感じています。そこで，ロール・プレイを通して，いじめっ子・いじめられっ子・傍観者の気持ちを生徒全員に体感してほしいと思っています。しかし，いじめというテーマを直接扱うことに対して少し不安を感じています。質問なのですが，ロール・プレイでは，何をやっても大丈夫なのでしょうか。

1 ロール・プレイとは

　ロール・プレイとは，設定された現実に近い場面で，自発的に役割を演じることです。ロール・プレイは本来，モレノ（Moreno, J. L.）の開発した心理劇（サイコドラマ）と呼ばれる集団療法の技法の一つとして考案されました。今ではその有用性から，**ソーシャルスキルトレーニング**[1]などの心理教育プログラムの学習にも，ロール・プレイが用いられています。

　ロール・プレイの目的は，主として2つあります。まず1つ目は，課題解決の手がかりを得ることです。たとえば，ケンカの場面を設定して，言葉や身体を動かしながら役割を演じると，言葉による説明では気づかなかった自分や相手の気持ちに気づいたり，その場面での行動や状況をより明確に整理することができます。またロール・プレイを見ていた観客の指摘で，新たな視点を見つけ，課題に対する考え方を広げることができます。

　2つ目は，望ましい行動を身に付けることです。「この場面ではこうすればいい」と頭で理解していても，現実場面になるとうまく行動できないことがよくあります。そこで，現実に近い場面を設定して，望ましい行動を繰り返し訓練することで，望ましい行動を体験的に習得し，現実場面で実行することへの自信をつけます。この繰り返しの訓練によって，実際に必要な場面でも望ましい行動がスムーズに行えるようになることが期待されています。[2]

2 ロール・プレイの手順

　基本的な手順は，ウォーミングアップ，ロール・プレイ（実演），シェアリング（意見交換）の3段階に分類されます。

○ ウォーミングアップ

　ウォーミングアップは，ロール・プレイの「準備運動」の段階です。この段階では，ロール・プレイに対する恥ずかしさや抵抗感を和らげながら，ロール・プレイのやり方を学習します。ロール・プレイに対する抵抗感は，年齢が上がるにつれて高まっていきます。その抵抗感をなくすため，小学校高学年以上の児童生徒に対しては適切なウォーミングアップが必要となります。一例として，存在しないボールを，まるでそこにあるかのように取ったり投げたりする「見えないボール」という活動があります。[3]ルールは，ボールをもった人しかしゃべれないことと，他の児童生徒を指名してボールを投げ渡す時に，簡単な質問を1つすることです。ロール・プレイでは，空想的な状況や目に見えないものをつくり出して演じる必要があります。この種の練習を通して，ロール・プレイに対する抵抗感を軽減させることができます。その他にもたくさんの活動があるので，各教育心理プログラムの本で紹介されている活動を参考にしてください。

▷1　ソーシャルスキルトレーニング
⇒ VI-2 参照。

▷2　心理教育プログラムで行われるロール・プレイは，主にこの目的で行われている。

▷3　丸山隆・八島禎宏（2006）．演じることで気づきが生まれるロールプレイング　学事出版

◯ロール・プレイ（実演）

　設定された場面で実際に演じる段階がロール・プレイ（実演）です。心理教育プログラムでは，役割交代法によるロール・プレイがよく用いられます。役割交代法は，一つのロール・プレイが終わった後，役割を交換して再度同じ場面のロール・プレイを行うことです。

　ロール・プレイは，基本的には状況やシナリオがある程度設定されています。しかし，状況だけしか設定されておらず，シナリオは自発的に創造的に考えて，即興で演じることもあります。その場合は，上手に役割を演じることではなく，自らが考えて行動することが重要となります。

◯シェアリング（意見交換）

　シェアリングの段階では，演者，観客がそれぞれの立場から気づいたことを話し合います。ロール・プレイでの良かった点や改善点などの情報を与えます。シェアリングで大切なことは，悪かった点をあげるのではなく，良かった点をたくさん与えてあげることです。

３ ロール・プレイの実例

　ロール・プレイがどのように用いられているか，表Ⅵ-２の「気持ちのいい断り方」の具体的事例で説明します。表Ⅵ-２では，まず導入部（T1～S2）で，相手を傷つける断り方を体験するロール・プレイを行っています。これが，課題解決の手がかりを得るため（１つ目の目的）のロール・プレイです。このロール・プレイによって，問題点や改善点に気づき，相手の気持ちを考えた「気持ちのいい断り方」のポイントを見つけ出すことができました（T3～T5）。次に，このポイントを使ったロール・プレイを行っています（T6～）。これが望ましい行動を身に付けるため（２つ目の目的）のロール・プレイです。この場面では，役割交代法も使われています。

　この授業例では，さらに望ましい行動の習得を高めるための方法を使っています。T7～S8では，代表者にロール・プレイしてもらいます。そのときに，T5で提示した具体例を用いない断り方を要求します。また，T9～S9では，児童生徒に状況設定だけを与えています。この授業で学習したポイントを使って，児童生徒の自分らしい言葉を使って，気持ちのいい断り方をロール・プレイさせます。このように，ロール・プレイの実施形態を変えながら，望ましい行動の習得を高めさせる工夫を行いましょう。

４ ロール・プレイの留意点

　ロール・プレイでは，現実に近い場面を設定します。そのため，特に小学校の低・中学年の児童のなかには，現実場面とロール・プレイを区別することができなくなることがあります。たとえば，喧嘩のロール・プレイを行った後，

表VI-2 「気持ちのいい断り方」でのロール・プレイ

教師の指示（T）と子どもの反応・行動（S）
（中略） T1：では，「気持ちの良くない断り方」についてのロール・プレイをやってもらいます。協力してくれる人はいますか？ S1：（挙手する） T2：それでは，Aさんに前に出てきてもらいましょう。場面を説明します。 　　「Aさんは，体育係でとび箱を体育倉庫まで持っていかないといけません。そこで，近くにいた友達のBさん（教師）に手伝ってもらおうと考えました。しかし，Bさんは先生に呼ばれて，今から職員室に行くところです。Bさんは，Aさんに頼まれたときに，相手を傷つけるような言い方をします。」 S2：（ロール・プレイを行う） （中略） T3：今のロール・プレイを見て，みなさんは何か意見はありますか？ S3：Bさんの言い方がきつくて，Aさんがかわいそう。 T4：Aさんは，Bさんにきつく言われて，どんな気持ちでしたか？ S4：（Aさん）ひどい言い方で，ショックでした。 T4：Aさんは，ひどく言われてショックを受けていたそうです。では，どのように言ったら，相手をいやな気持ちにさせずに断ることができるでしょうか？　グループで話し合ってみましょう。 S5：（グループで話し合い，発表する） （中略） T5：ポイントをまとめてみましょう。相手をいやな気持ちにさせずに断るためには，「①はっきりと断る，②その理由を伝える，③代わりの案を伝える」の3つのポイントがあるようです。具体的には，①「ごめんなさい」，②「先生に呼ばれているんだ」，③「それが終わってからなら，手伝えるよ」です。 T6：では，みんなでロール・プレイをしましょう。状況は先ほどと同じです。言い方は，みんなで考えた言葉を使ってください。では，隣の人と始めてください。一人が終わったら，役を交代してください。 S6：（ロール・プレイを行う） （中略） T7：全員でロール・プレイしました。今のロール・プレイで使った言葉以外の言い方でも，上手に断れる人はいますか？ S7：（挙手する） T8：それでは，CさんとDさんに前に出てきてもらいましょう。場面は一緒です。 S8：（前に出て，ロール・プレイを行う） （中略） T9：（場面設定をします） 　　「友達が『次の時間に絵の具を貸してほしいんだけど。』とあなたに頼んできました。しかし，あなたも次の時間に絵の具を使います。」 　　学習したポイントを使って，あなたなりに断ってください。では，始めます。 S9：（ロール・プレイを行う） （つづく）

実際にケンカになることがあります。このようなことがないように，ロール・プレイのときには，腕章や帽子をつけるなどの工夫をし，ロール・プレイと現実場面を明確に区別するしかけが必要となります。

また，ロール・プレイのなかで何をしてもいいわけではありません。たとえば，児童生徒にいじめ役やタバコの勧誘役をやらせてはいけません。この役を演じた児童生徒は，いじめやたばこの勧誘といった不適切なスキルを習得することになります。このような役は教師が演じてください。

さらに，ロール・プレイで，いじめなどの問題を取り上げる場合は，十分な注意が必要です。たとえば，過去にいじめられた経験のある児童生徒にいじめられっ子の役割を演じさせることは過去の辛い体験を思い出させるため，とても危険です。ロール・プレイは，参加者の「自発性」が重要です。演者に無理させることがないように注意しましょう。

（山田洋平・青木多寿子）

参考文献

台利夫（2003）．新訂ロールプレイング　日本文化科学社

Ⅵ 予防・開発的対応

6 携帯電話や各種メディアの使用

　次のような問題に教師が直面した場合，どのような指導・教育方法が考えられるでしょうか。

課題①：小学校6年生の担任教師A

　私の学級の子どもたちは，家でよくパソコンをすると聞きます。この前，ある子が，「抽選で5名の方にゲームソフトが当たるよ」というメールを受信したそうです。その子は，プレゼントの応募に必要な名前，住所，電話番号，生年月日などの入力をして送ったそうですが，その後全く連絡が来ないそうです。その代わりに，ほしくもない情報がたくさん掲載されたメールを毎日何通も受信し，困っているそうです。

課題②：中学校1年生の担任教師B

　私の学校では，携帯電話を学校で使用することを禁止しています。しかし，帰宅後にはメールのやりとりをしていると耳にしています。生徒の一人が，メールのやりとりで夜遅くなってしまい，朝起きられないと嘆いています。事情を聴いてみると，自分からメールのやりとりを終わらせようとすると嫌われてしまうかもしれないから，相手が「それじゃまた明日ね」と送ってくれるまで，メールを送り続けているそうです。

課題③：高校1年生の担任教師C

　私が担任している学級の生徒から，携帯電話のメールのやりとりがきっかけで，他校の生徒と喧嘩になり，嫌がらせメールが送られてきたり，夜遅くに呼び出しの電話が鳴ったりして困っているとの相談を受けました。その相手は，中学校で一緒だった友達が進学した高校の友達で，直接の面識はないそうです。どのように指導していけばよいでしょうか。

VI-6 携帯電話や各種メディアの使用

1 携帯電話やパソコンの利用実態

　総務省（2006）によると，インターネット利用者の人口普及率は2002年に50％を超え，現在も増加傾向にあることが示されています。このような社会変化は，子どもたちにも影響を与えています。小学校4年生から中学校3年生を対象に行った高田・西田（2003）の調査によると，中学生では95％以上の生徒がインターネットを経験していることが明らかになりました。また，**携帯電話・PHS**の月額の平均利用料金をみると（図VI-4，図VI-5），10代以下の子どもの平均**パケット料金**は他の年代と比較して，突出して高いことがうかがえます。メールを多く使うためか，平均通話料金は20代以降と比べるとやや低めになっていますが，もはやパソコンや携帯電話は，子どもたちに根づいた文化であると理解できます。1990年代の半ば頃まで，子どもたちを取り巻くメディアの中心といえばテレビでした。テレビは放送番組を視聴するだけでなく，テレビゲームやビデオとしても利用されてきました。テレビがメディアの中心であった頃はテレビの利用による問題が指摘されていましたが，近年では携帯電話やパソコンといった新しいメディアの普及によって生じる問題について議論されています。

2 携帯電話の利用から起きるトラブル

　携帯電話やパソコンの利用が増えることで，子どもたちにはどのような影響があるでしょうか。
　携帯電話による影響について中村（2001）は，直接化と常態化を指摘しています。直接化とは，携帯電話をもっている人に，直接連絡を取れることです。常態化とは，いつでも連絡が取れることです。直接化と常態化により，保護者は子どもの居場所や現在の行動を確認することができるようになりました。近年ではGPS機能がついた携帯電話もあり，子どもの位置を把握でき，安全を図るうえで役立っています。また，子ども同士が学校から帰宅後に連絡をとろ

▷1　総務省（2006）．平成18年度情報通信白書　ぎょうせい

▷2　高田泰昭・西田英樹（2003）．小中学生のインターネット利用状況に関する調査　鳥取大学教育地域学部紀要（教育・人文科学），5, 45-51.

▷3　**携帯電話・PHS**
両者は機能的に異なるが，ここではその違いについて説明するわけではないため，これ以降は併せて携帯電話とする。

▷4　**パケット料金**
パケットとは，デジタル情報のひとまとまりのことを指す。携帯電話では，メールやインターネットで送受信された情報量が料金に反映されることが多い。

▷5　総務庁青少年対策本部（1988）．平成元年度青少年白書　大蔵省印刷局
　総務庁青少年対策本部（1994）．平成6年度青少年白書　大蔵省印刷局

▷6　中村功（2001）．携帯電話と変容するネットワーク　高木修（監修），川上善郎（編著）情報行動の社会心理学　シリーズ21世紀の社会心理学5　北大路書房　pp.76-87.

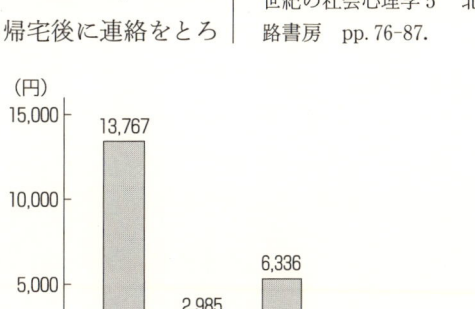

図VI-4　携帯電話・PHSの月額の平均通話料金

年代	料金（円）
10代以下	1,640
20代	2,611
30代	2,637
40代	2,412
50代以上	3,057

出所：総務省（2006）．を参考に作成。

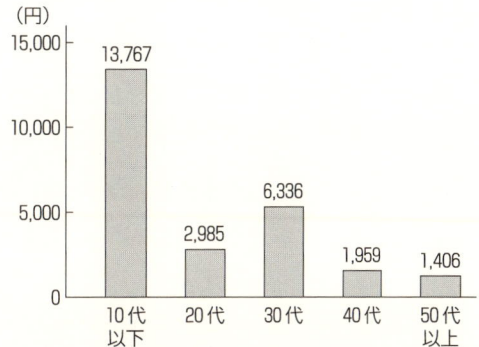

図VI-5　携帯電話・PHSの月額のパケット料金

年代	料金（円）
10代以下	13,767
20代	2,985
30代	6,336
40代	1,959
50代以上	1,406

出所：総務省（2006）．を参考に作成。

> 7 GPS（Global Positioning System）
人工衛星を利用して現在いる位置を確認するシステムのこと。

> 8 武田さち子（2007）．現代の「いじめ」の傾向──犯罪化と携帯電話・インターネットによる「いじめ」 児童心理, **61**, 478-482.

> 9 援助交際
主に未成年女子が行う売春のこと。

> 10 佐々木亨（2008）．「つながりたい」気持ちの落とし穴──個人情報をめぐるトラブル 児童心理, **62**, 54-59.

> 11 調べ学習
あるテーマについて，子どもが主体的に調べ，レポートなどで報告する学習形態のこと。

うとする場合には，直接つながる携帯電話ならば家庭用電話にかけずに済むので，気軽にコミュニケーションができるようになりました。このような利便性は認められるものの，携帯電話による悪影響も懸念されています。

家庭用電話ならば，保護者が出る場合もありますが，携帯電話であると直接本人につながるため，保護者は自分の子どもの交友関係を知る機会が少なくなったと考えられます。武田（2007）によれば，携帯電話によるコミュニケーションは保護者を介さないで済むので，恐喝をするための呼び出しに使用されることもあるようです。また，女子に特徴的なことですが，**援助交際**をする際の連絡道具として使われることもあります。いつでも連絡が取れることは，すぐに返信しなければならないという圧力も生み出しています。すぐに返信しないことは，友達関係の軽視や裏切り行為として解釈されてしまうことさえあるのです。友達からのメールには，すぐに返信しなければならないという圧力がストレッサーとなって経験されることも多くなっているようです。

携帯電話の利用から起こるトラブルには他に，チェーンメール，嫌がらせメール，携帯カメラによる写真撮影などが指摘されています。チェーンメールとは，「このメールを受け取った人は最低5人に転送しないと不幸になります」といったいたずらメールのことです。メールの内容を信じて，友達に送ってしまうと，友達との関係が悪くなることがあります。嫌がらせメールは，メールアドレスを交換した人や，その知り合いから誹謗・中傷を受けることがあるようです。携帯カメラによる写真撮影とは，付属機能のカメラで撮影した写真を，添付ファイルで安易に送ってしまうことで，その写真が不特定多数に広まり，掲示板などに貼られてしまうトラブルが起きています。

③ パソコンの利用から起きるトラブル

情報教育が行われるようになり，学校にも子どもが利用できるパソコンが配置されるようになりました。パソコンを利用した**調べ学習**は，図書館だけでは調べることが困難な事柄も調べることができたり，魅力的なレポートを作成したりするのに役立っています。しかしながら，一方ではパソコンの利用によるトラブルも起きています。

子どもたちがパソコンを利用するにあたって問題になりやすいのが，インターネット掲示板でのトラブル，迷惑メールです。掲示版では，実名や年齢，学校名などを書き込んでしまうといった個人情報漏洩の問題や，好きな芸能人の写真やアニメのイラストを無断で掲載してしまう著作権に関する問題，誹謗・中傷のメッセージを送ってしまう問題などが起きています。迷惑メールとは，不特定他者から送られてくるメールのことです。「メールが不要な方は，こちらまで」と書かれたアドレスに送信したら，もっと多くの迷惑メールが届いたという被害ケースもあります。また，コンピュータ・ウイルスの危険もありま

す。添付ファイルやメールを開いただけで感染するケースも少なくありません。「名前，住所，電話番号を登録するだけで10名にプレゼントが当たります！」といった文面のメールが届くこともあります。うっかり個人情報を送ってしまったために，受け取りたくない広告が大量に送られてくることがあります。

4 メディア・リテラシー教育

　携帯電話やパソコンを媒介としたコミュニケーション形態はCMCと呼ばれます。一方で，直接顔を合わせて行うコミュニケーション形態はFTFと呼ばれます。FTFはCMCと比較して，コミュニケーションにかかわる多くの情報をもっています。たとえば，話すときの声のトーンや速さ，表情，視線，相手との距離，身振りで得られる非言語的な情報がCMCにはない場合がほとんどです。したがって，限られた情報でやりとりをしなければならないCMCの方がFTFよりも難しいと言えるでしょう。

　携帯電話やパソコンは便利な道具ですが，使用するにあたっては十分なメディア・リテラシー教育を行う必要があります。メディア・リテラシー教育の実際は，(1)書く力，(2)読む力，(3)メディアを利用できる力の育成にあります。(1)では，情報モラルを学ばせ，適切な表現でコミュニケーションできる力を身に付けさせる必要があります。(2)では，正しく読む力，批判的に読む力，多面的な解釈ができる力，情報の真偽を見分けられる力を身に付けさせる必要があります。また，(3)では，問題を回避できる力を身に付けさせる必要があります。警察等と連携をして，トラブルが起きた事例を紹介しながら指導していくとよいでしょう。

5 対人的なトラブルの解決に向けて

　CMCはFTFよりもコミュニケーションにかかわる情報量が少ないために，メッセージの送り手が意図した内容と受け手が解釈する内容にズレが生じやすいものです。このズレが，対人関係のトラブルを発生させることがあります。送り手が冗談のつもりで送ったメールを，受け手は真に受け，結果的に喧嘩になることもあります。メディア・リテラシー教育も大切なのですが，信頼できる人間関係を築いていく教育が送り手と受け手のコミュニケーション内容のズレを少なくすることができると考えられます。文部科学省（2008）による学校非公式サイトに関する調査では，同じ学校の人を対象に誹謗・中傷することが多いことが示されています。この結果は，学校生活での対人関係から発生する不満やストレス，葛藤をうまく対処できない子どもが，インターネットに書き込むという不適切な方法で対処していることが予測できます。学校非公式サイトのような場は，現実とは切り離された世界ではなく，現実の延長上にあるという認識をもって指導していく必要があるでしょう。

（黒川雅幸）

▷12　メディア・リテラシー
コンピュータなどの情報媒体に関する知識や活用能力のこと。読む（解釈）力，書く（表現）力，情報の真偽を適切に判断する力，コミュニティ媒体の理解などの総体的な能力を指す。

▷13　CMC（Computer Mediated Communication）
コンピュータを介したコミュニケーション形態のこと。

▷14　FTF（Face To Face）
対面式のコミュニケーション形態のこと。

▷15　情報モラル
メディアを介したコミュニケーションのマナーやルールについての態度のこと。

▷16　文部科学省（2008）．青少年が利用する学校非公式サイトに関する調査報告　文部科学省2008年3月
http://www.mext.go.jp/b_menu/toukei/001/index48.htm

VII 教育相談への取組

1 教育相談の進め方

下記の小・中・高校の教育相談の実情を把握し，改善策を提案してください。

課題①：小学校の教師A

　私の学校では，低学年の担任団の代表の私と，高学年からの代表の先生と，養護教諭の3名が教育相談を担当しています。今年度まで年間の教育相談についての全体的な計画がなく，他の部所からの依頼や指示に対応して活動してきました。現在は，教務部からの提案に従って「教育相談週間」を設定し，1学期の半ばと2学期の後半に，学級担任が一人ひとりの児童と話をする時間をとっているのが主な活動です。しかし，さまざまな背景を抱える子どもたちの学校適応について，よりよい支援を行うことができているかを考えると，自信がありません。この状況の問題点を指摘し，改善策を提案してください。

課題②：中学校の教師B

　私の学校では，各学年から1名ずつ教育相談担当者が選ばれ，学年主任の指示を受けながら，主に不登校の支援を行っています。現在はスクールカウンセラーやスクールソーシャルワーカーなど，非常勤で学校を支援する外部資源も加わり，担当者にとっても心強い状況となっています。また，不登校状態から教室に復帰するために，校内に学習室が設置されました。しかし学年団ごとに利用方針が異なっており，学年によってどのような段階の生徒に声をかけるかが決まっておらず，保護者からもそうした方針の一貫性のなさを指摘されましたが，そのことを話し合う場がありません。このことの問題点を指摘し，改善案を提案してください。

課題③：高校の教師C

　私が教育相談を担当する学校は進学校で，教育相談は進路指導部に置かれ，部長からの指示のもとで主に受験ストレスなどからくる生徒の心理面の問題に対応してきました。私は養護教諭と共に支援をするうち，感情のコントロールができないケースや強い不安からくると思われる精神的な不安定さが問題となるケースなど，受験勉強によるものでなく，それ以前の問題があるのではないかと思われる事案が増えていることに気づきました。教育相談担当者として，自分自身や他の同僚たちにどのような領域の研修を組むべきかを悩んでいます。この状況の問題点を指摘し，研修で何をすべきかを提案してください。

1 教育相談とは

　文部科学省の定義によると，「教育相談」は「一人一人の子供の教育上の諸問題について，個人のもつ悩みや困難の解決を援助することによって，その生活によく適応させ，人格の成長への援助を図ろうとするもの」とされています。
　教育相談は，**積極的生徒指導**・**消極的生徒指導**を具体化するものと考えられ，児童生徒の学校生活への適応と彼らの成長の促進を目指しています。それは日常的な児童生徒とのよりよいかかわりを実践するというレベルから，学校全体の教育相談をどう運営するかというシステムづくりのレベルに至るまで，さまざまな段階の活動・行為を含んでいます。実践は，①個々の教員が行う活動，②教育相談担当者等の立場で役割分担して行う活動，③管理職と共に全体を統括し方向性を定める活動の段階があり（表Ⅶ-1），学級担任，教育相談担当者，管理職（全体的視点）の立場ごとに，教育相談に対して行うべき活動があります。

2 それぞれの立場における教育相談

　教育相談を行うにあたり，主要な役割を担うのは，主に一般教員，教育相談・生徒指導担当，養護教諭，学年主任，管理職および外部のスクールカウンセラー等です。各自が自分の役割を正しく把握し，柔軟に遂行することが必要です。

○ 一般教員

　個々の子どもときちんと向き合う際に役立つ**傾聴**と，子ども同士や学級集団の関係性の把握とができるようになることが重要です（表Ⅶ-1参照）。教育相談の目標は，児童生徒の学校生活への適応と彼らの成長ですから，学級担任であれば，保護者の協力も得ながら，背景にある状況を把握し，その児童生徒の起こす行動や，起きている現象の意味を見立て，教育的に意義のある対処をす

▷1　文部省（1995）．生徒指導の手引き　大蔵省印刷局

▷2　積極的生徒指導
人間らしい生き方を求める「自己指導能力」の育成を目指す生徒指導。
文部省（1981）．生徒指導の手引

▷3　消極的生徒指導
問題行動に対する対症療法的かつ安全を目的とした管理的な生徒指導。
文部省（1981）．生徒指導の手引

▷4　傾　聴
自分が話を聴いている対象である相手を受け入れ，前向きな関心をもち，共感しながら話を聴くこと。詳しくはⅦ-2「カウンセリング力の向上」参照。

▷5　予防・開発的教育相談
予防的教育相談とは，問題をもつ可能性の高い児童生徒や事象に対して，それが起こらないようにするための支援をプログラム化しておくこと。例：小学校で不登校経験のあった生徒に，中学入学後早期にさりげなく接触して信頼関係をつくっておく等。
　開発的教育相談とは，すべての児童生徒が自分の人生を「よりよく生きる」ことができるように，既習のスキルや自分の目標設定等をより高めることを目指した活動を行うこと。例：すべての子どもたちのコミュニケーション力向上を目指し全校が取組むピア・サポート・トレーニング。

表Ⅶ-1　教育相談に関する対応

	ぜひ行いたいこと	行うのが好ましいこと
①一般教員として	・個別の相談（傾聴）の力量をつける ・児童生徒理解の力量をつける ・個別の事例を見立てる力をつける ・児童生徒間のかかわりを把握する ・学級集団を把握する	・児童生徒集団間の関係性を把握し，その力動関係を含めて介入する ・家族関係を含む本人像を理解する ・深刻な問題を抱える子どもにより深い傾聴技法を用いて支援する
②教育相談担当者として	・教育相談の方針と年間計画を提案する ・教育相談に関する研修を計画する ・困難事例の支援に関して，外部人材と校内支援担当の連携を調整する ・個別の事例の見立てに助言する ・校内資源での対応が可能か判断する	・教育相談活動全体を評価する ・個別事例でより専門的な理解を行う ・深刻な問題を抱える子どもにより深い傾聴技法を用いて支援する ・管理職の生徒指導全体計画作成に協力する
③全体的視点の活動	・学校全体の教育相談の方針を定める ・学級間，学年間でバランスのよい教育相談活動となるよう確認する ・教育相談が実践されやすい体制をつくる	・児童生徒の支援に役立つ校外資源を開拓する ・**予防・開発的教育相談**活動が行われるよう援助する ・教育相談担当者の力量向上のための研修機会を設ける

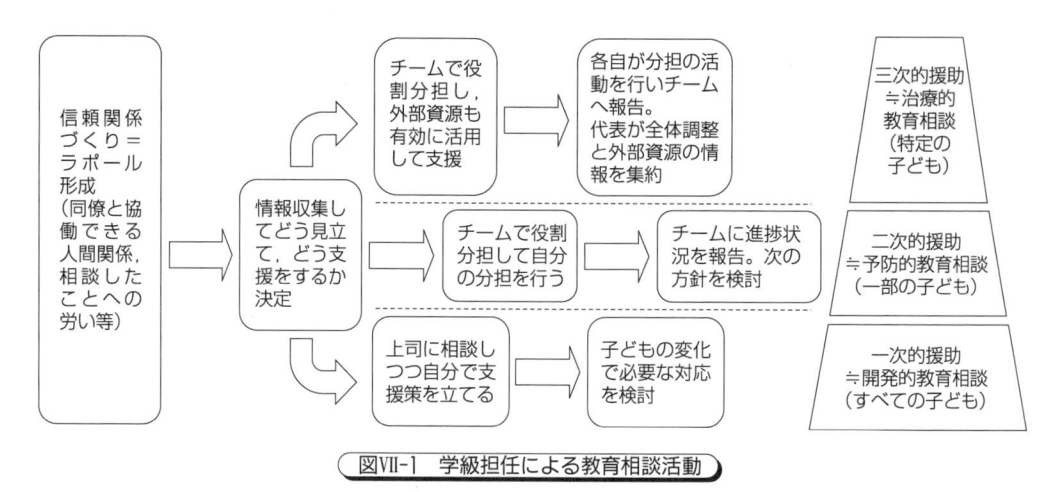

図VII-1 学級担任による教育相談活動

[図：信頼関係づくり＝ラポール形成（同僚と協働できる人間関係，相談したことへの労い等）→情報収集してどう見立て，どう支援をするか決定→（１）チームで役割分担し，外部資源も有効に活用して支援→各自が分担の活動を行いチームへ報告。代表が全体調整と外部資源の情報を集約／（２）チームで役割分担して自分の分担を行う→チームに進捗状況を報告。次の方針を検討／（３）上司に相談しつつ自分で支援策を立てる→子どもの変化で必要な対応を検討。右側ピラミッド図：三次的援助≒治療的教育相談（特定の子ども）／二次的援助≒予防教育相談（一部の子ども）／一次的援助≒開発教育相談（すべての子ども）]

るために必要な方針を立てます（図VII-1参照）。さらに，担任する児童生徒に対する援助が十分行き届いているかどうかを客観視し，自身の援助力を理解したうえで，必要に応じて他の教員の援助を仰ぐことも求められます。

◯教育相談担当者

個別のかかわり，小グループ内およびグループ間の関係性に加えて，人間関係づくりや社会的スキルの向上や促進に関する演習の進行役を務める力量を身に付けておくことが好ましいと考えられます（表VII-1参照）。また心理教育的サービス活動として，集団を対象とした技法を学んだり，より深いレベルのカウンセリングの力量を磨いたりするなど，個人的に研修会やワークショップ，事例研究会などに参加することも力量向上につながります。また，校内で教育相談的な問題解決の方針が一連のプロセスとして共有され，援助対象の**スクリーニング**や各段階における支援計画の立案と実践が円滑に行われるための組織化を行うことも，教育相談担当者の役割です。

③ システムとしての教育相談体制にもとづいた活動

教育相談活動が円滑に行われているかどうかを見る場合，校内の教育相談体制が整っていることがポイントになります。具体的には，チームで教育相談に関する事案を話し合うメンバーが選ばれ，校長からある程度の権限を委ねられて定期的な会議を開けるようなシステムになっていることが必要です。

一次的援助レベルと判断された児童生徒は，特別な配慮を必要としないため，教育の専門家である学級担任によって支援され，すべての支援対象（児童生徒，保護者）の間で援助に差やズレがないのが理想です。しかし生徒指導・教育相談では，支援者の人間性や価値観が支援のスタイルに影響します。支援対象と支援者の関係性によって，かかわりが難しい場合があるかもしれません。その際には当事者なら早めに周囲に相談をし，他の教員とフォロー合うことで，支援の質を保ちたいものです。さらに個別の対応も，最終的には校内での話し

▶6 **スクリーニング**
もとは医療分野で健康な人のなかから，疾病の徴候のある人を選び出す「ふるい」の役目で用いられる活動。学校では入学直後や定期的に機会を設け，児童生徒の抱える課題を集団向けのアンケートなどを用いてチェックすることでスクリーニングが行える。大まかな状況をつかみ，それをもとに学校全体で個別や集団への対策を検討することができる。

▶7 **充実した教育相談体制**
①自分が中心となって行う支援，②周囲の支援者と共に協働して行う支援，③学年や校内外のメンバーがチームでかかわる支援の整理が明確であり，教育相談活動を実践する「チーム」・「定期的話し合い」・「権限（予算的側面も含む）」・「時間の確保」が揃うことが必要。

合いに集約・共有されるようなシステム構築をすることが大切です。

　また，学校全体の視点で見ると，学校適応に苦しんでいる子どもが必要な援助を受けられているかどうかという観点で全体を見渡し，援助サービスが網羅されていることを確認するためにも，校内体制があることが必要となるのです。

4　個別の事案の支援のながれ

　学級担任の立場で行う個別の児童生徒の支援に関して，課題の大きさによって，3段階に大別されます。教員は，日頃の信頼関係（**ラポール**）の形成を踏まえて児童生徒などの援助対象に関する情報を把握し，彼らの抱える課題の背景を見立て，実際の支援計画を立てて，それにもとづき援助を行います（図Ⅶ-1）。学級担任が中心となり，まずすべての子どもに，一次的援助が行われます（図中一次的援助）。家族の不幸，友人とのいさかいなど，何らかの問題から一時的にニーズを抱えている一部の子どもについては二次的援助レベルの対応が必要となり，校内を中心にチームでかかわります（図中二次的援助）。そして常に配慮を必要とする特定の子どもに対しては，校内のキーパーソン（学級担任や教育相談担当）が主体となり，外部資源も活用したチームでかかわる三次的援助で対応します（図中三次的援助）。

5　教育相談の年間計画

　教育相談の方針は，相談室・担当者・担任などの役割分担を整理することで明確になります。校訓など拠り所とする概念があれば，学校の独自性が含まれた，基本方針を策定することができます。そして年間計画では，まず前年の振り返りを参照し，それにもとづいて計画を立案します。それを管理職に提案し，職員会議等で全体にはかります。たとえば現状分析から，教育相談があまり活発でない現場では，積極的生徒指導の領域までをすぐに実践することは困難であると推察されます。よって現状からかけ離れた計画を立てるのではなく，まず自校の教育相談がどんな状態にあるのかを把握し，徐々に組織体制を充実させ，最終的には安定した教育相談活動とするような段階的対応が現実的です。

　ここでは教育相談の観点から行われるべき一般的な対応が，主に学級担任と教育相談担当者の立場で整理されていますが，実際の教育現場では，適切な援助サービスのために臨機応変な対応が求められるケースも少なくありません。

　また，特別支援教育と連携し，教育相談の立場からの支援を行うことが必要です。教育相談は教科教育や進路指導（キャリア教育）および問題行動への指導などすべての領域において活用できるアプローチです。その意味で教育相談の考え方が校内でしっかりと認知されるような組織づくりをはかることが重要です。

（西山久子）

▷8　3段階の援助
心理教育的援助サービス（学校心理学の領域で用いられる，児童生徒の学校適応と成長を目標とした援助体系）において，深刻な課題を抱える特定の子どもやその状態，一時的な問題を抱える一部の子どもやその状態，その他学校に所属するすべての子どもや特に課題のない状態の3段階に異なるレベルの援助を行う必要があるという考え方。

▷9　ラポール
元はカウンセラーとクライエントの信頼関係のことを示すものであった。現在はより広範囲に用いられ，相互に信頼し，感情の交流ができる関係を広義においてラポールの成立した関係とする。
⇒ Ⅱ-4 参照。

Ⅶ 教育相談への取組

2 カウンセリング力の向上

以下のような状況について，どう対応するのが好ましいかを考えてみましょう。

課題①：小学校の教師A

3年生のDくんは近頃元気がありません。お母さんが弟のKくんの世話に振り回されているのだそうです。A先生はそれが原因ではないかと考え，「Dくんと遊んだり話を聴いたりして元気になるようにかかわってほしい」とお願いしたそうですが，Dくんの様子は変わりません。そこでA先生は個人懇談の際に，「お母さんがKくんばかりにかかわり，Dくんは寂しいのではないでしょうか？」と言いました。するとお母さんは，「Kに手がかかるのをDはわかっているはずなのに……」と言われました。このお母さんに対して，どのような点に配慮して返事をしたらよいでしょうか。

課題②：中学校の教師B

2年生のE子さんは，仲良しの友達3人といつも一緒でしたが，担任のB先生は，E子さんの我の強いところが以前から気になっていました。そんななか，人間関係の雲行きがおかしくなりました。3人の友達がE子さんに対してそっけなく振る舞い始めたのです。E子さんは保健室に来て「もう教室には行かない」と言ったそうです。B先生は，E子さんの話を聞いた後，「教室に行かないなんてよくないわ。あなたは，お友達3人の意見はあまり聞いていなかったわね。そこに問題があるんじゃないかしら」と助言しましたが，E子さんはさらに不満なようでした。この対応の問題点はどこにあるでしょうか。

課題③：高校の教師C

2年生のF男くんの学級担任のC先生は，1学期に無欠席だったF男くんがこのところ学校を休んでいることが気がかりです。F男くんには，小人数ながら友人もいましたが，最近ずいぶん疎遠になっているようです。家庭に連絡して母親と話しても，「呼びかけても反応せず，部屋にこもってふさぎ込んでいるようだ」とのことでした。そこでC先生は家庭訪問をしました。F男くんの家に着くと，母親が出迎えてくれましたが，本人は部屋から出てきません。このF男くんとのかかわり方について，どのような手順で行うのがよいでしょうか。

▷1 治療的な対応が必要とされる場合は，学校ならスクールカウンセラーなどの資源を活用したり，場合によっては心理療法や投薬治療などを行うことができる外部の機関を紹介することもある。

カウンセリングが「直接援助」であるのに対して，教育相談の領域で行われる「コンサルテーション」は，児童生徒など援助対象に直接かかわることなく，彼らを直接的に援助する人を後方から支援する活動である。

▷2 カウンセリングマインド
カウンセリングマインドは，ロジャース（Rogers, C.）の理論を示す表現として，昭和40年代に教育現場にカウンセリングの発想が導入された際に紹介され，現在では児童生徒やその他関係者とかかわる際の態度を示すものととらえられている。中央教育審議会（1998）．新しい時代を拓く心を育てるために――次世代を育てる心を失う危機 中央教育審議会 幼児期からの心の教育の在り方について（答申）において改めて示された。

1　カウンセリングとは

　学校でのカウンセリングには，学級担任によるカウンセリング，教育相談や生徒指導の担当者や養護教諭によるカウンセリング，そして，外部資源であるスクールカウンセラーなどが学校で行うカウンセリングがあります。カウンセリングとは，個人やグループが何らかの葛藤（悩みや課題）を抱えた際に，言語・非言語のコミュニケーションを通じて直接的にかかわる援助活動です。

　ここでは，主に学校で常勤の教育職員によって行われるカウンセリングを中心に取り上げ，教師が学校現場で身に付けておきたい技法や留意点を示します。

2　教師によるカウンセリング

　教師が行うカウンセリングは，「**カウンセリングマインド**」と言われる，すべての教師がもつべき資質としての相談能力であると解釈することができます。具体的には，児童生徒，保護者など，さまざまな立場の人々を援助するときに，相手を受容し，相手の心を和ませる雰囲気をつくり，熱心に相手の話に耳を傾け，内容にかかわらず，話をしたことに対するねぎらいや感謝を示すという傾聴の基本的な態度（表Ⅶ-2）を身に付けることです。場合によっては相手から語られる内容が問題行動や修正を要する行為であることもありますが，即座に否定すると相手を防衛的にします。そのことを当事者が率直に受け止め，本人が行動を改善していくためにも，むしろ受容的な態度が必要になるのです。

3　傾　聴

　「カウンセリングのアプローチ」は，**精神分析**，**行動療法**，**人間性心理学**をはじめとする大きな流れがありますが，教師によるカウンセリングでは，そうしたアプローチのなかから教育現場に合う要素が取り入れられ，用いられています。学校で児童生徒や保護者に対してカウンセリング的なかかわりをする場合，その相手の自己理解と自己実現の促進，そして学校適応とその支援の向上を目指して援助を行います。相手を理解するためにも，教師は自分のもってい

▷3　臨床心理士ら心の専門家が巡回先の学校，児童相談所，公立・私立の医療機関などの専門の相談機関等で行うカウンセリングにおいては，時間・場所・かかわり方について明確な枠組みがあるなかで心理臨床的・治療的かかわりが行われる。しかし，スクールカウンセラーらによって行われる学校臨床においては，その枠組みは学校の規範や集団との関係で柔軟なものとして運用されることが多い。

▷4　精神分析的アプローチ
フロイトにより始められ，無意識の領域が人の行動に影響を与えるとしている。
⇒ Ⅶ-4 参照。

▷5　行動療法的アプローチ
目に見える現象を対象とし，問題行動は状況に対する誤った行動の学習によるものとして，その修正をすることで問題の克服につながるとされている。
⇒ Ⅶ-4 参照。

表Ⅶ-2　教師によるカウンセリングで心がけたい態度的側面

項　目	内　　容	言語・非言語表現の例
表　情	温かいまなざしで，ソフトなトーンを表情に表す	自然な笑顔
姿　勢	心と共に体を開き，相手への興味が伝わる姿勢をとる	腕組み等はせず，前に乗り出す
受　容	相手の話に意見をはさまずそのまま受け入れる	「ありのままのあなたが大切」
共　感	相手の視点から物事をみて，相手の感情に寄り添う	「あなたが〜と感じてるのはわかるわ」
ポジティブな評価	相手を尊重し話したことに感謝する	「よく話してくれたね」
ゆとり	落ち着いて相手のペースを大切にする	相手より早いテンポの言動は内省を妨げる
協　働	一緒により良い方向を探そうとする	「一緒に考えていきましょう」

表Ⅶ-3　積極的傾聴

繰り返し・うなずき	相手の言葉を繰り返したり，適度にうなずきながら話を聴くことで，相手が話しやすくなり，話に集中できるようになる。また，それによって相手は聞き手が傾聴していることを知り，自分が受容されていることが伝わりやすくなる。◁8
明確化（意味の反射）・言い換え	相手が言語および非言語で表現したことと同じ意味のことを，別な表現で返す。相談者が発した言葉が再構成されて，話し手に伝えられると，自分の言ったことや伝えようとしていることが，より明確に把握でき，理解がより深まる。◁9
感情の反射	相手が話す言葉のうち，言葉や非言語的な表現（動作など）で表されている感情を聞き手が受けとめ，その課題に対しての自分の感情や意見が混じらないように配慮して，相手に伝え返す。それによって相談者が感じていることを改めて自分のなかに取り込みなおす体験をすることができる。◁10
質　問	質問には2つの種類があり，1つ目はYesかNoで答えられる「閉ざされた質問（closed question）」で，2つ目は自分の言葉で答える「開かれた質問（open question）」。開かれた質問は，豊かな情報や表現ができる反面，話すのが苦手な人や，話をするのが苦痛なときには，精神的に負担になりかねない。そこで実際にはこれらを併用して面接が行われる。質問することで，相談者と情報を共有し，積極的な関心をもっていることが伝えられ，課題の克服のために有効な気づきを得ることがある。◁11
要　約	ある程度の時間をかけて話をしたら，区切りのよいところで，それまで傾聴してきたことを要約して相手に伝える。それにより相談者は自分が話してきたことを再確認することができる。◁12

図Ⅶ-2　カウンセリングと心理教育的活動の流れ

▷6　人間性心理学的アプローチ
人が生まれながらにもつ，より良く生きようとする成長への信頼からなる理論のもとで，当事者に成長のための気づきが促進されるよう，傾聴し相手の考えを受け止めることが基本的態度である。
⇒ Ⅶ-4 参照。

▷7　積極的傾聴
人間性心理学を示したロジャース（Rogers, C.）の理論にもとづき，人の主体性を信じ，自ら選択・決定し，自己実現可能な存在であるとする人間観によるものである。

るものの考え方・価値観などについて理解していることが大切です。

具体的なカウンセリングの力量を高めるには，基本的態度と**積極的傾聴**を身に付けて児童生徒とかかわることが有効と考えられています（表Ⅶ-3）。学校での教育活動と同じく，カウンセリングにおいても，児童生徒との信頼関係づくりと情報収集を踏まえて，見立て，支援計画，実践，評価，課題修正が行われていると考えることができます（図Ⅶ-2）。

4　見立て

学校におけるカウンセリングでは，児童生徒の学校への適応を目指し，困難を抱えている子どもの課題が何であるかを「見立て」なければなりません。児童生徒を理解するには，具体的な出来事や日常生活を通して，**心理・社会面**，**進路面**，**学習面**，**健康面**から彼らを見る必要があります。見立ては，その情報を踏まえ，課題となる事象（カウンセリングで語られる悩みや問題）が起きた状況において「何が起きているか」「何がその児童生徒をそのような言動や考え

に至らしめているか」を把握することです。面接者はそれを受け止め，本人がそのことを克服し問題を解決する勇気をもてるよう支援するのです。実際には語られる内容だけでなく，学力，ソーシャルスキル，家族の支援のスタイルなど，包括的な観点からの情報をもとに見立てることが重要です。

　カウンセリング的視点をもつとは，相手の目線で相手の世界を見ることです。それには聞き手が自分の考えに固執せず，相手の考えを受け入れなければなりません。それにより相手は無条件に受容されていると感じ，そのことで面接者を受け入れ，相互の信頼関係が生まれやすくなります。児童生徒と密接につながりがある常勤の教員は，児童生徒の変容をもっとも身近に把握することができる立場にあります。カウンセリング的な視点と児童生徒の日常的な変化を把握できる視点とを併せもつことにより，さらに多角的な理解が可能となります。

5　学校で行う支援

　学校ではカウンセリングなどを通じて，それぞれのニーズに合わせた心理教育的援助が行われています。そして近年の家族形態の多様化と，それに伴う子ども像の多様化から，さまざまなニーズを抱えた児童生徒への対応が求められています。自分が何らかの葛藤を抱えたとき，それに立ち向かうことができる子どももいれば，葛藤を回避してしまう子どももいます。また，自分がどれだけ保護者や周囲から愛されているかを過度に気にかけ，それがゆえに皮肉にも彼らから疎んじられ傷ついてしまう子どももいるのです。そうした状況に対しての対応は一律に行うことはできません。さまざまな子ども像を理解し，一人ひとりに異なるカウンセリング的対応をすることも求められているのです。

　加えて，カウンセリングのニーズのある相手との間では，援助者自身が理解している以上にその相手と援助者（教師など）の心の深い部分にかかわることになる可能性があります。そのため，相手の状態や変化を把握すると同時に，援助者自身のコンディションを理解するよう心がけ，自分の支援範囲を超えていると判断したら抱えこまず上司や専門家の援助を仰ぐことも必要です。

6　教員のメンタルヘルス

　学校で教員は，さまざまな支援を通して，気がかりな子どもを含めすべての児童生徒の援助を行っています。その結果，教員の疲労度は高く，その支援の困難さに疲弊して，メンタルヘルスを損ねてしまうことに対しても注意が必要です。元気のない同僚に声をかけ，仕事の負担が多そうな同僚に手伝いを申し出ることが，教師間の**同僚性**17の向上に役立ちます。一方，自分が悩んだときは早めに周囲の同僚に相談することが重要です。よりよい職場環境のため，教師同士で悩みを傾聴したり，声をかけあい支えあえる風土をつくりたいものです。

（西山久子）

▷8　例：相談者「もう頭のなかがぐちゃぐちゃです」援助者「ぐちゃぐちゃな感じなんですね」

▷9　例：相談者「頭のなかがぐちゃぐちゃ。ワケがわからない」援助者「混乱していてどうしたらよいかわからないのですね」

▷10　例：「つらかったですね」「苦しかったですね」

▷11　例：「そのつらい体験について，いま話ができそうですか？（閉ざされた質問）」「いまあなたが一番気がかりなのはどんなことですか（開かれた質問）」

▷12　例：「今日は周りの友達との人間関係が大変だったことについて話してくれましたね。以前の失敗を繰り返したくないと思って必死で頑張ってきたんですね」

▷13　心理・社会面の観点
例：対人関係，社会的なスキルの習熟度，自己理解。

▷14　進路（キャリア）面の観点
例：人生において進む道，生き方，社会的役割の遂行。

▷15　学習面の観点
例：学習の意欲，学習スタイル，学力。

▷16　健康面の観点
例：遅刻・欠席の状態や傾向，身体の成長や健康診断の状況，心身のコンディション。

▷17　同僚性
学校においては，互いが抱える課題をオープンにして，相談し合い，助け合える人間関係をつくること。

VII 教育相談への取組

3 コンサルテーションとは

次のような場面で，より有効な支援となるように回答をまとめて下さい。

課題①：小学校の教師A

　小学5年生のD男くんは，授業中椅子に座っていることができず，外で物音がするたびに飛び出し，教室内でも担任が目を離すと，その間に廊下に出て他の教室を覗いたりしながら歩いています。D男くんが動き出すと，他の児童も落ち着きがなくなり，学級担任は一人では手に負えないと感じました。それで，教育委員会から派遣される巡回カウンセラーと話をして，どのような対応をするのが良いかアドバイスをもらおうと思い，カウンセラーのいる相談室を訪ねました。どのような情報を伝えるとよいでしょうか。

課題②：中学校の教師B

　中学2年生のE子さんが学級担任に相談があると言ってきました。友達との間で人間関係のトラブルから仲間外れにされて辛いのだそうです。その話を聴いて，学級担任は自分の考える対処方針を確認したいと思い，巡回カウンセラー（教育相談の専門知識をもつ退職教員）に話をしてみました。すると巡回カウンセラーは，豊富な体験からこの状況に似た場面で自分がどうしたかを話してくれました。ところが学級担任はその話を聞いて，自分がうまくこの件に対応できるか不安になりました。巡回カウンセラーに，今後どのように相談したらよいでしょうか。

課題③：高校の教師C

　不登校のため，中学校は地域の教育支援センター（適応指導教室）に通っていたF男くん。高校入試を乗り越えて入学してきましたが，クラスの雰囲気になじめず保健室に駆け込みました。学級担任はF男くんと話をして，彼がかなり無理をしている状態であると感じたので，本人の努力を労って下校させました。
　後に母親から連絡があり，「この学校ではよいスタートを切らせてやりたいんです」と言われました。学級担任は保護者の思いを傾聴し，最後にできる限りの援助をすることを約束して電話を終えたのですが，母親はあまり納得していないようでした。この対応の改善点を考えてください。

1 コンサルテーション（コンサルティング）とは

○コンサルテーションの定義

コンサルテーションとは，学校心理学の立場では，「異なる専門性をもつ複数の者が，援助の対象（例：子ども）の問題状況について検討し，よりよい援助のあり方について話し合うプロセスである」とされています。つまり職務上または役割上の課題を抱えている専門家に対して，そのよりよい遂行を援助するために別の専門性をもつ専門家が行う助言です。相談をする側が「コンサルティ」で，自らの専門性にもとづいて他の専門家による援助の対象へのかかわりを援助する（相談をされる）側が「コンサルタント」という立場になります。

コンサルテーションの主たる内容は，相談者の内面的なこと（個人的・情緒的）ではなく，職務上・役割上求められる具体的な事象と行動面への支援に関することです。なおコンサルテーションは，(1)**問題解決型**，(2)**研修型**，(3)**システム介入型**と，大きく３つの種類に分類されます。

○コンサルテーションのながれ

学級担任としてある子どもへの対応について迷っていた教師（コンサルティ）が，そのことをスクールカウンセラー（コンサルタント）に相談するとします。学級担任は，(1)どの程度の期間，(2)どのような意図で，(3)どのようにかかわりを行ったかをスクールカウンセラーに伝えます。そのうえでスクールカウンセラーは，(4)今後どのような方針で学級担任がかかわるべきか，また(5)その他に学級担任が行うべきことがあるか，(6)学級担任だけで抱えてよい事例であるかについて，教育相談的観点を踏まえて助言をします。

保護者のコンサルテーションでは，保護者が家庭での子どもの様子について詳しい情報をもっていることを尊重し，保護者を子育ての専門家であると位置づけます。一方教師は，学校や集団における子どもの様子についての詳しい情報をもっています。コンサルテーションでは，情報を交換しながら検討すると，よりよい解決策が見えてきます。

コンサルテーションは他のかかわり以上に，コンサルティ側の自発性によって始められる活動であるのが特徴です。よって，コンサルティ側の「**被援助志向**」にもコンサルテーションのタイミングは影響を受けることになります。

2 カウンセリングやその他の近接領域との異同

表Ⅶ-4は学校において児童生徒，保護者，教職員に対して用いることができるアプローチである，「コンサルテーション」と「カウンセリング」，「コーディネーション」，「スーパーヴィジョン」との異同を整理したものです。これらはいずれも，援助活動であるという点で共通していますが，相談者のどの観点に焦点をあてて援助するか，また相談された者がその問題や課題を抱えた児

▷1　日本学校心理学会（編）(2004). 学校心理学ハンドブック　教育出版

▷2　例：教員。

▷3　例：スクールカウンセラー，特別支援教育の専門家。

▷4　学校などでは，それぞれが専門性をもっており，同じ人物がある場面においてはコンサルタントになり，またある場面ではコンサルティになることもある。

▷5　問題解決型コンサルテーション
たとえば，個別の事例にどう対処するかについての助言。

▷6　研修型コンサルテーション
たとえば，「学級管理」「教育相談週間への対応」「思春期の子育て」など，コンサルティとなり得る人々が共通に抱える課題に対して演習や講演形式で行われる助言。

▷7　システム介入型コンサルテーション
たとえば，学校のニーズにあった教育相談体制づくりの助言。

▷8　被援助志向
援助を求める行動。その人の自尊感情などにより志向性にも差異がある。

表VII-4 コンサルテーションと関連する諸アプローチ

活動の種類	対象課題	援助者／被援助者関係	援助者	被援助者	かかわりの内容	ユーザーの課題への援助者の介入
カウンセリング	情緒的・個人的・私的な課題	固定的援助関係。ユーザー＝被援助者	主に教育相談担当者，SC等	児童生徒，保護者，同僚教員など	カウンセリング技法を用いて，被援助者（ユーザー）の抱える課題が軽減するようにかかわる。その効果についての評価は，主に被援助者（＝ユーザー）自身の認知によることが多い。	あり
コンサルテーション	職務上・役割遂行上の課題	同僚（課題により立場が替わる）	主に，SC，特別支援教育の専門家等	主に教師，保護者	ユーザーの悩み等の課題に対して行う援助方針について相談に乗り，支援を行う。被援助者はそれをもとにユーザーを支援する。	なし
コーディネーション	より深刻または規模の大きな役割遂行上の課題	協働（まとめ役を中心にすべてが援助者となる）	教育相談担当者などが声をかけ関係者を召集	参加者全員が援助者であり，被援助者でもある	深刻な課題をもつユーザーの問題等について，同じ対象にかかわる校内外のスタッフで課題を共有し，よりよい対処方針を立て，役割を分担して支援を行う。	相互
スーパーヴィジョン	援助者の援助方針等の質的課題	固定的援助関係（熟達者/新任者）	主に心理臨床的援助を行う者の指導者	専門家（SC，カウンセリングを行った者）	被援助者が，カウンセラー等の立場で，出会うユーザーの抱える悩みなどの課題に対して行う援助活動について総合的に指導する。	なし

(注) 援助者：その活動で援助する人，被援助者：その活動で援助される人，SC：スクールカウンセラー。
ユーザー：心理教育的援助サービスを利用する人（例：児童生徒，保護者，など）。

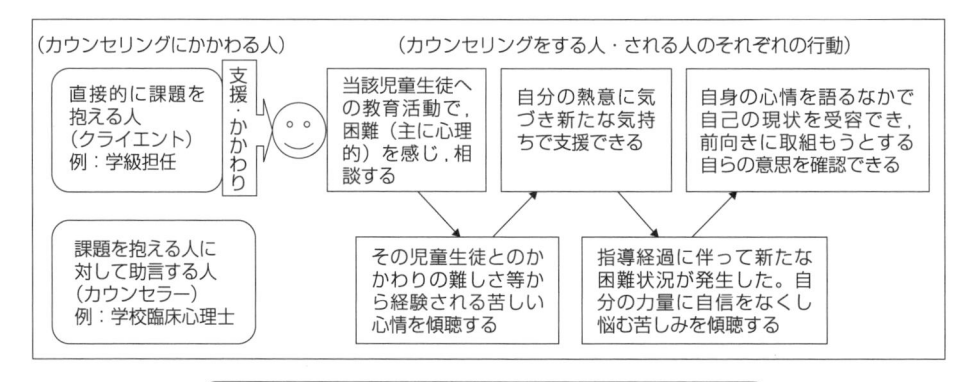

図VII-3 対処に迷う児童生徒の事案のカウンセリングの例

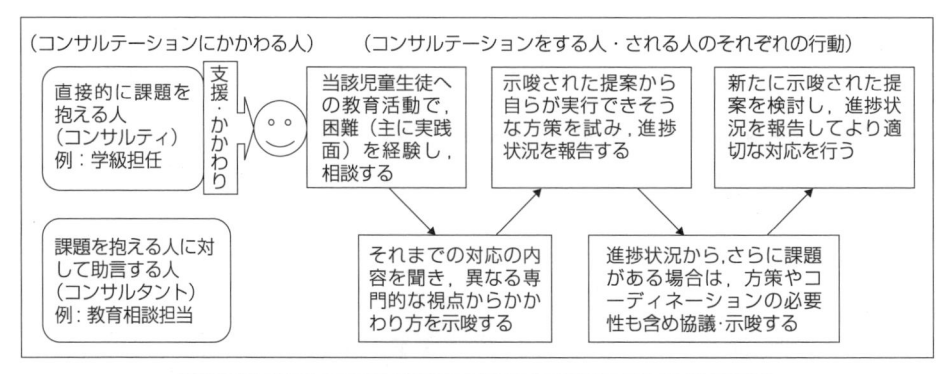

図VII-4 対処に迷う児童生徒の事案のコンサルテーションの例

童生徒とどのような関係性にあるかといった点において異なっています。

図Ⅶ-3と図Ⅶ-4に，混同されがちなカウンセリングとコンサルテーションの例を示してあります。スーパーヴィジョンは，職務・役割上の専門性においては一致しますが，熟達者とそうでない者との間での関係であることが多く，力量面における上下関係が存在する点でコンサルテーションと異なっています。

③ コンサルテーションと守秘義務

コンサルテーションでは，さまざまな情報がコンサルタントにもたらされます。コンサルタントは，①守秘義務の遵守，②報告義務の遂行，③情報管理の実行の3点に細心の注意を払うことが大切です。石隈（1999）は，コンサルテーション中のコミュニケーションの内容や個人的な感情は守秘義務の範囲であるが，コンサルテーションにおいて確認された教育活動の内容は他の専門家（たとえば同僚や管理職）への報告義務を伴うとしています。しかし，実際に学校で教師が他の専門家に「相談」をする場合，それを個人的感情の伴うカウンセリングだけ，または教育活動の内容に関するコンサルテーションだけと割り切ることは現実的ではありません。「相談」の内容のうち，どこまでが守秘義務の対象となるか，報告の義務が生じるかについては，コミュニケーションの内容をよく検討し，相談者とも意思疎通しながら対応する必要があるのです。

▶9 石隈利紀（1999）．学校心理学 誠信書房

④ コンサルテーションに関する留意事項

コンサルテーションは，学校内のさまざまな課題に対して用いることができるアプローチです。自分だけの力で解決すべきだと考えるのではなく，自分の周囲にいる専門家に早めに相談をすることが重要です。一人で抱え込むことが，課題の共有化を遅め，修復により長い時間を要してしまい，結果的に対応が遅れることにつながるからです。また課題を抱えた同僚には，自分が援助を行うだけでなく，専門家に援助を求めるよう勧めることも大切な援助の1つです。

また，コンサルタントの立場でも，円滑なコンサルテーションの実践に，よい関係づくりが基礎となることは言うまでもありません。そこには，相談をもちかけたことに対するポジティブなフィードバックや，傾聴など，カウンセリングに通じるような技法も併せて用いることが効果をより高くします。相手の様子を把握し，臨機応変な対応をすることが役立つのです。

最後に，教員をはじめ，学校教育にかかわるすべての人にとってコンサルテーションを求められる機会があるため，力量を上げる努力は必要です。さらに，職務上コンサルテーションが求められる役職にある人にとっては，実践から学ぶだけでなく，文献や研修会などで新しい動向をつかむよう努めることが大切です。さらに，他の職場に所属している同じ職務の仲間を増やして，互いに助け合えるネットワークを構築しておくことも役立ちます。 （西山久子）

VII 教育相談への取組

4 心理臨床技法の理解

▷1 カウンセリングマインド
⇒ VII-2 参照。

▷2 パブロフ（Pavlov, L. P.）
ロシアの生理学者。条件反射の実験を行い、行動療法の基礎となる実験を行った。

▷3 ワトソン（Watson, J. B.）
アメリカの心理学者。行動主義による心理学を提唱した。

▷4 フロイト（Freud, S.）
オーストリアの精神分析学者。精神分析による心理療法の実践から、無意識の存在を理論化し、臨床心理学の基礎を築いた。

▷5 欲求の階層説
人の欲求が衣食住といった基本的なものから自己実現のような質的領域へと積み上げられているとする理論から示された、欲求の階層的な位置づけ。

▷6 マズロー（Maslow, A. H.）
アメリカの心理学者。人の自己実現を目指す人間性心理学の生みの親の一人。

▷7 ロジャース（Rogers, C. R.）
アメリカの臨床心理学者。クライエントに対する無条件の肯定的関心、共感的理解、自己一致の実現をカウンセリングのテーマとした、来談者中心療法の創始者。カウンセリングの訓練における手法を大きく進歩させた心理療法家として、広く認められている。

下記の実践は何という技法でしょうか。なぜそれが実施されたと思いますか。

課題①：小学校の生徒指導担当者

　保健室登校が続いている小学3年生のA子さんは、巡回カウンセラーのB先生と会いました。B先生はA子さんと、好きなアニメや洋服の話をして、教室に戻る力がありそうだと感じました。さらに、教室に行こうとするとどんな感じがするか尋ねると、A子さんは「ドキドキして頭が痛くなる」「お母さんは『週1回は教室に行きなさい』と言うけど怖い」と言いました。B先生は、「それなら教室に行けるように先生と一緒に宿題を決めよう！　毎日この宿題ができたら、アニメのキャラクターの『頑張りシール』をノートに貼ってお母さんに見てもらおう」と言うと、A子さんは嬉しそうな表情になりました。

課題②：中学校の教育相談担当者

　スクールカウンセラーのC先生は、学年主任から「学級担任が心配している無口な生徒に会ってほしい」と言われ、D男くんと相談室で面接をしました。C先生は、D男くんから名前などを聞いたのち、四角い木枠のなかに砂が入ったものに、ミニチュアの道具を自分の好きなように置いてみるよう勧めました。D男くんがミニチュアの家や男の子、恐竜などを手に熱心に活動しているのを見守っていたC先生は、置き終えたのちに「やってみてどうだった？」「このなかに君はいるの？……どれがそうなの？」などと問いかけながら話をし、D男くんも「お父さん、怒ると怖い……」などと話し出しました。

課題③：高校の学級担任

　スクールカウンセラーのE先生は、教室にいると涙が止まらなくなるというF子さんの相談を学級担任から依頼されました。「教室にいると小学校の研修旅行のことを思い出すんです。無理に行かされて、つらくなったら迎えに来てくれる約束をお母さんが守ってくれなくて。その時の恐さを思い出すと、またそうなったらどうしようと思って息苦しくて教室から逃げ出したくなるんです……」と言うF子さんの話をうなずいたり相づちを打ちながら聴き、E先生は「そうですか、今でも思い出すと苦しくて、いたたまれないような気持ちになるんですね」と言いました。

1 学校における援助サービス

学校では，多くの児童生徒に対して集団で指導が行われています。近年，特別支援教育における個別の支援計画の考え方などにも影響され，学校適応に課題を抱える児童生徒に，個別の視点に立った支援も組み込んでいくことが必要であるとされています。そのなかには「**カウンセリングマインド**」を身につけた一般の教員が行う，心理教育的な相談（図Ⅶ-5：一次的援助）だけでなく，心理臨床的な訓練を受けている教育相談担当者などからの援助（図Ⅶ-5：二次的援助）が行われることもあります。また，それだけでは状況の改善が難しい場合に，スクールカウンセラー（以後SC）等の外部資源からの援助（図Ⅶ-5：三次的援助）が行われ，児童生徒の学校適応への支援がなされます。

2 心理臨床的理論についての概説

心理学理論では，19世紀後半に**パブロフ**の実験が紹介されて以降，少しずつ行動主義の考えが広まり，20世紀に入って，**ワトソン**らにより，心理療法が目に見える現象を対象に行動変容を試みることであるという考えが示されました（行動療法的アプローチ）。一方20世紀前半に**フロイト**は，人の「こころ」について，目に見えたり意識されたりする側面ではなく無意識の領域に，その問題となる行動の背景があるのではないかと考えました（精神分析的アプローチ）。また20世紀半ば以降，人の「**欲求の階層説**」を示した**マズロー**の考え方が示されました。さらに**ロジャース**は受容的態度で共感的に話を傾聴される体験により，人は自らの状態を受け入れることができ，自己一致の状態となり不適応状態から抜け出すことができるとしました（人間性心理学的アプローチ）。これら3つが心理療法における主流であるとされています（表Ⅶ-5）。

▷8 **精神分析**
フロイトによって始められた心理療法の一つ。人間に存在する無意識の過程がその人の行動を左右するという精神分析学理論にもとづいている。のちにさまざまな心理療法の技法において理論が引き継がれた。

▷9 **交流分析**
バーン（Berne, E.）によって精神分析的理論を背景として創始された心理学的理論および技法。人の心はP（親的自我状態），A（客観的な大人状態），C（子ども状態）の3つに分けられるという考え方にもとづく。

▷10 **自 我**
自分の心の強さ。心理学の分野では，精神分析において意識の中心の役割を果たすとされる。

▷11 **箱庭療法**
クライエントが砂箱にミニチュアの道具（建物，人物，樹木，動物，乗り物など）を配置し，それを実施者は見守り，のちにクライエントとの間でその作品について話をするというもの。通常の手順は「ここに棚にある物をあなたの好きなように置いて下さい」などと言い，口出しをせず，その過程を傍で見守る。守られた場で砂箱に自分の思い通りの世界を表現できる箱庭療法は，それ自体がカタルシス効果（心情の表出による浄化作用）となるうえ，制作後にカウンセラーとの間でその作品を媒介にしたコミュニケーションがとれるため，会話が苦手な相手とも話をすることが容易になる。

一次的援助サービス	二次的援助サービス	三次的援助サービス
学級担任による教育相談など	教育相談担当者等による教育相談	専門家や外部資源による教育相談
すべての教師が行うことができる心理教育的援助。（教員が身に付けておくべき対人関係や傾聴スキル，学級単位のガイダンス）	一部の教員や外部資源が行うことができる心理教育的援助。（グループ・エンカウンターやある程度の研修が必要となる見立てや対応，研修など）	特定の資格等を取得した専門家による，重い症状を抱える対象等への援助。（高度に専門的な研修を要する心理療法や対応）
実践者の例：クラス担任をはじめとするすべての教員。	経験の長い教育相談担当者，心理教育的な研修を受けた養護教諭	臨床心理士，学校心理士，教師カウンセラー，教育委員会所属カウンセラー

図Ⅶ-5　学校心理学の視点から見た援助サービスと階層別教育相談

表VII-5　神経症的状態への学派別アプローチ例

	精神分析的アプローチ	行動療法的アプローチ	ヒューマニスティック（人間性）心理学的アプローチ
考え方	「好ましい行為」が行えない理由の不明確な部分が無意識の領域にあり，そこに解決の糸口があるとする	「好ましい行為」が行えないのはその人が置かれてきた環境下における誤った学習によるものとする	「好ましい行為」と，現実の状態との間にある乖離が問題であり，まずその事実を認識すべきであると考える
対処	無意識下にある「好ましい行為」が行えない理由を意識に取り上げるようにする	誤って学習された内容を正しいものに修正できるよう，学習をし直すことができるよう課題等を提示する	ありのままのその人を受け入れることで自己認識と現状を一致させる方向に洞察を促進できるよう援助する
技法例	精神分析，対象関係論，箱庭療法，交流分析，個人心理学ほか	行動療法（系統的脱感作，ソーシャルスキルトレーニングなど），認知行動療法，論理療法ほか	来談者中心療法，フォーカシング，エンカウンターグループほか

▷12　系統的脱感作法
不安などによる不適切な回避行動が克服したい課題である場合，それが具体的にどのような行動から起こるかを把握し，それを不安の少ない順に克服していく技法。まず不安になる場面を列挙し，それを程度の低いものから高いものまで順番をつける（不安階層表作成）。そしてその表の不安の少ないものから順に，少しずつ克服していくことを課題にする。その活動の動機づけを工夫するなどしながら，徐々に最終的な課題の克服へと近づける。

▷13　トークンエコノミー法
何らかの理由で心理的に克服が困難な課題に対して，それを克服することで，その人が好ましいと考える報酬が得られるようにすることで，好ましい行動が促進されるようにする。

▷14　エクスポージャー法
その人が不安を感じる場面に直面させて，予期する脅威的な状況が生じないことを経験させることによって，不適切な回避行動を消去させる。

▷15　フォーカシング
何らかの傷つき体験から，すぐには受け入れ難い「気持ち」と適切な距離をとりながら受容できるようになるのを援助する。

3　心理学の3つの潮流

○精神分析的アプローチ

　人間の行動は無意識の領域の影響を受けると考えられており，人が抱える心理的課題の多くが幼少期の親子関係などの環境因からくるものであるとされています。そのためこのアプローチでは，当事者の幼少期からの生育歴や親子関係などを取り上げて原因を把握することによって，適切な対応策が考えられます。主な技法は，**精神分析・交流分析**など，言語表現を多用することから，**自我**がある程度成熟し，言語操作が苦手でない人に向いていると言えます。

　一方この分野でも，**箱庭療法**などでは非言語表現を用いた交流が可能です。箱庭療法は子どもの遊びにヒントを得て開発された技法で，個人の内的な世界が表れることが多く，シンプルな技法ながらその解釈には熟達が必要です。

○行動療法的アプローチ

　行動理論（学習理論）を背景に，事実に着目し，好ましい行動の増加と好ましくない行動の減少を目指して行われる訓練的な側面の強いアプローチです。初期には行動面だけが注目されていましたが，人の悩みに思考や認知が影響していることから，この領域の知見を加えた認知行動療法が広く用いられています。この療法では，原初的体験よりも，現在の困難を引き起こす行動とそれに付随する間違った信念に焦点をあてるため，幼児期からの成長過程などの情報が少ない場合でも対応策が浮かびやすいという利点があります。主な技法としては，不安消去に効果があると言われている「**系統的脱感作法**」や，課題を実行することに評価を与える「**トークンエコノミー法**」，不安場面に直面させることで回避行動を消去する「**エクスポージャー法**」等が広く利用されています。

○人間性心理学的アプローチ

　人間性回復運動にもとづく人間観を背景に，自然治癒力や人間のより良く生きようとする力を信じ，心理的成長に対する信頼を基礎とした理論が人間性（ヒューマニスティック）心理学の考え方のもとになっています。

　まず「来談者中心療法」では，援助者の受容的な傾聴で，援助される側の自

己認識が高まり，共感的な態度で，本人のなかで現状と理想の間にある不一致が解決され自己一致に至るという経過をたどるとされています。また，「**フォーカシング**」では，「気持ち」を丁寧に取り扱うことに着目したかかわりを行います。一方「**エンカウンターグループ**」は**ファシリテーター**を中心に，感じたままを話し合い，そのなかで自己との新たな出会いや理解の深まりを体験する活動です。加えて，課題を示してグループ体験を行う「**構成的グループエンカウンター**」は，広く教育の領域でも活用されています。

4 心理臨床的な技法の運用

心理療法には，前述の3つのアプローチ，またはそれらのアプローチを折衷的に用いられたもの，国や地域の文化背景のもとで築かれた独自のものなどがあります。カウンセラーが専門家としてクライエントに向き合う際は，自身のカウンセリングの「オリエンテーション（流儀）」に沿って十分な力量が得られている技法を用いて治療的かかわりを行います。心理臨床的なアプローチを用いて対処する際に起こりうる状況に対して，適切に対応できるだけの実践知が得られたときに，はじめて専門職として実践に用いることができるのです。

それらを学ぶには，まず理論的背景を学んだのち，(1)実際に研修者同士で行う演習，(2)実習協力者を対象にした演習，(3)指導者の監督下で行うクライエントへの実践と，少しずつ実践現場へと近づけていきます。必要に応じて指導を受けたり，時間を定めた**スーパーヴィジョン**において，同僚や先輩，**スーパーヴァイザー**からその「振り返り」に対する指導を受け，力量を高めます。

5 外部資源に支援を委託する際に押さえておきたいこと

児童生徒のなかには，心理的に大きな課題を抱え，三次的援助レベルの心理臨床的支援が必要となる場合もあります。SCは教師と異なる専門性を背景に活動しており，その力量が発揮されるかどうかは，学校側の調整にかかっています。そのため教員は教育の専門家として，その児童生徒の教育に関する適応状態を把握すること，「自分を中心とした対応で十分な支援ができるか」を見極めること，当事者と依頼する教職員の関係性をSCなどの三次的援助を担う者に説明すること，また適切な連携を適宜行うよう関係者間で調整することなどが重要です。加えて，児童生徒に三次的援助を行う際には，本人だけでなく，保護者やその他の関係者との調整も十分に行わなければなりません。

最後に，児童生徒の課題が既存の資源の対応範囲を上回るときは，SC以外に，校医や近隣の医療・福祉機関の専門職などの資源も活用します。教育相談担当者は，自らの支援力を高めるように自己研鑽に励むと同時に，課題の重さ・課題の種類・課題に適した資源に関する情報を得ておく必要があります。

（西山久子）

▷16 **エンカウンターグループ**
ロジャーズらが提案した集団で行うカウンセラー訓練の手法。現在は健常者がともに感性を磨き，心理的成長を遂げるためにも利用されている。

▷17 **ファシリテーター**
一般には会議などにおいて中立の立場で話し合いを促進する役割。心理臨床においては，エンカウンターグループにおけるまとめ役。

▷18 **構成的グループエンカウンター**
國分康孝が考案した，グループを対象とした技法。何らかの課題を用いて行われる，人間関係づくりや社会性の向上といった向社会的な人間形成のための活動。

▷19 **スーパーヴィジョン**
援助活動を行う者が，自分の抱える援助対象への支援活動の内容について，同じ専門性をもつ熟達者から，スーパーヴィジョン契約を取り交わしたうえで，継続的にアドバイスを受けること。

▷20 **スーパーヴァイザー**
スーパーヴィジョンにおいて，援助活動を行う者の実践に対して，高い専門性と経験をもって助言を行う者。助言される側をスーパーヴァイジーという。

参考文献

下山晴彦（編）(2003). よくわかる臨床心理学　ミネルヴァ書房

川瀬正裕・松本真理子・松本英夫(2006). 心とかかわる臨床心理――基礎・実際・方法（第2版）　ナカニシヤ出版

小此木啓吾・深津千賀子・大野裕（編）(2004). 心の臨床家のための精神医学ハンドブック　創元社

第 2 部

現在の生き方の改善：問題への対応

VIII　問題行動の指導

1　不登校

　不登校児童生徒の担任をする3人の先生方から，以下のような相談を受けました。どのようにアドバイスすればいいでしょうか。

課題①：小学校の教師

> 　6年生でクラス担任をしているのですが，昨年度より不登校になっているAさんがいます。最初は断続的な欠席だったのですが，6年生になってからはほとんど一日も出席できていません。教師の私が訪問するとプレッシャーになるかもしれないと思いますので，クラスメートの力を借りてAさんの学校復帰を目指そうと考えています。クラスの友達をAさんのところに訪問させるときに，どんなことに留意すればいいでしょうか？

課題②：中学校の教師

> 　私は，教育相談担当として校内のコーディネーターをしています。ふだんは，不登校対策委員会を運営したり，専門機関とのつなぎ役をしています。今，対応に悩んでいるのが，2年生のBくんです。Bくんは，1年の3学期から登校できていません。担任が連絡を取っても本人は電話にも出られず，保護者とも十分に話ができません。担任も，すべて拒否されることに参ってしまい，Bくんに対してはなすすべがないと悩んでいます。コーディネーターとして，担任教師を支えたいのですが，どんな助言ができるでしょうか？

課題③：高校の教師

> 　3年生になってから休みが続いているCさん。2年生の3学期に，クラスの友達との関係がこじれたことが休み出すきっかけだったと，前担任からは聞いています。母親によると，3年になってからは完全なひきこもり状態に近く，身体症状も激しくうつ気分になることも多いようです。医療機関への受診を勧めたいのですが，どこにもつながらないまま今に至っています。このままでは留年になる危険性も高いため，一日も早く専門機関につなげる必要があります。本校にはスクールカウンセラーがいないため，担任である私が対応することになるのですが，その際の留意点などを教えてほしいです。

1 不登校へのかかわりをめぐって

　不登校が急激に増加していった1980〜1990年頃,「**登校刺激**は控えた方がよい」という見方が先行していました。もちろん,学校のことに過敏になり自分で悩み込んでしまう不登校に対しては,過度な登校刺激は逆効果になるので,控えた方がいい時期もあります。しかし,不登校が注目されはじめてから現代までの半世紀の間に,不登校の裾野はどんどん広がりさまざまなタイプが出現してきました(図Ⅷ-1)。いじめによるもの,虐待が背景にあるもの,発達障害の二次症状としての不登校など,「待ち」が通用しないケースも増えています。目の前にいる不登校がどんなタイプで,どのような状況にあるかを正しく見立て,そのときもっとも必要な働きかけ(手立て)は何か,これらを正確にアセスメントすることが求められています。

　ただし,正しくアセスメントを行うのは容易なことではありません。そこで必要になるのが,教師間で協力しつつ行うチーム支援という方法です。一人の子どもを複数の教職員で見ることにより,〈多面的理解〉が可能になります。またそれと同時に,多様なメンバー(担任だけでなく,養護教諭や生徒指導担当,カウンセラーなど)が分担することにより〈多面的かかわり〉も可能となりま

▷1　登校刺激
不登校の子どもに対し,家庭訪問や電話連絡などを通して登校を促す働きかけをすることを言う。

▷2　2003年3月に出された文部科学省の報告書「今後の不登校への対応の在り方について」では,登校刺激を否定する見方を見直し,働きかけることやかかわりをもつことの重要性を打ち出した。その方向性と意味については,以下の文献に詳しく説明されている。
　伊藤美奈子(2005).文部科学省報告書の読み方　伊藤美奈子・明里康弘(編)不登校とその親へのカウンセリング　ぎょうせい　pp. 213-224.

```
2000年代　不登校　小学校0.36%　中学校2.63〜2.81%（30日以上）

  1990年代　登校拒否（不登校）　小学校0.09〜0.35%　中学校0.75〜2.45%

    1980年代　登校拒否　小学校0.03〜0.07%　中学校0.27〜0.71%

      1960・1970年代　登校拒否症
      小学校0.03〜0.07%　中学校0.16〜0.71%

        〜1950年代　学校恐怖症
        分離不安説

      神経症中核説

    学校病理説

  社会病理説　現代型不登校「どの子にも起こり得る」
  （1992年学校不適応対策調査研究協力者会議報告）

「社会的自立の問題」「進路の問題」　2003年不登校問題に関する調査研究協力者会議報告
```

図Ⅷ-1　不登校の変遷

（注）　1998年度までは50日以上。1999年度以降は30日以上の出現率。
出所：相馬誠一(2005).不登校の概念の変遷と不登校施策の推移　相馬誠一(編)不登校児童生徒の「適応の場」に関する総合的研究　p. 10.

す。さらに、協力支援体制が組めることにより、担任教師一人が抱え込むのではなく、チームで互いに支え合いながら連携できるという効果もあります。しかしこのチーム支援が機能するためにも、"一つのクラスの「問題」を学校全体で見ていこう"という視点が必要になるでしょう。

❷ 家庭訪問をめぐって

　学校現場では、休んでいる子どもたちに対し家庭訪問という手段をとることが多くあります。一方、子どもの方は教師の働きかけに積極的ではないケースの方が多いでしょう。しかし、子どもの「そっとしておいて」「訪問や連絡はしないで」という言葉の裏にあるのは、決して「教師への一方的な嫌悪や拒否」ばかりではありません。学校を拒否し、教師を拒否しているように見える子どもたちも、勉強や進路のことは気にしているのです。訪問の際にも、そんな子どもたちの揺れ動く気持ちをしっかり理解することが大切であると言えます。家庭訪問の目的は「子どもに会う」だけではないのです。直接子どもと会えなくても、「あなたを忘れていないよ」という教師の思いは伝わるはずです。

　不登校の子どもは、ほかの児童生徒が学校に登校する朝の時間は苦手です。「学校に行きなさい」と言われるのが怖くて布団のなかに潜り込んだり、昼夜逆転をしてしまっている子どもも少なくありません。訪問するなら、比較的気持ちが落ち着いている午後（放課後）の方がいいでしょう。クラスメイトからの手紙を持参し励まそうというのも一つの方法ですが、それがプレッシャーになることもあるので、最初は配布物（プリント類）などを届けにいくという形の方が自然で受け入れやすいと言えます。また、訪問の頻度については、週に１回にせよ、隔週にせよ、教師自身に無理のないペースを維持することが大切です。最初は頑張って２日おきぐらいに訪問しても、忙しくなり息切れしてきて訪問が間遠になるというのでは逆効果です。子どもや親に、「先生にだんだん忘れられていく」という見捨てられ不安を与えることになるからです。

❸ 友達を訪問させるときの留意点

　では、友達を訪問させるときには、どういうことに配慮すればいいでしょうか。まず時間帯ですが、❷と同様に、朝よりも夕方のほうが刺激が少なく、学校に行っていない自分を責めなくてもいいという点で比較的気楽な時間帯だと言えます。誰を訪問させるかについても、本人との間にいじめ関係がないことなどを確認する必要があります。

　さらに、友達を訪問させる場合には、できればその友達に事前の説明をすることが必要です。これから訪問しようとしている不登校の友達が、今どういう状態であるのか、どういう点に気をつけるべきかを説明し、わかってもらうことが大切です。そして、訪問のあとは（特に訪問したのに会えなかった場合は）、

教師からのフォローが必要となります。「行ってくれたのに残念だったね」という言葉に,「行ってくれてありがとう」「ご苦労さん」というねぎらいの一言を添えるような配慮がほしいものです。こうした配慮ある一言が,周りの子どもたちを成長させる契機にもなるでしょう。

④ 外部専門機関を活用する場合

まず必要なのは,子どもたちが何に困り,どういうかかわりを必要としているかを正確にアセスメントする力です。この場合,子ども本人の状況だけでなく,学校としての指導方針や受け入れ体制の有無など,学校の状況についても正しくアセスメントすることが大切です。そうした丁寧なアセスメントの結果,どの機関につなげるのが必要かが見えてきます。たとえば,深刻な非行問題が絡む不登校については警察の少年課が相談窓口になってくれます。いじめによる不登校などは,子ども本人が登校できない場合は教育センターの相談室を紹介するのもいいでしょう。また,虐待が疑われるケースについては,児童相談所または市区町村の児童福祉担当に通告・相談することが求められています。場合によっては,地域の民生委員・児童委員や**ソーシャルワーカー**の支援を求め,家庭訪問を行うべきケースも出てきます。他方,発達障害が直接・間接の要因となっている場合は,保護者の理解を得つつ専門の医療につなげ,正しい診断にもとづく治療や指導を続けることで症状が落ち着く場合もあります。

このように,問題にあわせた紹介先を選ぶために学区域にある専門機関について熟知しておくことも,学校にとっては大切な知恵となるでしょう。本人に必要な専門機関が見つかった場合,そこにつなげる役割が必要となります。いずれの機関であっても学校が押し付け無理やり行かせることはできません。本人だけでなく保護者の理解も必要です。そのために不可欠とされるのが,「当該専門機関がなぜこの子どもに必要であるか」についての丁寧な説明です。また,それがどんな機関で,どのような対応をしているかについても具体的な説明が望まれます。この説明なしに学校外の機関を紹介すると,子ども本人や保護者に「学校に見捨てられた」「学校ではどうにもならないほどひどい状態なのか」という不安を与えることにもなるからです。そのためにも,教師自身が,その機関に自分の足で出向きスタッフと顔と顔をあわせておくことも重要です。

そしてつながってからも学校と専門機関との連携が密に行われることで,学校からも時機を逸せずに対応ができるのです。しかし,情報共有の方法については,各専門機関によっても考え方はさまざまですし,守秘義務というハードルの高さはまちまちです。学校と専門機関との間で十分な合意のもと,連携方法を模索することも重要な役目になるでしょう。子どもが守られ,学校も守られるためにも,この専門機関とのネットワークは大切にしたいものです。

(伊藤美奈子)

▷3 ソーシャルワーカー
社会福祉事業に従事する人のこと。また,精神保健福祉領域においては「精神保健福祉士法」の制定により精神医学ソーシャルワーカーの国家資格として精神保健福祉士が位置づけられた。個人と環境の相互関係に焦点をあて,カウンセリング的対応にとどまらず,現実生活における援助を行えるように専門機関と個人(子どもや家族)との仲介役を果たしたり,相互の情報の伝達や諸機関との連携・調停という役割までが期待されている。

VIII 問題行動の指導

2 いじめ

いじめは，個人の要因や集団の質など，さまざまな条件が絡みあった現象です。課題事例について，どのような視点から理解・対処したらよいか考えましょう。

課題①：小学校の事例

> 小学5年生のAくんは，身体も大きく，知的能力も高い生徒です。4年生の春に転校してきて，当初は落ち着いていましたが，夏休み過ぎから，若い担任女性教師を馬鹿にし，反抗的になりました。徐々に同調する男子も出て，クラスが荒れた雰囲気になり，やがて，おとなしく身体の小さい特定の男子や女子に対し，通りすがりに蹴ったり，こづいたりと執拗な暴力を繰り返し，被害者を守ろうとする担任の対応に対しては，「不公平」「ずるい」など主張して，同調者たちと騒ぐようになりました。5年になりベテランの女性教師が担任になり，Aくんに懐柔的かかわりをした結果，担任の前でのいじめは目立たなくなりましたが，陰でますます執拗ないじめをするようになり，かつクラス中が被害児童を排除し，攻撃するようになってしまいました。

課題②：中学校の事例

> 中学2年の女子B子さんは，まじめで正義感の強い生徒です。部活で不まじめな女子生徒に注意をしたことがきっかけになって，部活内で仲間外れにされるようになりました。気づいた顧問が励ましていましたが，活動を休みがちになり，やがて学校を休むことも増えてきました。最近になり，他の生徒の話から，B子さんがいわゆる学校裏サイト上でひどい中傷を受けていることがわかりました。学校としては対応に困っています。

課題③：高校の事例

> 高校2年のCくんは，5人ほどの同級生とよく一緒に行動しており，担任は仲間なのだろうと思っていました。保護者からの相談で，家の金の持ち出しが頻繁にあり，呼び出されて暗い顔で出かけることがあることなどがわかりました。Cくんから時間をかけて話を聞くと，数か月にわたってグループから金品を要求され，小遣いや貯金，親の金の持ち出しなどで，数十万円の金を渡していたことがわかりました。

1 いじめの実態

しばしば「いじめが増えている」「悪質化している」と言われますが，客観的事実は必ずしも明らかではありません。「いじめ」は定義が難しく，統計自体があいまいさを含んでいます。たとえば，文部科学省（以下，文科省）の統計を元に作成した図を見ると，統計が取られ始めた1985年が突出して多いことがわかります（図Ⅷ-2）。これは，1984年から1985年にかけて，いじめに起因すると考えられる生徒の自殺が相次ぎ，社会問題化したことが背景にあります。文科省の統計は，学校からの報告にもとづきますが，これだけの極端な数字の変化は，実際のいじめの増減と見るよりは，報告の求め方や学校現場のいじめに対する姿勢の変化の反映と見る方が自然でしょう。実際，再び中学生のいじめ自殺が社会問題化し，文科省が定義を明確にして，報告対象を発生件数から認知件数に変更した2006年には，報告件数は前年の6倍にも達しています。

このように「いじめ」は，深刻な影響を与える重大な事柄でありながら，見る人の姿勢，価値観，立場によって，存在の有無さえ左右されてしまうのです。

やや古い研究ですが，森田（1994）を見ると，調査対象となった44学級中，生徒の7割以上が「いじめがある」と認知している学級は43学級にのぼり，また，小学6年生の53%に「いじめた経験」，62%に「いじめられた経験」があるというのです。大人が考えている以上に，「いじめ」は，子どもたちにとって，身近な問題なのでしょう。

▷1 森田洋司・清永賢二（1994）．いじめ──教室の病い　金子書房

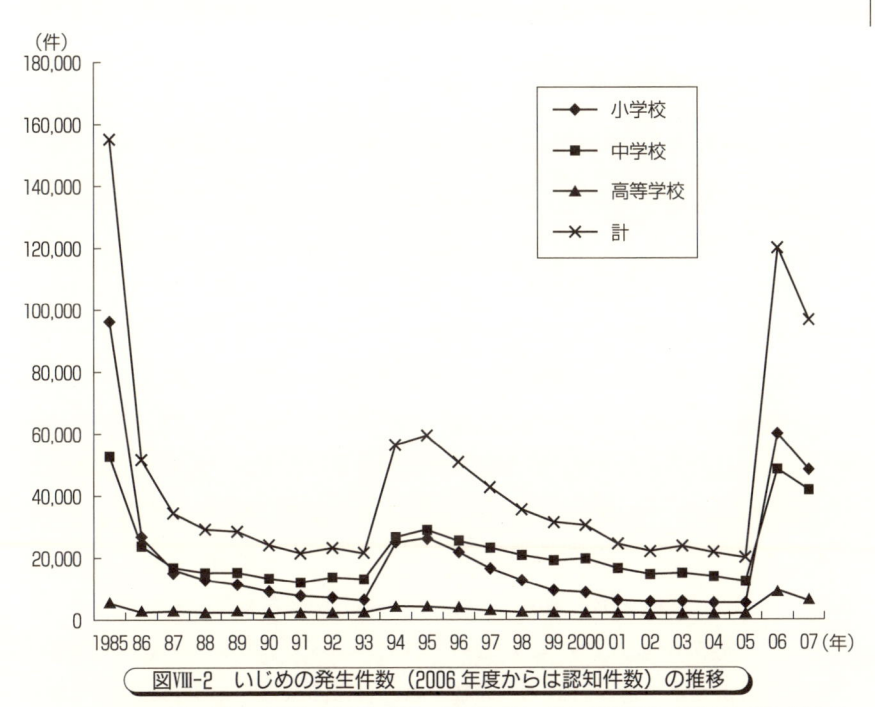

図Ⅷ-2　いじめの発生件数（2006年度からは認知件数）の推移

出所：文部科学省「児童生徒の問題行動等生徒指導上の諸問題に関する調査（届出統計）」平成15年度及び平成17年度にもとづき筆者が作成．

2 いじめの見えにくさ

それでは，なぜ「いじめ」は大人に見えにくいのでしょう。

第1に，いじめの多い中学1年の前後数年は，子どもが子どもだけの社会（ルール）をつくり，大人から自立していく時期なので，何事も大人に話すのを潔しとしない傾向があります。第2に，大人の側も，この年代の子どもには，自立を促す面と甘えを許す面で判断がぶれがちです。「昔もあった」「子どもにはありがち」と事態を軽く見たり，「いじめくらい耐えられなくては」「いじめられるのは弱いから」と責任を個人に帰したりして，事態の深刻度を測り違えるのです。第3に，現代では，ふざけによる意地悪といじめや非行の境があいまいになってきています。それは特に加害者側に顕著であり，重大さを自覚しないままに，被害者が死を考えるまで追い込んでしまうことさえ起きます。

中井久夫（1997）によれば，集団いじめは，被害者の孤立化（レッテルを貼り，集団内で特殊な地位に追いやること），無力化（いじめられっ子役割を内面化させ，抵抗をあきらめさせること），透明化（いじめではない行為がいじめになり，いじめが見えなくなること）の経過を辿るとされています。暴力や嫌がらせなど明白ないじめ行為が起きるのは，無力化が進む過程においてであり，透明化段階では，加害者の肯定的態度や思いやりさえ，被害者に大きな脅威を及ぼします。この段階では，大人にはいじめはまったく見えなくなり，びくびくして不器用な失敗ばかりする生徒（被害者）が見えるだけになります。しかし，この場合でも同級の子どもたちにはいじめが「見えている」のです。

3 いじめの本質とダイナミクス

いじめは定義しにくいものですが，悪ふざけやじゃれ合いが「いじめ」になる境界は，「**相互性の欠如**」にあると言えるでしょう。どんな集団でも，個人の役割の固定化はありがちですが，それが一方的に押し付けられ，拘束性が高まると，しだいに役割は極端なものになり，「何をしても構わない奴」などという正常な人間関係ではあり得ないものになっていきます。こうした弱い役割に押し込められた側は，攻撃を避けるために常に相手の顔色を見ながら，与えられた役割を守ることが行動規準になっていきます。この過程で，役割を守らない場合の「罰」として暴力，暴言や無視が使われますが，最終的に，被害者の「精神の支配」が起きることがいじめの本質的な側面と言えるでしょう。

もう一つ，学級，学校内のいじめが広がりをもち，組織的になっていくときには，必ず，一種の「権力闘争（パワーゲーム）」が隠されていると考えられます。学級，学校には，「このようでありたい」「あってほしい」という基準や中心的価値がありますが，いじめが蔓延する場合は，こうした中心的価値を脅かす別の価値観や欲求が集団のなかで力を増しているのです。教師の言うことと

▷2 中井久夫（1997）.アリアドネの糸 みすず書房

▷3 相互性の欠如
正常な人間関係のなかにある「褒めたり，褒められたり」「依存したり，依存させたり」といった相互性の失われた，一方向的で固定的になった人間関係。

することに矛盾があったり，指導に一貫性がなく，不公平，ひいきがあったりして，学級内で寂しさや，傷つきを感じる生徒が増えると，教師への信頼感は乏しくなり，中心的価値に対抗するパワーが台頭してきます。こちらの勢力には，どこかで子どもたちの「本音」が反映されているので根強さをもちます。生徒個々への**ピア・プレッシャー**は，どちらの勢力からも働いているのです。

▷4　ピア・プレッシャー
同年代，同地位の仲間からの心理的圧力。集団への同調，あるいは排除の方向に作用する。

❹ いじめへの支援

　いじめは起きてしまってからの対応も大切ですが，「予防」が非常に重要です。予防で，もっとも大切なのは，学級の雰囲気でしょう。
　真に民主的な学級の雰囲気がつくられ，教師と生徒の間に十分な意思疎通があり，一人ひとりの生徒に個性に応じた参加の機会が保障され，生徒のコミットにもとづいてクラスの中心的価値が支えられているような学級では，いじめは生じにくく，もし起きても集団化はせず，発見も解決もされやすいでしょう。
　教師が自分のクラスを開放的に，他の教師との率直な意見交換や支えあいにもとづいて運営できていれば，発見も指導も迅速，適切にすることができます。また，子どもの側からすれば，たとえ担任とそりが合わなくても，さまざまな大人の支えを受けられることになり，無用な緊張や不満や不信感をため込まずに済みます。もちろん，これらは「言うは易く行うは難し」ですが，それこそ教師集団の価値観として共有していくことが大切でしょう。
　次に，不幸にしていじめが起きてしまった場合の対応です。
　①担任は一人で抱え込まずに事実をオープンにし，他の教師が教科担当している場合は，その教師から様子を聞くことが必要です。しばしば他教諭の授業では様子が違うことがあります。②加害生徒には，叱ることなく，クラスや家庭のなかでどんな気持ちで生活しているのかを中心に十分に耳を傾けます。その際，親身であっても中立の態度が必須です。一定の信頼関係ができた後には，学級のなかで役割を与え，協力を求めるなどの居場所づくりも考えます。特定生徒への執拗ないじめの場合，そこに加害生徒の葛藤や不満が反映されていることがしばしばあります。家庭的問題などが大きい場合には教育相談などの外部専門機関につなぐことも考えます。③被害生徒は追い詰められ自律性を失っていることが多いので，被害生徒に変化を求めることは禁忌です。今見えている被害生徒の欠点はいじめ被害の結果であることが多いのです。性急な原因探しは，往々にして被害生徒への非難を誘発します。当面は，十分な目配りをし，親とともに支え続けることだけを意識します。④管理職に相談し，合同授業や他教諭の授業参加，クラス替えの際の配慮などを考えます。⑤いじめには学級経営の問題が隠されていることが多く，生徒の間に不公平感，疎外感などがしばしば存在します。日常からの学級経営を十分に振り返ることが大切です。

〈伊藤直文〉

VIII 問題行動の指導

3 非行（万引き，窃盗，暴力行為）

　非行は集団や社会を乱す逸脱行動ですが，他方で子どもの発達過程でしばしば生じがちな問題でもあります。子どもの行動をどのように見立て，対処していったらよいか考えましょう。

課題①：小学生の事例

> 　小学4年のクラス内で金品がなくなることが続きましたが，しばらくしてA男くんが盗ったことがわかりました。A男くんは，父母の離婚で5歳の時から児童養護施設で生活し，母の再婚による家庭引き取りに伴い3年生の終わりに転校してきました。クラス内では目立たない子で，自分からはあまり話さず，仲の良い友達もいません。母親に話を聞くと，家でもあまり話さないばかりか，家の金の持ち出しもあって，厳しい継父から折檻（せっかん）されたということで，母親も困っているとのことでした。

課題②：中学生の事例

> 　中学2年のB男くんは，運動部に所属し，学校生活でも問題のない，明るい子どもでしたが，10月に同級生3人と一緒に万引きで補導，検挙されました。B男くんの家庭は，父母とも専門的な仕事に就き，豊かで，3歳上で優秀な姉との4人家族です。夏休み中の塾帰りに友達とゲームセンターなどで遊ぶことを覚えたようですが，目立った生活の乱れはなかったので，父母とも衝撃を受けています。

課題③：高校生の事例

> 　高校1年のC男くんは，学校帰りのバス停で，ガンを付けたと言いがかりをつけてきた他校の高校生をいきなり殴りつけ，鼻骨骨折のけがを負わせました。警察に逮捕され，少年鑑別所に収容のうえ，家庭裁判所に送致されました。学校では，全く問題のない生徒で運動部の活動もまじめにやっていました。友達もいましたが，数は少なく，生活態度はきまじめで堅いくらいの生徒でした。家庭でも，特に問題は感じていない様子で，担任もいったいどうしてそのようなことになったのか理解できず，学校としても対処に困っています。

VIII-3 非行（万引き，窃盗，暴力行為）

1 非行の現状

わが国の少年**非行**総数は，戦後第3のピークである1983年の検挙件数31万7,000件余に比較すると，2008年は半数以下の13万4,415件となっており，少年人口比でも，この数年は明らかに低下しています（図VIII-3）。メディアを賑わせる特異な事件をとらえて，少年事件の凶悪，粗暴化が喧伝されたこともありましたが，短期的な増減はともかく，戦後60年余の視野で見ると，凶悪化，粗暴化の事実はどこにも見あたりません。殺人は1951年，1961年に記録した448件の最高値から減少を続け，この数年は60～70件台程度です。1963年までは2,000件を超えていた強盗も，減少を続け，1971年からは1,000件を切り，1996年から再度1,000件を超えたものの，現在ではまた下回っています。また，紙面の都合上，詳細に述べることができませんが，特異な事件についてよく言われる「昔はこんな類（低年齢，女子，異常性など）の非行はなかった」という言説が，事実上間違っていることも複数の研究から明らかです。

総じて，非行の数，質とも増加，悪化しているとは言えない現状ですが，他方で，ひきこもりや家庭内，学校内での暴力などの精神保健的問題は少なくありません。また，一般青少年の規範意識の弱化も指摘されており，社会，家族状況の変化によって，これらが一気に非行という反社会的形態に転化していく可能性は考えておかなければならないと考えます。

2 非行の司法的処遇手続き

非行は，事件化すれば，第一義的に司法機関の専権事項になりますが，多く

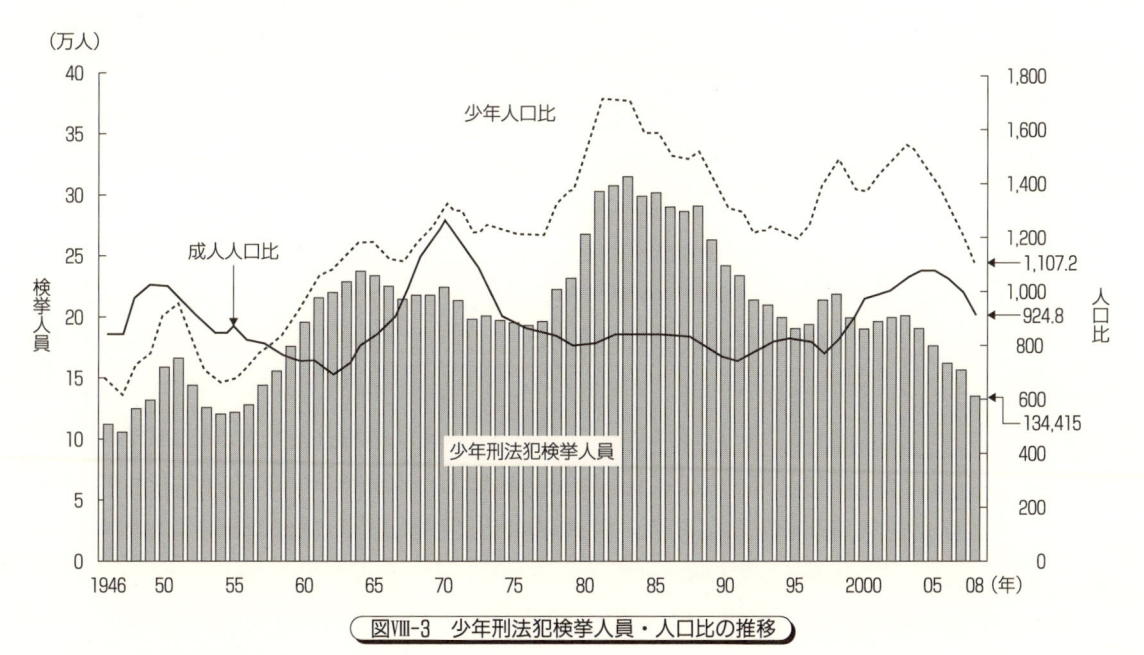

▷1 非行
日常語としての「非行」は幅広い不良行動を含むが，ここでの「非行」は，少年法第3条第1項にあげられる，①罪を犯した少年（犯罪少年），②14歳に満たないで刑罰法令に触れる行為をした少年（触法少年），③将来罪を犯し，刑罰法令に触れる行為をする虞のある少年（ぐ犯少年）として，警察が扱ったもの。

図VIII-3 少年刑法犯検挙人員・人口比の推移

出所：『平成21年版犯罪白書』より。

の非行少年は，非行以前に学校や地域で初期の問題を生じていますし，事件後も地域に戻ります。ですから，学校や家庭，地域は，司法機関に任せきりにはせず，連携して自分たちのすべきことをしていく姿勢が非常に大切です。

事件になると，警察で捜査が遂げられ，検察庁を経由して，家庭裁判所に**送致**され，司法的措置の流れに乗ります。

14歳未満の少年は，まず児童相談所に送られ，福祉的に措置されますが，司法的措置が適切なときには，児童相談所から家庭裁判所に送致されます。

家庭裁判所では，心理学，教育学など人間科学の専門家である家庭裁判所調査官が事件を担当し，本人，保護者，学校などの関係者を調査して，処遇意見を提出。少年審判官（裁判官）が保護処分の要否，種類を決定します。保護処分には，保護観察，**少年院**送致，**児童自立支援施設**などの福祉施設送致の種類があります。家庭裁判所での調査に平行して，**少年鑑別所**に収容して法務技官による心身鑑別を受けることがあります。また，家庭裁判所調査官の試験観察を通して，裁判所自らが指導にあたることもあります。

教師は，司法手続きの概略を知ったうえで審理に協力し，子どもと保護者をサポートして，回復の方向に向かうよう教育的努力をすることが大切です。

③ 思春期の発達と非行

成人すると非行（犯罪）率が格段に低下することからも明らかなように，非行現象と思春期の精神発達のかかわりが深いことは明らかです。思春期には，性的成熟を契機に親離れが始まり，同性同年輩の仲間との友情，異性への性愛的憧れなどが生じ，それまでの親子関係に大きな変化が生じます。この時期に人は，他者への純粋な親愛感を感じる反面，初めて経験するような孤独感，孤立感にもさらされます。こうした状況のもとで，自ずと「自分」への問いかけが生じますが，それが勉学やスポーツへの専心につながることもあれば，冒険的な逸脱の形を取ることもあります。**初発型非行**の多くは，こうした「自分」への問いかけの一型と見ることが可能です。

思春期との関係で非行を見るとき，3つのパターンが考えられます。第1は，思春期以前の発達的積み残しを清算しようとするもの（家族，親子関係における愛情不足，傷つきなどを取り戻そうとする最後の試み）。第2は，思春期の挫折を契機に始まり，発展するもの（思春期の反抗的気分や誇大的な自己感覚を背景にした無謀な行動によって，支持的人間関係を失って進むべき道を見失ってしまう場合）。第3は，思春期心性にもとづく一過的逸脱（さまざまな挫折や行き違いを契機に非行が生じるが，基本的に良好な親子関係，友人関係のなかで回復していく場合）です。

もちろん，これらは常に判然と区別されるわけではありませんが，一定の見極めは可能で，大人側のかかわり方の指標になります。

▷2 送致
事件，身柄などをある機関から異種類の他機関に送ることを指す。同種類間では移送と言う。

▷3 福祉的措置と司法的措置
児童福祉法の対象となる18歳未満の少年については，児童福祉司による指導や児童養護施設入所などの福祉的な扱いと少年法にもとづいた司法的扱いが競合する。ただし，14歳未満の少年については，児童相談所の福祉的措置が優先され，必要なときにのみ家庭裁判所に送られる。

▷4 少年院
少年法第24条第1項第3号の決定にもとづいて，少年を収容する施設。非行少年の矯正教育を目的とし，生活指導，職業補導，教科教育などが施される。期間によって，長期と短期，年齢，非行歴などによって，初等，中等，特別の種別がある。さらに心身の疾病，障害をもつ少年を収容する医療少年院もある。

▷5 児童自立支援施設
少年法第24条第1項第2号の決定にもとづいて送られる児童福祉施設の一つ。養護に欠ける子どもを収容する児童養護施設と異なり，非行，問題行動を示す子どもを収容する施設であり，基本的に学園内学級に通って勉強する。原則各県に1か所以上と国立のものが全国に2か所ある。

4 非行と環境

　大人に比べて，環境からの独立（自立）性が相対的に乏しい子どもたちにとって，環境条件が重要であることは言うまでもありません。とりわけ，子どもたちの多くは，依然として親や家族の強い影響力のもとにあります。家庭の崩壊や葛藤，病理的な親からの不適切な養育による精神発達の歪みが多くの非行少年たちに見られますし，大きな問題がないように見える場合でも，子どもの問題行動の発現を通じて，その家族の弱点が（対処能力の不足という形で）あらわになり，非行を促進してしまうことも珍しくありません。

　また，非行少年は，最初の（かつ持続的な）挫折を学校社会のなかで経験し，劣等感をバネに反社会的価値観や態度を身に付けていくものが大多数です。事実として存在する社会経済的，家庭的不公平から目をそらすことなく，一人ひとりの発達を支援していく姿勢を，学校がもっているか否かが問われます。

5 非行への援助

　学校現場で，第1に考えなければならないのは，非行の予防です。

　先述のように，子どもたちは，学校社会のなかで挫折を経験し傷つきます。たとえ，学校外の不良仲間や劣悪な家庭環境が大きく影響している場合でも，その子どもが「居場所のなさ」を感じ，「普通にやれない」自分を自覚させられる主な場は学校なのです。学校が，それぞれの子どもの抱える課題に目を向け，一人ひとりに応じたその子らしさを発揮できる場であることが，非行のみならず多くの問題行動の予防につながることは間違いありません。ある中学校では，荒れの中心グループにハンドベル演奏を指導し，学内行事や老人ホームで演奏を披露させるうちに，激しかった荒れが収まっていきました。

　次に，非行が生じてしまった場合の対応です。

　非行が事件になった場合には，司法機関に任せるしかありません。ただ，教師，親は，その手続きを通して，子どもが何を学ぶかを見極める目をもつべきです。思春期の子どもは，考えていることを親や教師に見透かされるのを嫌います。警察沙汰になって怖い思いをしても，周囲には反省の素振りなど見せないのが普通です。鑑別所から帰って変わるかと思ったら同じだと失望し，責めるより，少しでも変わったところを見つけて，評価することが改善につながります。また，相当に状態が悪くても悲観的にならずにどこかに期待の余地を残して見ていてやると，自分自身，八方塞がりになっている彼らにとって救いになります。「駄目な奴」「見込みのない子ども」と決めつけず，環境調整を試み支えていくことで，大きな改善が見られるのが非行を示す子どもの特徴です。家族に対しては，「すべきことをしない」と批判するよりは，家族の苦衷を察しつつ，協力関係を築く方が，はるかに生産的で回復への早道です。　（伊藤直文）

▷6　少年鑑別所
家庭裁判所の決定にもとづき，少年の身柄を拘束し，心身の鑑別と観察・観護を行い，家庭裁判所に処遇意見を提出する。また，少年院送致決定がなされた少年につき，送致先少年院を決定し，処遇指針を作成する機関。

▷7　初発型非行
この時期の軽微な非行を「初発型非行」と呼ぶことがある。このタイプの非行は，8割以上が，家庭裁判所で特段の処分なしに指導，警告だけで終わり，かつ多くは再非行もない。ただ，一部とはいえ，その後の非行発展につながるので，注意を喚起するために当初「遊び型」と呼んでいたものを「初発型」と呼ぶようになった。

VIII 問題行動の指導

4 喫煙，飲酒，薬物乱用

喫煙，飲酒，薬物乱用は，互いに関係の深い問題です。それぞれの年齢段階でどのような対処が必要か考えてみましょう。

課題①：小学生の事例

> たまたま街で見かけた6年生のA男くんの挙動が妙だったのでポケットの中身を出させるとタバコをもっていました。最初は，親に頼まれて買ったと言っていましたが，問いただすと同級生B男くんの家で一緒に吸ったうえで，貰ってきたとのことでした。その後わかったところでは，B男くんの家には，父親の買い置きのタバコが沢山あり，遊びにきた仲間数人と面白半分に吸っていたのでした。A男くん，B男くんや仲間たちは，校内で大きな問題行動はありませんが，何事にもやる気がなく，悪ふざけの過ぎるところのある児童たちです。

課題②：中学生の事例

> 中学2年生の夏休みの夜，男女7人のグループが花火大会と称して河川敷の公園に集まり，飲酒して騒いでいるところを警察に補導され，学校に連絡がありました。この内の何人かは，夏休みに入り，盛り場に遊びに行くようになって知り合った年長少年を通じて飲酒を覚えたようですが，一人は，小学生の頃から家で父母と一緒に飲酒をしていたことがわかり，びっくりしました。
> どのように指導をしたらよいか困っています。

課題③：高校生の事例

> C子さんは高校3年生，同級の友人が進学に向けて準備したり，就職について話しあったりしはじめている時期に，その雰囲気に乗り切れず，焦りを感じつつも無為に毎日を過ごしていました。ある日，街で声をかけられた若い男と遊ぶうちに覚醒剤をホイルに乗せて火で炙って嗅ぐ方法で吸引し，「これなら癖にもならないし，危なくない」という男の言葉を信じて，その後，何回か使うようになりました。次第に自分でも買うようになりましたが，嗅ぐ方法では薬がもったいないと思い，自宅で自己注射したところ，鼓動が極端にひどくなり，恐怖を感じて，自分で救急車を呼びました。警察に通報され，そのまま保護。少年鑑別所に送られました。

1 青少年における薬物犯罪の実態 ▷1

薬物犯罪は，麻薬取締法，大麻取締法，覚醒剤取締法，あへん法，毒物及び劇物取締法（毒劇法）の5種の法律の違反として扱われます。このうちあへん法違反と麻薬取締法違反は非常に少ないので，他の3種の統計のみグラフにしました（図Ⅷ-4）。毒劇法違反と覚醒剤取締法違反のピークは1982年の各2万9,254件と2,750件，大麻取締法違反のピークは1994年の297件であり，2008年の数字は，順に565件，249件，227件となっています。これらの数値を見る限り，わが国の青少年薬物使用事件は減少しており，特に毒劇法違反，いわゆるシンナー吸引の激減が目につきます。ただ，他方で，たとえば2009年3月に公表された早稲田大学の在校生4,700人を対象とした調査への回答では，薬物が「簡単に手に入る」が17％，「なんとか手に入る」が36％にのぼり，また，「薬物を勧められたことがある」6％，「周囲に所持，使用した人がいる」10％となっていることから，都会の若者にとって薬物は，自分が使うかどうかは別にして，身近なものになっている様子がうかがえます。

また，飲酒，喫煙は薬物犯罪の範疇では違法ではありませんが，医学的には薬物であり，未成年者には禁じられているものです。2000年度に行われた全国調査では，月1回以上の飲酒者は高校3年男子で5割程度おり，喫煙経験率は高校3年で男子5割前後，女子3割前後です。飲酒，喫煙経験と違法薬物使用の親和性は，多くの研究で指摘されているところであり，薬物指導の第一歩と考えるべきです。

▷1 薬 物
生体に薬理作用をもつ物質をすべて薬物という。あへん，大麻，覚醒剤などは，法律で所持，使用，売買などが禁止された違法薬物で，薬物犯罪というときは，これらの違法薬物にかかわるものである。他方で，酒類に含まれるアルコール，コーヒーなどに含まれるカフェイン，タバコに含まれるニコチンなども依存性のある薬物だが，違法ではない。

図Ⅷ-4　少年薬物犯の送致人員の推移

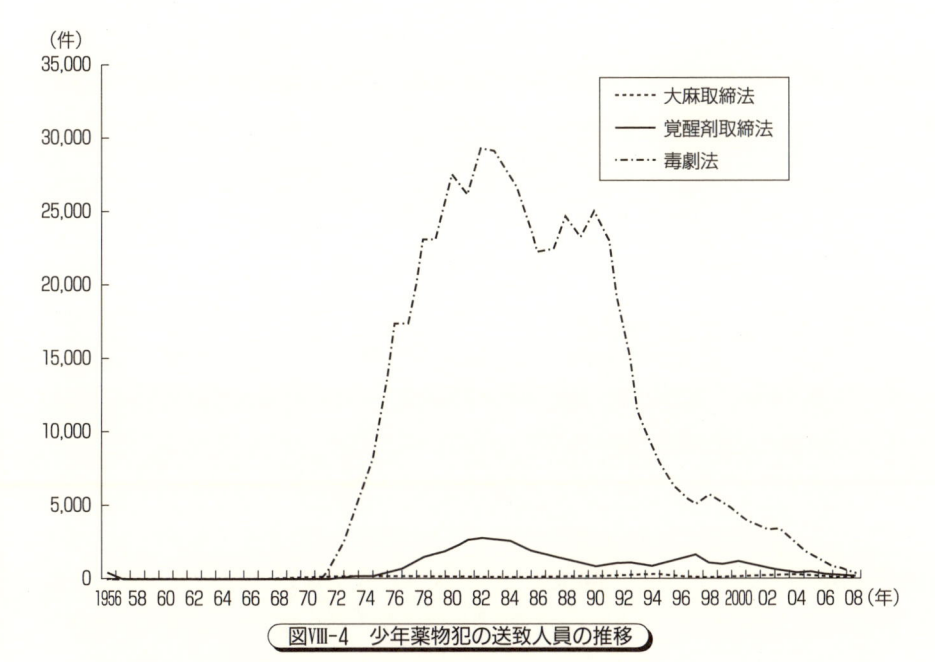

出所：『平成21年版犯罪白書』にもとづき筆者作成。

② 薬物使用の心理

人は薬物に気分の変容を求めます。過酷な自然環境，きつい労働，退屈な日常などからの一時的解放を求めて，多くの文化でさまざまな薬物が使われてきました。社会が進歩し，複雑化するに従い，社会適応上のストレス，劣等感などが薬物使用の中核要因になってきています。その意味で，薬物使用の問題は，誰にも生じうる精神保健上の問題なのです。

青少年が薬物に接近する動機は，「好奇心」が第一ですが，そのなかには，親離れの時期に特有の強がりや背伸びとともに「悪」への憧れが含まれています。こうした心情は，青年にある程度普遍的なものとも言えますが，それが実際の薬物使用行動にまで至るには，身近な他者との愛情的絆の乏しさ，目標喪失，劣等感，強いストレスなどの存在が不可欠と考えられます。

また，青少年の飲酒，喫煙が，親，教師など身近な大人の飲酒，喫煙習慣と相関が高いことも周知の事実です。ストレス解消方法は，飲酒や喫煙ばかりでなく，スポーツ，人との会話，音楽鑑賞など多様です。しかし，身近な大人が飲酒，喫煙に頼っていれば，青少年が，他の（より健康的な）対処法を学習する機会を奪っているのと同じです。

薬物と犯罪・非行の親和性にも注目せざるをえません。これは，違法薬物の使用が犯罪になるだけでなく，犯罪，非行を行う人々の抱えやすい心理状況と薬物使用には親和性があるということでもあります。不適応感をもった人は，一方でそれを埋め合わせ，忘れるために薬物を使い，他方で，不適応のうっぷんを反社会的行動で晴らすという両極に走りがちだからです。

いずれにせよ，このように否定的な感情・気分の処理に薬物を使う習慣が生じると，それは徐々に「**依存**」となり，やめられなくなります。薬物使用者は，苦しいことが起きると薬物に頼り，自分がどうしようもない状態になっているのをどこかで感じながらも，現実に直面することを避けるためにまた薬物に頼るという循環に入ってしまうので，「現実否認」が強くなって，人の忠告も耳に入らず，回復への糸口が摑みにくいのです。

③ 薬物関連問題の発展

喫煙，飲酒の習慣化は，健康上の問題を生じます。また，飲酒は交通事故などを通じて，社会的・経済的損失も生じます。

青少年にとって，健康や事故の危険などは切迫感がないのかもしれません。しかし，飲酒や喫煙は，金銭的負担，時間的浪費も伴い，さらにスポーツや文化活動などより能動的な諸活動にかかわる機会を相対的に減少させるので，結果的に，生活が全般に弛緩し，回避的傾向が強まり，健康な人格能力の成長発達が阻害される可能性が高くなると考えられます。

▷2 依 存
生体と薬物の相互作用の結果，薬物の精神効果を体験するため，あるいは，使用しないことによる苦痛を回避するために，その薬物を継続的，周期的に摂取したいという強迫的欲求を伴う反応状態。

さらに飲酒や喫煙などの嗜好は，より強力で違法な薬物の使用にも親和性をもっています。「誰にも迷惑をかけていない」という特有の「甘え」が，違法行為への鈍感さを形づくるのです。また薬物使用は，薬物（もしくは薬物購入の金）を手に入れるために窃盗に手を染めたり，自らが薬の売人になったり，薬物の作用下で暴力犯罪に至ったりという形で他の犯罪にも発展します。

4 薬物の教育，指導

教育現場としてまず考えなくてはならないのは，予防的活動でしょう。

ただ，具体的予防活動以前に，生徒にとっての学校生活と生徒指導全体を点検することがとても大切です。既述のように，薬物使用の背景には，生徒たちの間に存在するストレスや不適応感，根強い劣等感，無力感，目標喪失などさまざまな否定的感情があるのが普通です。いじめや非行の場合と同じく，まず，学校生活のなかで，こうした否定的感情の総体を減じ，児童生徒一人ひとりの学校生活の質を向上させるという発想が大切でしょう。

その上に立って，飲酒，喫煙，違法薬物（脱法薬物）の危険性を伝える心理教育的働きかけが必要です。最近では，よくできた視聴覚教材も増えていますが，たまたま空いた時間にビデオを見せておくといった教育は効果があがりません。児童生徒同士の討議，調査，レポート提出，意見の表明など能動的活動を加える一工夫のある授業計画をあらかじめつくっておくことが大切です。薬物依存については，保健所，ダルク（薬物依存者の**自助団体**）などに協力を求めて，体験者の講演を企画するのも一法です。

次に，具体的な問題が生じた場合の指導です。

飲酒，喫煙については，基本的に，禁止と懲罰的指導が基準にならざるを得ないと思いますが，それだけでは限定的効果しかあがらず，「いたちごっこ」の末，高校なら退学という結果になる可能性があります。個別的に話を聞き，その児童生徒の生活全体の質の向上という視点から相談に乗る姿勢が必要です。飲酒，喫煙などは，表面的に問題行動，不良化とだけ受け取られがちですが，既述のように，その児童生徒の抱えるストレス，不適応感などの精神保健的視野からのかかわりが有効です。そうしたかかわりは，ともすると教師集団内で「甘やかし」と非難されることがありますが，校内ルールの厳しい適用と矛盾するものではなく，むしろルールをより実質的に支えることにつながります。

違法薬物使用の問題が起きてしまったときには，基本的に司法機関の処分に任せるしかありませんが，非行の項（Ⅷ-3）で述べたように，学校としては，生活面の立て直しに協力していくのが役割でしょう。

他方で，薬物問題は，医学的治療の対象である場合もあります。違法薬物ばかりでなく，喫煙でも依存症になっていると思われる場合には，専門医の診断，治療に委ねることが必要な場合があります。

（伊藤直文）

▷3　自助団体
自助グループとも言う。薬物依存者に留まらず，精神障害者，交通事故被害者など，同じ課題をもつ当事者が集まり，自らの問題解決を図っていくためにつくる団体。専門家による援助，治療とは別に並行的，あるいは補完的に行われる。

第2部 現在の生き方の改善：問題への対応

Ⅷ 問題行動の指導

5 性の問題

子どもの性をめぐる問題行動は，「性」が，自然な成長の一側面であるだけに，対応の難しい事柄です。それぞれの課題事例について，どのように考えるべきか検討してください。

課題①：小学生の性的問題

> A子さんは小学6年生。学校では勉強面でも運動面でもこれといって目立つことがなく，何事にも受け身で断ることができず，にこにこ笑っているといった児童でした。近所の中学2年の女子生徒を通じて知り合った中学3年の男子とメール交換をするうちに，裸の写真を交換しようと言われ，携帯電話で撮影し，送ってしまいました。相手の中学3年男子が学校で携帯電話を没収されたことから発覚し，小学校にも連絡がありました。A子さんの家は，母子2人だけの家庭で，夜9時頃まで一人で過ごす毎日でした。

課題②：中学生の性的問題

> 中学3年のB男くんが，幼稚園児の女の子への強制わいせつ事件で補導されました。B男くんは，学習面でも生活面でも遅れが目立ち，萎縮した態度が気になる生徒です。父母ともに教育熱心で，特に父親が家にいるときは付きっきりで勉強させると聞いていました。学校では，女子への興味を示したことはなく，むしろ，女子生徒のからかいの対象になっている生徒です。初めての非行でもあり，家庭裁判所で保護観察決定を受けて，学校に戻ってくることになりましたが，どのように対応したらよいか困ります。

課題③：高校生の性的問題

> C子さんが通っているのは，四年制大学進学者が，毎年ほんの数人という公立高校です。男女とも遊んでいる生徒が多く，勉強はできないもののどちらかというと生真面目なC子さんは寂しさを感じていました。高2の夏，彼氏が欲しいと思い出会い系サイトに参加。知り合った男性にホテルに連れ込まれ，強姦まがいの目に遭いました。しかし，「次は違うかもしれない」と同じようなことを数回繰り返すうちに，男性と関係しては，金品を貰うようになり，やがて，週末ごとに街頭で売春するようになって，補導されることになりました。

1 青少年の性発達

　思春期は，第二次性徴の発現によって始まります。それは，子どもに文字通り「春」の息吹と活力を与えるとともに，心身に多かれ少なかれ動揺を生じさせます。それは秘密や恥の感覚を伴うために親離れを促しますが，他方で自分自身でもつかみきれず，不安や葛藤を生じがちな生理的感覚を共有できる存在として，同性同年輩の友人への強い渇望を生じます。そして，その基盤に立って，異性への精神＝性的な愛情が発達していきます。性の発達というのは，単に新しい部品が1つ加わるようなものではなく，人の精神発達と人生途上で出会うさまざまな人との愛情関係のあり方を左右するような出来事なのです。

　思春期，青年期を通じての課題を「性」に特化して表現すると，性欲のコントロールと「性」の人格への統合だと言われます。それまで経験したことのない激しい欲求，渇望に直面することを通して，自我が鍛えられ，我慢や意志や持続力，そして理性と感情の分離の力が身に付き，性欲のコントロールが可能になっていきます。他方で，異性の理想化がされ，観念化された愛着（プラトニックラブ）と性欲との葛藤を解決していくなかで，いわば「性」と「愛」の統合が果たされ，将来の誠実で責任ある配偶者選択を可能にする人格的統合への道筋ができていくのです。

　さて，現代では，身体的性的発達が早熟化する一方で，社会的自我の発達は晩熟化（もしくは遷延化）して，「心が育っていないのに性的身体が育ってしまう」状態があると言われています。さらに，**性の情報化，商品化（物化）**の現象も進んで，精神＝性的発達の道筋には多くの障害が生じてきているように見えます。

　さまざまな問題も，単に「問題行動」と見なすのではなく，上述のような大きな発達の流れのなかでの出来事として，理解していく視点が必要です。

2 性と性非行の実態

　性の歪みは，究極的には「性非行」として表現されることになりますが，その周辺には，多くの性的問題行動が存在します。

　性非行は，大人の性犯罪に相当する強姦，強制わいせつなどの主に男子によって行われる加害性の高い非行と主に女子の問題である被害者的な意味あいの強い性的逸脱行動に分けられます。

　前者の事件推移は，図Ⅷ-5の通りで，数的にはかなり少なくなっています。後者の統計把握は難しいのですが，少年法上の**ぐ犯送致**のうち，警察が不純異性交遊として分類しているものは，1960年代後半に1,000件前後あったものが，2000年代に入ると100件台，2006, 2007年は20件余となっており，これも，近年かなり減少しています。ただこれは，警察が女子少年を福祉犯被害者として

▷1　性の情報化，商品化
本来，心身の発達に伴って，具体的な経験に沿って身に付いてくる「性」知識が，氾濫する情報のなかで一方通行で少年たちに流れ込み，しかも，それらは往々にして商業主義的な情報でもあるため，少年たちは自分たちの「性」を値段をつけることのできる「物」のように扱うようになる。ここでは，心とからだの乖離が生じがちとなる。

▷2　ぐ犯送致
少年法第3条第1項第3号にかかる，ぐ犯少年として，警察から家庭裁判所に事件を送ること。

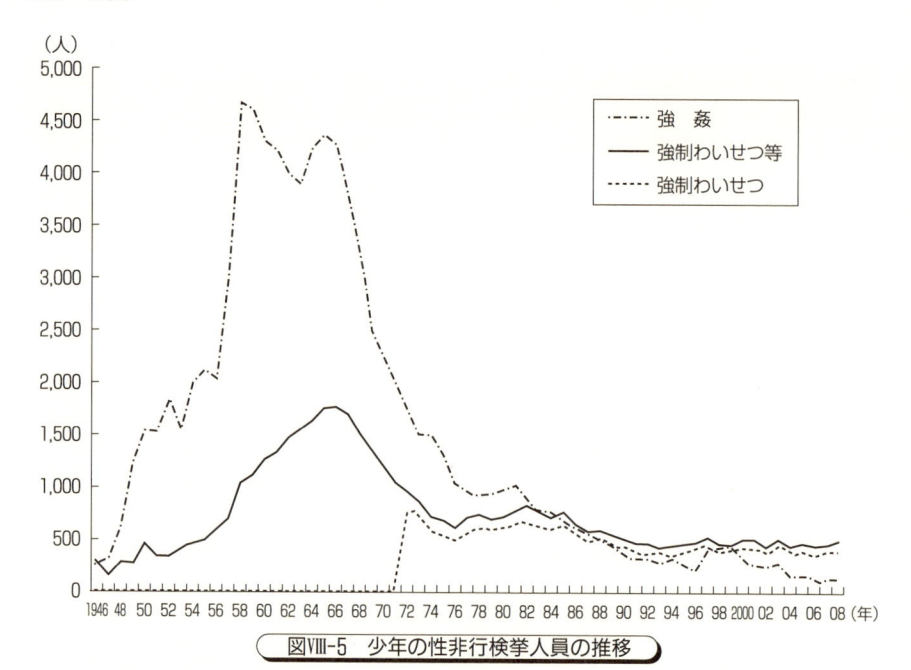

図VIII-5　少年の性非行検挙人員の推移

出所：『平成21年版犯罪白書』のデータにもとづき，筆者作成。

扱うことが増えてきたためとも見られ，女子の性的逸脱の現状をそのまま示しているとは言えないかもしれません。そこで，警察庁が補導対象としている，①売春防止法違反の売春をしていた女子少年，②児童福祉法第34条第1項第6号違反事件（淫行をさせる行為）の被害女子少年，③刑法第182条（淫行勧誘罪）の被害女子少年，④青少年保護育成条例による「みだらな性行為の禁止」違反事件の被害女子少年などを主とする**福祉犯被害者**女子数を見ると，多少の増減を繰り返しながらも1999年以来5,000件以上を維持しており，依然として相当数が存在していることがわかります。

また，この背景には，一般青少年の性意識の変化の問題があります。

財団法人21世紀ヒューマンケア研究機構・家庭問題研究所による「青少年の性意識と性行動に関する調査研究報告書」によれば，高校生男子の85.6％，女子の83.6％が「高校生のセックス」を許容し，「愛のないセックス」を許容する率も男子27.6％，女子10.1％に見られます。性交経験率は，男子28.6％，女子34.8％で，いずれも同年齢の異性との経験が過半でありながら，女子は自分より年長者が46.6％ありました。そのなかで，「経験して良かった」とするものが，男子は73.7％であるのに対し，女子は52.6％に留まり，「どちらとも言えない」33.5％，「しなければよかった」13.9％と初交経験を必ずしも積極的に評価していない女子が多かったことは，女子が男子より受動的（場合によっては被害的）に性交を経験し，その意味を自らの人生のなかに必ずしも積極的に位置づけられない状況を暗示しているように思われます。さらに，この調査では，高校生が性についての情報を，男子は，アダルトビデオ，グラビア誌など風俗情報メディア，女子は，少年少女漫画，テレビドラマなどから得ている

▶3　福祉犯被害者
①～④にあげた法令で検挙された加害者に対して被害者であるもの。警察は，従来このような女子少年をぐ犯少年として事件送致することが多かったが，近年では，加害者側の取り締まりに重点を置き，女子少年は被害者として補導対象とされることが多くなった。

▶4　財団法人21世紀ヒューマンケア研究機構・家庭問題研究所（2002）．青少年の性意識と性行動に関する調査研究報告書

ことが示されています。いずれにしろ,青少年が,間接的で断片的な形で性に関する情報を得ていることが明らかになっています。

３ 性被害と性的問題行動

❷に示したように性情報の氾濫,性の商品化,物化の風潮に伴い,若年女子の安易な性行動が深刻な被害経験につながることは容易に想像されます。自らの傷つきを補償し,否認するために,「今度は違うはず」「本当は良い人のはず」などと考えて,より深みにはまっていくことが珍しくありません。また,幼児期に性被害経験のある子どもが性的に非常に積極的であったり,逆に回避的で通常の人間的かかわりにおいても,安心した信頼関係をつくれなかったりすることも多く見られます。

４ 性的問題への対応

性的問題についても,学校の立場としては,起きてしまった件について対応することは大切ですが,基本は日常教育を通じての予防的活動が大切でしょう。

まず,先に述べたように,青少年がいわゆる風俗メディアから多くの情報を得ていることを考えると,健全で正確な性知識の必要性は大きく,性教育に消極的な現状は変えなければならないでしょう。性教育は,性知識の付与ばかりでなく,人の立場に立ち他者を尊重すること,自分の欲求や性格を正しく理解すること,親子・家族関係を振り返ることなど広い視野のなかに位置づけて,考えていくことが必要です。この意味で,「性」を特別なものとしてでなく,素直で真面目な語り合いのテーマにできるような教師－子ども関係を日常からつくりあげていることが期待されます。

また,個別の子どもについて,性的逸脱と考えられる行動が生じたときにも,その行為だけ「悪いこと」として取り上げて,禁止するだけでは,子どもの成長,発達を促すことはできません。基本的に「性」は自然なことであり,禁止するものではなく「育てる」ものと考えるべきでしょう。こうした発想に立ってはじめて,持続的で有効な教育指導が可能になるのではないでしょうか。

さまざまな場で,「普通の子がとんでもないことをするようになった」という言葉が聞かれますが,少し詳しく背景事情を聞くと,決して「普通」ではなく,家庭,能力,環境などにさまざまな辛さを抱えていることがほとんどです。「最近の子は」「時代がそういう時代だ」と決めつけずに,そのなかでも,ある子はするし他の子はしないという事実にこそ注意を向け,一人ひとりの辛さを支える発想をもつことが大切であると考えます。

（伊藤直文）

VIII 問題行動の指導

6 緘黙, チック, 吃音

　他校の先生方から, 次のような相談を受けました。問題点を明らかにし, 今後どのように解決していったらよいか考えてみましょう。

課題①：小学校の教師A

　私は小学1年生の学級担任になりました。クラスにいる一人の女子児童が, 学校では入学以来まだ一言も言葉を発したことがなく心配しています。いろいろとやさしく声をかけてみるのですが, 全く話してくれません。他の児童とは一緒に遊ぶことができますが, 遊んでいる間も話している様子はありません。保護者に伺うと,「家では何の問題もなく話しています」とのことです。緘黙症（かんもくしょう）という症状だと養護の先生から教えてもらいました。この児童には, どのように接していってあげればよいでしょうか。

課題②：中学校の教師B

　私のクラス（中学1年）に, ピクピクっとした素早いまばたきを繰り返す男子生徒がいます。ときおり何か同じ言葉を何度かくり返しつぶやいているようなときもあります。そのことを他の生徒からいろいろと言われて, 本人は傷ついているようです。本人はわざとやっているわけではなく,「止めようと思っても止まりません」と言います。本人もやめることができず辛いようです。この生徒自身にどう接してあげればよいでしょうか。また周りの生徒たちにはどう指導していくことが必要でしょうか。

課題③：高校の教師C

　私のクラスに吃音症で, 特に緊張すると発語時に「せ, せ, せ, 先生……」といったように言葉が連続して発せられたり, 少しの間言葉が出ずに円滑に話せなくなってしまったりする男子生徒がいます。周りの生徒に真似をされたりすることもあり, 本人は「すごく嫌だ」と言っています。吃音症の生徒に対しては, どのように接してあげればよいのでしょうか。吃音症は治るのでしょうか。特に, 担任の私ができることはどのようなことなのでしょうか。

VIII-6 緘黙，チック，吃音

　緘黙，チック，吃音は，幼児から小学校低学年ぐらいまでの子どもたちに多く見られ，不安，ストレス，緊張，心の葛藤などがきっかけで起きることが多いと言われていますが，そのようなことがなくても起きている子どももいます。精神的なストレスや緊張感から，一時的にこのような症状のでる場合も，決して少なくないと言われています。

　これらの症状は，ほとんどが短期間に消えていきます。できるだけリラックスさせてあげることが必要です。周りがせかしたり，失敗しないように求めすぎたりしないようにすることが大切です。直接そのように言われなくても相手の態度から感じ取ったりすると，本人はますます気にして，緊張感が高くなってしまいます。

1 緘黙（かんもく）

　緘黙は，話す能力があるにもかかわらず，特定の場面で継続的に発語ができない情緒障害です。原因によらず，明瞭な言語反応が欠如した状態を指します。狭義には，言語能力を獲得しているにもかかわらず，何らかの心理的要因によって，一時期にあらゆる場面，あるいは特定の場面においてのみ，言葉を発しない状態を言います。症状が重篤化して，話すことができないだけでなく，思うように動くことができなくなることもあります。

　緘黙は，話すことができない場面をもとに，場面緘黙と全緘黙に分類することができます。場面緘黙は，学校など，特定の場面で話すことができません。しかし，家では何の問題もなく話すことができます。特に，幼稚園や小学校への入学をきっかけに問題化します。緘黙の多くが，この症状だと言われています。選択性緘黙と言われることもあります。全緘黙は重度の緘黙症で，あらゆる場面で話すことができません。非常に稀なケースです。

　緘黙は，主に幼稚園児や小学校低学年の児童が発症します。場面緘黙症の児童は，話したくないから話さないわけではありません。話さないのではなく，話せないのです。場面緘黙症児は，学校でひどく緊張しているという認識をもつことが大切です。学校生活に自信がもてるように，本人を勇気づけてあげるようにするとよいでしょう。

　ただし，場合によっては発達障害や発達の遅れが原因である場合もあります。▷1 あまりにもこの状態が長く続くようならば，保健所や教育センターなどに相談することも必要です。

2 チック

　チックは，「突発的，急速，反復性，非律動性，常同的な運動あるいは発声である」▷2とされています。チックは一種の癖のようなもので，乳幼児期から学童期にかけ，心と体の成長・発達の過程で多くの子どもに見られるものです。

▷1　発達障害については，Ⅸ「発達障害の支援」も参照のこと。

▷2　American Psychiatric Association (2000). *Quick Reference to the Diagnostic Criteria from DSM - IV - TR.*（高橋三郎・大野裕・染矢俊幸（訳）(2002). DSM - IV - TR 精神疾患の分類と診断の手引き　医学書院）

これが固定・慢性化して激症化するとチック症と診断されます。

瞬き，ほおや首，肩などの動き，頭をふる，顔をしかめる，口すぼめ，肩上げなど上位の身体部位によく現れますが，飛び跳ね，足踏み，足けりなど全身に及ぶ運動を伴うチック（運動性チック）があります。また，鼻を鳴らしたり，「アッ」「バカ」などの声や言葉や咳払い，叫びや単語を連発したりする発声チック（音声チック）と言われるものもあります。これらが自分の意思とは関係なく繰り返しおきたり出たりするのですが，子どもに見られるチックは，一過性・発達性チックと言われるものが大多数です。

チック症の重症型と言われる慢性多発性のチック症は，学童・思春期に比較的多く見られます。18歳以前から運動性・音声チックの両方が見られ，それが1年以上続く場合には「トゥレット症候群」と呼ばれます。いずれも，本人はわざとやっているわけではなく，止めようと思っても止まらないものです。

チックは，身体因と心因が相互に関係しあっていると考えられています。不安，ストレス，緊張，心の葛藤などがきっかけでおきることが多いと言われますが，何かのきっかけからそれが癖になる場合もあります。精神的なストレスや緊張によって，一時的な症状として出る場合もあります。発症年齢は，3〜4歳の幼児期から始まり（初発），7〜8歳の学童期（ピーク）に多く見られます。男児に多い傾向にあり，男女比は3対1だと言われます。

程度が強いもので，本人も気にして，そのために余計症状が強く出ているような場合は，薬で抑えることもあります。強すぎる場合には病院で相談することが必要です。一方，軽症の場合には，**遊戯療法**[3]などが有効であるとされています。

3　吃音（きつおん）

発語時に言葉が連続して発せられたり，瞬間的にあるいは一時的に無音状態が続くなどの言葉が円滑に話せない疾病で，言語障害の一種とされています。どもりとも言われます。WHOの疾病分類「ICD-10」[4]では，吃音は，「会話の流暢性とリズムの障害」，「吃音症」とされ，米国精神医学会のDSM-Ⅳ-TRでも吃音症とされています。吃音は基本的には医療機関で受診可能な健康保険適用の吃音症という疾病に分類されています。吃音が出ても精神的にゆったりとしていられるような環境をつくることが大切です。

吃音の程度や，どもりやすい言葉や場面には個人差があります。吃音は言葉が発しにくい言語障害です。日常会話で早口で話すときに言いそびれたり，言葉を言いにくくなったりすることとは異なるものです。かつて吃音は，精神的課題が背景にある症状であると誤って理解され，その治療として心理療法が用いられることがありましたが，現在では，吃音は緊張するから起こるのではなく，吃音が出るから緊張するのだと考えられています。吃音を恥ずかしいこと

▶ 3　遊戯療法
言語発達がまだ十分でない幼児や児童を対象とする遊びを通した心理療法。遊びを通して子どもを知ることができ，子どもの成長を見つけ出すことができる。

▶ 4　WHO，融道男他（監訳）(2005)．ICD-10精神および行動の障害臨床記述と診断ガイドライン　医学書院

だと思わなくてよいような環境の整備が求められるところです。

　吃音がいじめの原因になる場合もあります。それによって他者との関係が滞る場合もありますが，これらは二次障害であると言えます。クラスにおける一人ひとりを尊重しあえる関係づくりが大切です。吃音をもっている児童生徒にとって，それを指摘されることは苦痛であり，それを隠そうとするのは当然です。そのような，人には簡単に見せられない思いを理解し，一緒に考えてあげることができる児童生徒との関係をつくることができるようにしたいものです。

❹　二次障害への配慮

　ここにあげた緘黙，チック，吃音をはじめとして，さまざまな課題をもちながら学校生活を送っている児童生徒は少なくありません。しかしながら，子どもが抱えている困難さを，周囲にいる教師や児童生徒，保護者が十分に理解せず，周囲が不適切に対応したり，適切に対応することができていなかったりする場合もあります。そのために，本来抱えている困難さとは別の二次的な情緒や行動の問題が出てしまう場合があり，二次障害と呼ばれています。

　二次障害は，心理的な要因から起こります。身体や心にさまざまな**ストレス反応**が生じたり，不登校などの行動上の不適応が生まれたりすることがあります。これらが元になって，**うつ病**や対人恐怖症，社会恐怖，不安障害や**回避性障害**などの**パーソナリティ障害**が生まれる心配もあります。

　人と円滑にコミュニケーションを取れなくなり，社会生活全般に大きな影響を及ぼすことや自分を恥ずかしいと考えて行動が消極的になってしまうこともあります。周囲がそのような，人には簡単に見せられない思いを理解し，一緒に考えることができる関係をつくることを心がけたいものです。児童生徒が精神的にゆったりとしていられるような環境をつくり，そのままのその子を認めるように接してあげることが大切だと言えるでしょう。たとえば，授業で先生の質問に上手く答えることができず，心に傷を負ってしまう児童生徒がいるかもしれません。校内で，ほかの児童や生徒たちから嘲笑を受けたり，いじめの対象にされるような場面を見かけることもあるでしょう。教師自身が，まずそのような扱いを受けている子どもたちの立場に立って気持ちを理解し，周囲の児童生徒に対して適切な指導を行うことが必要です。

　他の生徒に対しては，誰であってもからかいの対象にしてはならないこと，自分の思い通りにならないはがゆさを理解してあげるように協力することを求めたいものです。その際には，本人が気にしないような配慮も大切になるでしょう。クラスにおける一人ひとりを尊重しあえる関係づくりが大切です。また，ここにあげたさまざまな症状をもつ子どもをもつ保護者にとって，子どもを心配することが多くなるのは当然のことです。保護者と一緒に考える機会をもつよう心がけるようにしましょう。

〔松本　剛〕

▷5　ストレス反応
ストレスがある一定の限度を超えてしまうと，身体や心にさまざまな症状が生じる。高血圧，消化器系の炎症などがその典型的な例。

▷6　うつ病
強いゆううつな気分が続き，意欲の減退，不眠，考えがまとまらないなどの症状が出て日常生活に支障をきたすことがある。

▷7　回避性障害
社会的な活動の抑制，自己否定感，否定的な評価への過敏さ，社会的な交流を回避する傾向が現れるパーソナリティの障害。

▷8　パーソナリティ障害
偏った考え方や行動パターンのために，家庭生活や社会活動に支障をきたしたパーソナリティ。精神病としての症状は致命的に重くないにもかかわらず，非常に改善が難しいパーソナリティの偏りが特徴。

IX 発達障害の支援

1 発達障害と特別支援教育

発達障害や特別支援教育について，次のような相談を受けました。これらの用語の定義やそこにどのような理念が含まれているのかについて考えていきましょう。

課題①：小学校の教師A

> 私は現在特別支援教育コーディネーターを担当しています。発達障害が疑われ保護者もニーズをもっている児童がいるのですが，担任の先生からは特別支援の必要性に関する話題はでてこない状況です。また，担任の先生も発達障害を考慮した指導の必要性を感じ，児童自身も困り感をもっていますが，保護者はそのようなことは必要ないと思っているという事例もあります。コーディネーターとして，どのように取組んでいけばよいのでしょうか。

課題②：中学校の教師B

> ある保護者から，これまでの特殊教育や障害児教育と特別支援教育との違いについて，特別支援教育に変わったことで，その教育を受ける対象の児童や生徒がどのように変わったのか，特殊学級と特別支援学級とでは何が違うのか，特別支援教育への転換にはどのようなことが背景にあるのかなどの質問を受けました。特別支援教育の理念とともに，従来との共通点や継続されている内容と，変更点を具体的にあげながら説明するために，どのようなポイントを押さえる必要があるのでしょうか。

課題③：高校の教師C

> 「発達障害」といっても人によってその内容が違っているのではないかと思わされる状況によく出会います。法令，文部科学省の定義，医学の診断とでは必ずしも一致している用語ではないのでしょうか。そもそも「発達障害」とは具体的にどういう障害のことで，誰がどういう基準にもとづいて決めているのでしょうか。知的障害との関連も曖昧で，知的に障害があると発達障害とは言わないのでしょうか。

▷1　**学校教育法**
学校教育の具体的内容を定めた法律。学校（幼稚園，小学校，中学校，高等学校，中等教育学校，特別支援学校，大学，高等専門学校）について定められ，ほかにも専修学校と各種学校について定めがある。

▷2　**肢体不自由**
運動機能になんらかの障害があり，そのために長期にわたり日常生活または社会生活に相当な制限を受ける状態を言う。運動障害と同じ意味だが，教育・福祉の領域ではこの用語を用いる。

▷3　**病弱・身体虚弱**
病弱とは，慢性の呼吸器疾患，腎臓疾患および神経疾患，その他の疾患の状態が継続して医療を必要としたり生活上の制限を受ける状態。身体虚弱とは，身体機能の異常を示したり，疾病に対する抵抗力が低下したり，あるいはこれらの現象が起こりやすい状態。

▷4　**情緒障害**
自閉症や心理的要因による選択性緘黙等がある者で，対人関係の形成や社会生活への適応が困難なもの。2009年より，情緒障害特別支援学級の対象者を，「情緒障害者」から「自閉症者」「情緒障害者」として改めた。

IX-1 発達障害と特別支援教育

1 特殊教育から特別支援教育へ

2007年4月から施行された**学校教育法**により、障害のあるすべての幼児児童生徒の自立や社会参加に向けた主体的な取組を支援するという視点に立った教育の一層の充実を図るため、「特別支援教育」が制度として取組まれることになりました。この改正で、特殊学級が特別支援学級に、盲・聾・養護学校が特別支援学校という名称に変わりました（地域によっては、このような法律用語とは異なる通称での使用もあります）。これより先に2003年3月には、文部科学省調査研究協力者会議は「今後の特別支援教育の在り方について（最終報告）」のなかで、「これまでの対象のほか、学習障害（LD）、注意欠陥/多動性障害（ADHD）、高機能自閉症も含めて、児童生徒の教育的ニーズに応じて必要かつ適切な支援を行う教育」である特別支援教育への転換を提言しました。

このような提言によって、特殊教育担当の教員だけではなく、すべての教員が特別支援教育にかかわるという視点の転換も求められることになりました。これらの教員間の連携を充実させるためにも特別支援教育コーディネーターの役割は一層重要となってきています。

2 特別支援教育への転換点

従来の特殊教育から特別支援教育への転換点は大きく次の2つにあります。1つは、教育の"対象"としての転換です。特殊教育では、視覚障害、聴覚障害、知的障害、**肢体不自由**、**病弱・身体虚弱**、**情緒障害**、**言語障害**のある児童生徒が対象とされていました。これに対して特別支援教育では、これら従来の障害カテゴリーに加え、上記のように学習障害（LD）、注意欠陥/多動性障害（ADHD）、高機能自閉症などの児童生徒も対象として拡大しています。

もう1つは、教育の"場"としての転換です。特殊教育では、児童生徒の障害の程度や種類に応じて、盲・聾・養護学校といった特殊教育諸学校や特殊学級を教育の場として設定して措置することが基本でした。これに対して特別支援教育では、教育の場を固定的に決めるのではな

▷5 **言語障害**
口蓋裂、構音器官の麻痺等器質的または機能的な構音障害、吃音等話し言葉におけるリズムの障害、話す、聞く等言語機能の基礎的部分の発達の遅れ、その他これに準ずる障害。

義務教育段階の全児童生徒数 1,086万人

特別支援学校
視覚障害　肢体不自由
聴覚障害　病弱・身体虚弱　0.52（％）
知的障害　　　　　　　（約5万6千人）

小学校・中学校

特別支援学級　　　　　　　　1.86％
視覚障害　病弱・身体虚弱　　（約20万人）
聴覚障害　言語障害
知的障害　情緒障害　　0.96（％）
肢体不自由　　　　　　（約10万5千人）

通常の学級
通級による指導
視覚障害　自閉症　　　0.38（％）
聴覚障害　情緒障害　　（約4万1千人）
肢体不自由　学習障害（LD）
病弱・身体虚弱　注意欠陥多動性障害（ADHD）
言語障害

LD・ADHD・高機能自閉症等

6.3％程度の在籍率※
（約68万人）

（障害の程度　重↑　↓軽）

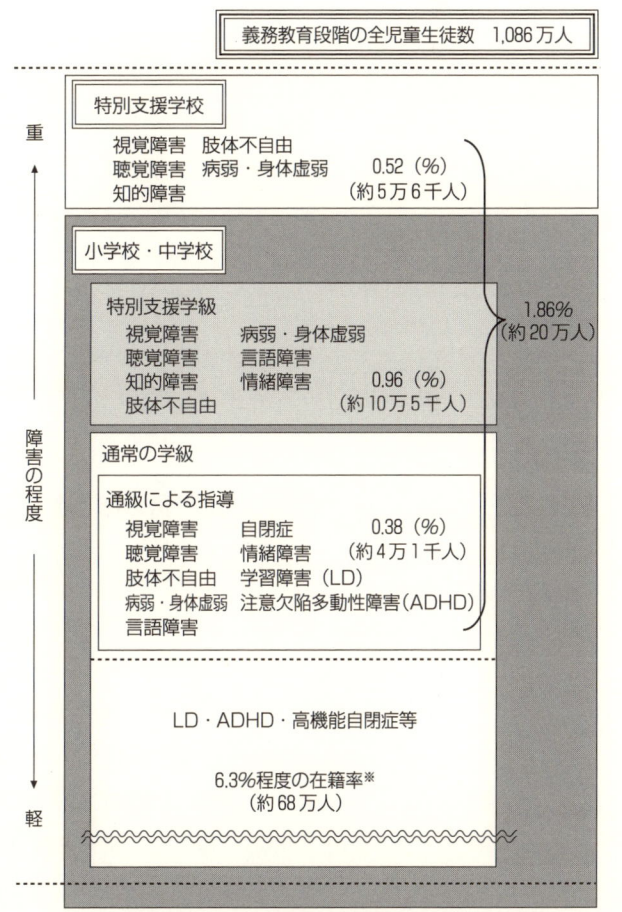

図IX-1　特別支援教育の対象の概念図

（注）この数値は、2002年に文部科学省が行った調査において、学級担任を含む複数の教員により判断された回答にもとづくものであり、医師の診断によるものではない。（※を除く数値は2006年5月1日現在）
出所：文部科学省(2000)．子ども一人一人の教育的ニーズにこたえます！　特別支援教育

く，それぞれの教育的ニーズに柔軟に対応していくとしています。従来の特殊学級を教育の場とするよりも，通級式の特別支援教室が多くなることや，すべての障害のある児童生徒の学籍が通常学級に置かれるようになることも将来的には予想されます。

特別支援教育の対象と指導・支援の場を図式化したものが図IX-1です。このような2つの転換点を柱とした特別支援教育は，対象と場を特定化した教育から，一人ひとりの子どもにとって必要で適切な支援を提供するための教育と言うことができます。

③ 発達障害の内容

「発達障害」というのは，実は，世界保健機構の「国際疾病分類」（ICD）[6]にもアメリカ精神医学会の「精神疾患の診断と統計マニュアル」（DSM）[7]にも診断名としてはあげられているわけではありません。現在日本でいう「発達障害」とは，発達障害者支援法のなかで述べられている定義にもとづいた場合が多く，そこでは「発達障害とは，自閉症，アスペルガー症候群その他の広汎性発達障害，学習障害，注意欠陥多動性障害その他これに類する脳機能の障害であってその症状が通常低年齢において発現するもの」とされています。これらは2003年の「今後の特別支援教育の在り方について（最終報告）」であげられ，新たに特別支援教育の対象として明言された障害と重なっています。つまり，従来では特殊教育と通常教育の狭間で十分にニーズに合った教育体制がとられていなかったなかには発達障害のある児童生徒が多く含まれていたということです。

④ 発達障害のある児童生徒の比率

2002年に文部科学省が実施した「通常の学級に在籍する特別な教育的支援を必要とする児童生徒に関する全国実態調査」では，発達障害の児童生徒が6.3％の割合で通常学級に在籍しているという報告がなされました。発達障害のそれぞれの障害の診断は通常，上記のICDやDSMにもとづいて精神科医や小児科医が診断しますが，この調査では医師などの診断を経たものではありませんので，6.3％の割合の児童生徒にこれらの障害があると判断することはできません。しかし，学習や生活上での特別な支援を要する児童生徒が約6％の割合で在籍しているということは事実であり，今後の適切な教育的対応を重要な課題として考えていくことが求められています。

⑤ 特別支援教育の実施体制

文部科学省は特別支援教育を実施するため，以下の5項目を柱に，各学校における体制の整備および取組を進めています。

▷6 ICD
世界保健機構（WHO）の編集による診断分類。現在はICD-10（1994）が用いられている。

▷7 DSM
アメリカ精神医学会の編集・作成による精神疾患の疾患分類。現在はDSM-IVの修正版であるDSM-IV-TR（2000）が用いられている。

○特別支援教育に関する校内委員会の設置

校長のリーダーシップのもと，教頭，特別支援教育コーディネーター，教務主任，対象の幼児児童生徒の学級担任など，その他必要と思われる者で構成される委員会を設置し，全校的な支援体制を確立することが求められています。委員会を学校組織のなかにどのように位置づけるかについては，学校の組織体制に応じて多様なものが考えられます。たとえば，特別支援教育の全体の計画や運営を実施する組織として特別支援教育校内委員会を位置づけることもあります。また，生徒指導部など学校全体を把握する組織の一部門として特別支援教育担当を位置づけ，個別支援を検討する必要に応じて校内支援チームを別途組織する場合もあります。

○実態把握

特別な支援が必要と考えられる幼児児童生徒の存在や状態を確かめ，保護者との連携や医療的な対応の検討を行うことも大切です。発達障害等の障害は早期支援が重要であることに留意するならば，特に幼稚園や小学校低学年においては，実態把握や必要な支援を着実に行うことが，なお一層求められます。

○特別支援教育コーディネーターの指名

特別支援教育コーディネーターを校務分掌に明確に位置づけることによって，学校によって組織的に機能するよう努めることが求められます。コーディネーターは，校内研修の企画・運営や校外関係諸機関（保護者も含む）との連絡調整などの役割を担うことなど，活動は多岐にわたりますが，特定の活動を単独で担うというよりも，校内外と協働・連携し，またそれらの機能をつなぎながら児童生徒への支援を紡いでいく役割と言えるでしょう。

○関係機関との連携を図った教育支援計画の策定と活用

医療，福祉，労働等のさまざまな側面からの取組を含めた一貫した教育的支援を効果的に進めるために，「個別の教育支援計画」「個別の指導計画」を活用することが求められています。この策定と活用には，計画・実施・評価・改善の各段階を繰り返すというプロセスが含まれています。児童生徒本人・保護者の立場に立った観点とともに，地域資源や地域社会を支援につなぐという観点にもとづいた策定と活用が重要です。

○教員の専門性の向上

校内研修を実施したり，校外での研修に参加させたりすることにより，特別支援教育推進のための専門性を向上できる体制を整えることも必要です。教員は一定の研修が修了した後も，自ら最新の情報を収集したりするなど，継続的に専門性の向上に努めることが求められます。

（田中真理）

IX　発達障害の支援

2　学習障害

　学習障害について次のような相談を受けました。学習障害のある児童生徒の状態像の理解を踏まえ，どのような支援が求められるのかについて考えていきましょう。

課題①：小学校の教師A

> 　算数がとても苦手な児童がいます。基本的な数の概念や計算は理解しているようですが，筆算になるとよく間違えます。また，文章題では，文章のなかにでてきた数字を，機械的に足したり掛けたりしているようで，なかなか正解を得ることができません。どのような支援を行っていけばよいのでしょうか。

課題②：中学校の教師B

> 　読み書きが不得手な生徒がいます。読みについては，"文字を読んでいる"というような読み方で，文章の意味を汲み取りながら読み進めることが苦手です。そのためか，意味のまとまりで区切りながら読むことが少なく，また行をとばして読んだりします。書くことについては，黒板の字をノートに書き写すことに非常に多くの時間がかかったり，特に漢字は正確に書くことができないことも多くみられます。どのように指導したらいいのでしょうか。

課題③：高校の教師C

> 　全体的な学力が低い生徒ではありませんが，どの教科においても与えられた課題を時間内に終わらせたり，提出すべき宿題を期間内にやり終えることができず，いつも遅れてしまう生徒がいます。課題をこなす力はもちながらも，時間内に終えることができないことで，どうしても成績が低くなってしまうのが現状です。怠けていることが原因ではないのですが，先生によってそのような評価をする場合も少なくありません。どのように支援をすすめていけばいいでしょうか。

1 LDとは

学習障害（learning disabilities：以下，LD）について文部科学省は次のように定義しています。「基本的には全般的知的発達に遅れはないが，聞く，話す，読む，書く，計算する又は推論する能力のうち特定のものの習得と使用に著しい困難を示すさまざまな状態を指すものである。その原因として，**中枢神経系**[1]に何らかの機能障害があると推定されるが，視覚障害，聴覚障害，知的障害，情緒障害などの障害や，環境的な要因が直接の原因となるものではない」という定義です。この定義は教育用語としての定義ということになります。これとは別に，DSM-Ⅳ-TRなどによる医学での定義では，学習障害（learning disorders）は，読む，書く，計算の障害に限定して用いられています。したがって教育用語としての定義は，医学での定義よりも概念的には広いということになります。

LDの定義はどういう領域で用いられているのかによって，その定義の内容が変わってきますので，その診断がどういう用語として判断されたものであるかも含めて，自分が実際にかかわっている児童生徒との状態像との対応からとらえる必要があるでしょう。

教育用語の定義として，ある児童生徒についてLDかどうかを判断するときには，**専門家チーム**[2]における検討が必要となってきます。専門家チームでの検討によって，児童生徒に見られる学業不振などの特徴が，知的障害や**不利な学習環境**[3]によるものではないことを判断し，その後の支援体制へつなげていくことになります。

2 LDの多様な特徴

LDであるかどうかの判断には，「**LD児診断のためのスクリーニングテスト（日本版）**」（PRS）[4]や「LDI-R：LD判断のための調査票」[5]などがあります。表Ⅸ-1に，PRSの項目の一部を示しています。これらのテストや調査票によって，LDの可能性があるかどうかだけではなく，さらに言語理解や表現などの言語領域に困難さの見られるLDなのか（言葉を理解することがとても苦手である，言葉で自分の考えなどをうまくまとめて相手にわかるように表現することができないなど），協応運動など非言語領域に困難さの見られるLDなのか（手先の器用さを必要とするような作業は苦手である，何かの動作をするとき体全体の動きがぎこちないなど）など，どのようなタイプのLDなのかという特徴の把握ができます。同じようにLDという診断であっても，それぞれの児童生徒においてはどのような特徴が見られるかは非常に多様であるため，これらの特徴の把握は，教育支援を行っていく際の貴重な資料となってきます。

▷1　中枢神経系
神経系の大部分を占める領域で，脳と脊髄を含む。末梢神経系とともに動物の行動を制御している。

▷2　専門家チーム
LD児等支援の実践経験豊富な教師，心理士，医師，巡回相談者などで構成され，支援に関する専門的意見を学校に対して指導助言する。2003年から開始された特別支援教育推進体制モデル事業のなかで，教育委員会に設置された。

▷3　不利な学習環境
経済的理由で教育を受けることが十分保障されていない環境，親が教育を受けさせる義務を怠った結果，本来受けられるべきはずの教育が整っていない環境など。

▷4　PRS
PRSは担任教師によってなされる。担任教師が児童生徒についてLDの特性を観察した結果と，神経心理学的検査による結果とは強く関連していることから，PRSはLD診断のためのスクリーニングとしての妥当性が認められている。
森永良子・隠岐忠彦（訳）（1992）．PRS-LD児・ADHD児診断のためのスクリーニング・テスト　文教資料協会

▷5　上野一彦ほか（2008）．LDI-R　LD判断のための調査票　日本文化科学社

表IX-1　PRSの項目（一部，全80項目）

下の項目にあてはまるときは1を，あてはまらないときは2をチェックしてください。このチェックリストでは，1つの質問項目に1つ以上の意味が含まれるものがあります。どれか1つの意味に当てはまれば，1をチェックしてください。

1　読み方がひどくたどたどしい。
2　拗音や促音の間違い，「を」→「お」，「は」→「わ」，「へ」→「え」の表記の混同や文字を書く時の脱字が頻繁にある。
3　簡単な計算を暗算ですることが難しい。
4　個別に言われると聞き取れるが，集団場面では難しい。
5　順序良く話したり，筋道の通った話をすることが，周りの子と比べて非常に苦手である。
6　学年相応の量（長さ，かさ，重さ，他）を比較することや，量を表す単位を理解することが難しい。
7　学習や学校生活で，細かいところまで注意を払わなかったり，不注意な間違いをしたりすることがよくある。
8　自分の感情を抑えきれずに，非常に興奮しやすい。
9　過度にしゃべる，または自分の言いたいことを一方的に言い続ける。
10　人と目を合わせようとしない，または身振りや手振りで意思を伝えることが難しい。
11　独特な得意分野や興味のあることがある一方で，極端に不得手なものや無頓着なことがある。
12　左右や方向の指示を聞いても，的確に行動できない。
13　文中の語句や行を抜かして読んだり，または繰り返し読んだりする。
14　まわりの子に比べて，音読がとても遅い。
15　文を書く時に表現が決まりきっていたり，年齢に比べて稚拙であったり，少ししか書けなかったりする。

❸　学習面でのつまずき

❷で述べたようにLDと言ってもその特徴はさまざまです。学業面で例をあげると，国語の教科書の音読で一行とばして読んでしまったり，意味をとりながら読み進めることに弱さが見られるなど「読みに困難さが見られるケース」，黒板の文字を自分のノートに書き写すのに非常に多くの時間を要したり，ノートの枠内に文字をおさめることがどうしてもできなかったりなど「書くことが非常に苦手なケース」，他の教科に比べて算数の「計算だけに落ち込みのあるケース」など，実に多様です。

たとえば，音読の苦手さには注意力やさまざまな認知能力が相互に関係していることが考えられ，その要因は単純ではありません。音読が苦手だからといって，単に何度も何度も教科書を繰り返し読む練習をすることによって，正確に音読ができるようになることは多くありません。むしろ，どんなに努力してもうまくできないといった失敗体験を積み重ねるだけとなってしまうケースもあります。また，書字の困難さについて，図IX-2に，ひらがな・カタカナ・漢字の書字において見られたAくんの間違いのパターンを例示しておきます。

❹　代替手段を用いた学習支援

まずは，苦手さを減らすことのできる代替となる手段を用いることができないかを検討することが有効でしょう。書くことについては，ノートの升目の大

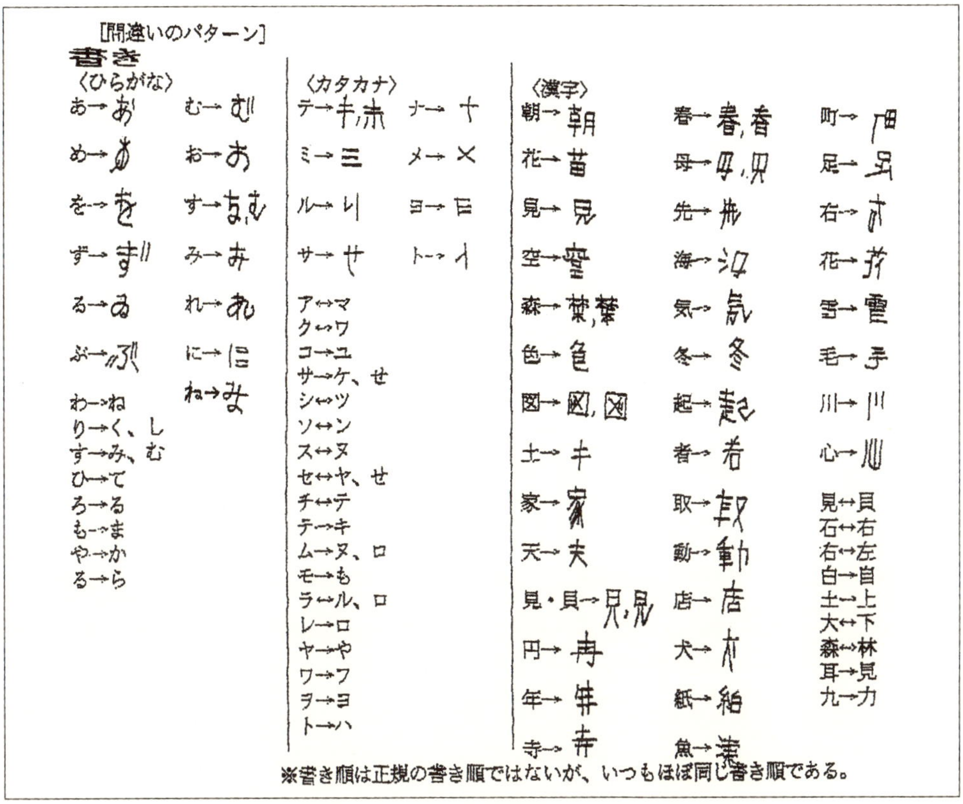

図IX-2　Aくんの小学5年生段階でのまちがいのパターン

出所：斉藤久子（監修），石川道子・杉山登志郎・辻井正次（編）（2000）．学習障害　ブレーン出版　p.229．

きさやノート自体の大きさを変える，罫線を入れるなど書きやすさへの工夫をした筆記用具を準備する，特に漢字などでは筆順などにはこだわらず読める文字になっていればまずはよしとするなどゴール設定を段階的に行う，作文などワープロで書くことを認めるなどが考えられます。読むことについては，文章の内容をあらかじめ聞いて意味内容を把握してから音読をする，意味のまとまりや文節ごとに分かち書きされた文章を準備してそれを読む，音読の際に読む箇所がわかるようにページカバーを用いる，などをあげることができます。また，算数については，四則計算の意味だけ押さえたうえで，実際の計算は計算機の使用を認めている事例もあります。

　このように児童生徒の状態に見合った代替の手段を用いることによって，まずは学習することの喜びやできることの達成感を得ることが優先課題だと思われます。そのためにも，その児童生徒がどういう部分で，どのようなつまずきをしているのか，逆にどのような領域であればその児童生徒の得意とする能力が発揮できるのかを丁寧に把握することが重要となってきます。

（田中真理）

IX 発達障害の支援

3 ADHD，多動傾向

ADHDや多動について次のような相談を受けました。多動性のある児童生徒の状態像の理解を踏まえ，どのような支援が求められるのかについて考えていきましょう。

課題①：小学校の教師A

ADHDと診断を受け，投薬を受けている児童がいます。登校する前には自宅で薬を飲み，学校ではお昼休みに飲むことになっています。自分で飲むようにすると忘れてしまうことも多いようです。また，薬を飲んでいると，学級のほかの子どもが「なぜ薬を飲んでいるのか」「何の薬なのか」と，その児童に質問している場面もたびたび見られます。周りの児童への対応も含めて，どのように支援していけばよいのでしょうか。

課題②：中学校の教師B

小学校のときにADHDと診断された生徒を担任することになりました。小学校では，1時間の授業中数回の立ち歩きが見られたり，時には教室の外に出て行ってしまうこともあったようです。また，衝動性が高く，順番が待てない・すぐに手を出してしまうなどの理由で友達とのトラブルが絶えなかったという報告もあります。中学校では衝動性も落ち着き，授業中も静かに着席し教師の話も聞いているようです。特に問題がなさそうなので特別な支援は必要ないのでしょうか。

課題③：高校の教師C

小学校のときにADHDと診断を受けた生徒で，小学校・中学校とあまり適切な支援を受けてくることができず，学業上も対人関係においても多くの失敗体験を抱えている生徒がいます。高校ではADHDとしての多動性や衝動性の高さはほとんど見られない状態です。このような障害としての特性よりも，気分が沈みがちであったり，自己評価が非常に低いなど，抑うつ的な傾向があることの方が，むしろ心配な状況です。どのように対応していけばよいのでしょうか。

１ ADHDとは

　ADHDではDSMやICDによって，年齢あるいは発達とは不釣合いな不注意・多動性・衝動性を特徴とする行動が見られ，その程度が社会的な活動や学業の機能に支障をきたす程度のものが見られるとされています。不注意とは，学校の勉強・仕事・その他の活動において，細かく注意を払えないことが多く，うっかりミスが多い，学校の宿題・鉛筆・本・玩具・道具など，勉強や活動に必要な特定のものをなくすことが多い，外部からの刺激で容易に注意がそがれてしまうことが多い，などを指します。多動性では，座っていても手足をモゾモゾさせたり，身体をクネクネさせることが多く見られる，教室内でまたは着席しておかなければならない状況でも，走り回ったり高い所によじ登ったりするなどの行動特徴がこれに該当します。衝動性では，まだ質問が終わらないうちにも途中で答えてしまうことがよくある，列に並んで待ったりゲームや集団の場で順番を待てない，社会的に遠慮すべきところで不適切なほどに過剰にしゃべる，などがあげられます。

２ ADHDのなかの３つのタイプ

　ADHDには３つのタイプがあります。

　１つは，不注意さがとても目立ち，それに比べて多動性・衝動性は顕著ではない不注意優勢タイプです。このタイプの児童生徒は，授業場面で席を立ち動き回るというような行動特徴が顕著に現れないことで，逆にADHDであることに気づかれない場合も少なくありません。したがって，児童生徒本人は集中できないことで困っている状態であるにもかかわらず，その状態に対して適切な教育支援が行われないままの状況が続いていることがあります。その意味では，このタイプに該当する児童生徒に関しては特に丁寧な状態像の把握が求められると言えましょう。２つめは，不注意優勢タイプとは逆に，多動性・衝動性の方が不注意さよりも目だった行動特徴の見られる多動性・衝動性優勢タイプです。そして３つめは，不注意さと多動性・衝動性の両方ともが顕著に見られる混合型タイプです。

　各小・中学校への巡回相談で筆者が出会う児童生徒の事例では，多動性・衝動性優勢タイプと混合型タイプは特に小学校低学年に多いように思います。これら２つのタイプは思春期以降になると，その半数近くが不注意優勢タイプに移行していき，多動性や衝動性はおさまっていくということが報告されています。したがって，多動性・衝動性がおさまったからといって症状が軽くなったというとらえ方だけではなく，一方で注意力の問題は続いている可能性があることを視野に入れながら，支援の手立てを考えていくことが求められます。

▷１　巡回相談
教育委員会等から委嘱を受けた専門家が，学校からの要請に応じて対象児童生徒の授業参観を通して，児童生徒をどのように理解し，今後どういう指導方法が適切であるかなどについて専門的な視点で，学校に対して指導助言を行う。

```
         ┌──────────────────────────────────────→
         │  大人の要求に反抗，規則への強い拒否
         ↑
  ┌──────────────┐            ▲
  │ 外在化する障害へ │·········┐  │
  │ ADHDの二次障害 │         ( 環境調整 )
  │ 内在化する障害へ │·········┘  │
  └──────────────┘            ▼
         ↓
         │  自己評価が低くなる，抑うつ的，不安，自尊
         └──────────────────────────────────────→
```

図IX-3　ADHDの二次障害

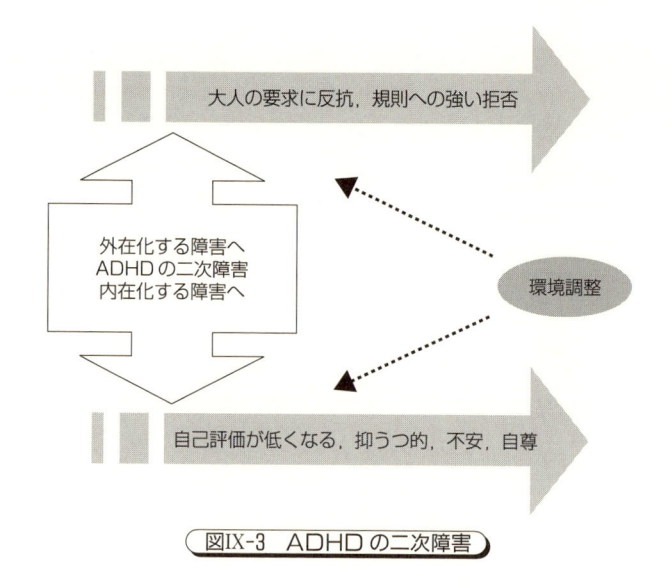

3　二次障害

　ADHDの"障害"としての特性は❶で述べたとおりで，これを一次障害と言います。これに対して，そのような特性ゆえに失敗体験の積み重ねから自己評価が極端に低い状態になることや，注意力の問題からうっかりミスが多くそのことを努力の足りなさによるものだと周囲から叱責されることで，極端な自尊心の傷つきが見られる傾向が強く見られるなど，一次障害から派生する特性は二次障害と呼ばれています。

　ADHDの二次障害は大きく2通りが見られます。1つは自己評価が低くなったり**自尊心**が傷つき**抑うつ的**になるなどのように，自分のうちに向かって起きてくる障害（内在化する障害と呼ばれています）です。もう1つは，大人の要求に反抗したり，規則に従うことに対して強く拒否したりするなど，社会規範や規則を侵害することを繰り返し起こし持続するような反社会的・非社会的行動（外在化する障害と呼ばれています）です。これらを図に示したものが，図IX-3です。

　これらのような二次障害に至るかどうかは，周囲のかかわり方が大きくかかわってくることは言うまでもありません。教育・医学・福祉領域の各専門機関の連携のもとに，丁寧な状態像の把握を踏まえた着実な支援が，二次障害が見られるようになるかどうかに影響を及ぼしていくのです。できるだけ早い時期に診断を受け，適切な対応がなされた場合には，思春期までに症状が軽くなる事例は数多く報告されています。したがって，ADHDに限らず，どの発達障害においても，一次障害への支援とともに二次障害に陥らないための支援も同時に行っていくことは，児童生徒の人格形成上においても非常に重要なことです。

▶2　齊藤万比古・原田謙（1999）．反抗挑戦性障害　精神科治療学，**14**，153-159.

▶3　自尊心
自分を大切に思う気持ちやかけがえのない存在だと感じるというような，自分自身に対する肯定的な感情。自己評価は自分の得意・不得意などに対してどのようにとらえるかなどの評価的側面が強いのに対して，自尊心は感情的要素が強い。

▶4　抑うつ的
「おちこんでいる」，「気分が重い」，「憂うつである」，「気持ちが重苦しい」，「まるで元気が出ない」，「意欲が湧かない」，「何もしたくなく，死にたくなる」など，気分が沈み心のバランスの崩れが見られる状態。

④ ADHD児への教育的対応

①で述べたどのタイプであれ，ADHDの児童生徒は，自分の振る舞いが自分でうまくコントロールできないことに何より本人自身が非常に困っている状態だと言えます。このような**自己調整**の問題に対して，周囲からは「わざとやっている」「怠けている」などの評価を受けやすい状況なのです。しかし，ADHDの児童生徒当人は，「やってはいけない」とわかっているのに，自分でもどうしようもなく「やめられない」「気がついたら，またやってしまっていた」という思いをもっています。したがって，周囲の叱咤激励の言葉は，このような思いをさらに追い詰めることとなり，ほとんどの場合有効ではありません。

セルフ・コントロールを促すための支援として，心理教育的アプローチや医療的アプローチが行われています。心理教育的アプローチとしては，衝動性が非常に高まっているときには一番落ち着くことのできるクールダウンの場をあらかじめ確保してその場を利用する，注意持続時間の短さにあわせて，まずはその時間内で達成できるような課題を設定することから始める，注意が移ったり散漫になったりすることを誘発しそうな教室内の掲示物や座席の位置を工夫するなどの環境調整があります。また医療的アプローチとしては，薬物療法があります（原因をなくす薬ではなく対症療法です）。**メチルフェニデート**という薬が多動を抑えるのに有効であることが多く，薬が効いている時間は集中力が上がり学習への取組にも有効です。

⑤ 周囲の児童生徒を含めた支援

心理教育的アプローチにおいても医療的アプローチにおいても，ADHD本人にとっては"必要な"支援であったとしても，必ずしも"有効な"支援とは言えないことがあります。というのは，「なぜ○○くんだけは全部しなくていいのか」，「どうして席を立っているのに先生は注意しないのか」「何のために薬を飲んでいるのか」など，周囲の本人に対する不公平感や特別視が本人を苦しめ，結果として有効な支援につながらないことが起きてくるからです。そして，自分だけの課題を極端に嫌がったり，学校で薬を飲むことに強く抵抗するなど支援を拒否することとなり，状況の改善に至らない事態となってきます。

このような場合は，その発達段階に見合ったやり方で，その児童生徒の特性についての説明や，周りが支援できることをみんなで考える場をもつというようなことも必要となってくるでしょう。このように，ADHDの児童生徒本人のみに対する支援ではなく，周りの児童生徒を含めた学級全体を視野にいれた両輪での支援があってこそ，その支援の有効性が最大限に発揮されるということです。そしてこのことは，特別支援教育の充実が，共生社会への構築に向けての一翼を担っていくことにもつながるのです。

（田中真理）

▷5 自己調整
自分の欲求や行動を制止することや，逆に自分の意思や欲求を外に向かって表現することを，状況に応じて調整していくことで，自己制御とも言われる。

▷6 メチルフェニデート
覚醒水準を高め，ADHDの基本的症状（不注意・多動性・衝動性）を軽減するため，有効であることが確立された薬物。有効率は70〜80％に達すると言われている。
　日本で使用が可能なメチルフェニデート製剤にはコンサータとペモリンがある。なおコンサータは2008年から一般に使用可能となり，それまで主流だったリタリンは依存・乱用などの問題からADHDへの使用ができなくなった。

IX　発達障害の支援

4　高機能自閉症

　自閉症について次のような相談を受けました。特に知的に障害のない自閉症のある児童生徒の状態像の理解を踏まえ，どのような支援が求められるのかについて考えていきましょう。

課題①：小学校の教師A

> 　いつもの手順とはちょっとした違いが起きる場面や，予定が大幅でなくとも少しでも変更があるとパニックになり，泣き叫んだりものを投げたりする児童がいます。パニックになったときは，その経緯や理由をいくら説明しても，全く周りの言葉が入らないような状態となり興奮してしまいます。パニックが起きたときは，その児童の気持ちが自然とおさまるのを待つという対応だけでよいのでしょうか。また，パニックを起こさないためにはどのような点に留意すればいいのでしょうか。

課題②：中学校の教師B

> 　心にあるままの言葉を大声で口走るために友人関係をうまくもつことができなかったり，余計なことを言って浮いた存在になっている生徒がいます。その生徒本人は，悪意も罪悪感もないようで，自分がなぜ「空気を読めない」「いつも一言多い」「天然ぼけ」と言われるのか理解できず，本人自身も混乱しているようです。どのような支援が求められるのでしょうか。

課題③：高校の教師C

> 　私が教科担任をしている学級の生徒に発達障害が疑われる生徒がいます。成績はとてもよいのですが，友達とうまく関係をつくっていくことに難しさをもっています。生徒本人もなぜうまくいかないのかと悩んでいる様子です。私の学校では発達障害についての知識やこれまで発達障害が疑われる生徒を担当した経験をもっている教師はいません。私としては何らかの発達障害がある可能性も含めて，その生徒への支援を考えていきたいのですが，単なる障害のレッテル貼りになるのではないかという不安もあります。どのように対応したらよいのでしょうか。

1 高機能自閉症とは

　自閉症は，人とのかかわりの乏しさなど社会的関係の形成に特有の困難さがあり，発達の水準に見合った友達関係をつくることが難しいなどの対人関係の障害，話し言葉に遅れが見られたり，会話に必要な言語能力はもっていても人と会話を続けたり楽しんだりすることが苦手であるなどのコミュニケーションの障害，特定のものに非常にこだわったり，ある領域においては多くの知識をもっているなど**興味や関心の偏り**が見られる，また反復的あるいは**常同的行動**を特徴としています。一人ひとりの状態像は多様で，これらの特徴が非常に強い程度から弱い程度までさまざまです。知的障害の程度もさまざまであり，自閉症の7割ほどが知的障害を併せもっており，知的障害を伴わない場合を高機能自閉症と呼んでいます（知的能力が平均より高いという意味ではない）。

　DSM-IV-TRでは，自閉性障害（自閉症）のほかアスペルガー症候群や特定不能の広汎性発達障害などを含めたより上位のカテゴリーとして，広汎性発達障害（Pervasive developmental disorders：PDDと略記されることが多い）という用語が用いられています。ほかにも自閉症スペクトラムという用語を用いている場合もあります。これらの診断名は医師によってもばらつきがあるのが現状ですが，基本的には上記の3つの特徴がどれも見られたり，すべての特徴があてはまる程度は低くともどれか一つの特徴がとても顕著である状態像だと理解できます。自閉症の程度や知能・会話能力の程度による違いや，複数の発達障害が単独で見られる場合と重複している場合があります。

2 教育的対応

　自閉症の児童生徒の障害特性のうち，興味や関心の偏りや反復的あるいは常同的行動という特徴は，学校場面では，時間割の変更や予告をしていない活動をするとスムーズに授業に取組むことができなかったり，自分の興味関心のあることを机の上に出して授業にほとんど参加しないという状態として現れることが多いようです。

　このような特性に対しては，できる範囲で事前の予告をしたり，変更があった場合は何から何に変更したのかなどが視覚的にも確認できるように確実に伝えることが有効です。また，授業の流れについても，どのように展開していく予定で，そのなかでどのような課題に取組めばいいのかを，児童生徒自身が見通しをもつことができるようになると安心して授業に取組めるようになります。また，自分の興味関心にこだわり，授業に参加することが現段階では難しいと判断したならば，通常学級での一斉指導から，**T.T**や**学校ボランティア**など人的資源の活用，別室での個別指導など**指導形態**を見直すことも対応の一つです。

▷1　**興味や関心の偏り**
ある特定の領域について強い関心をもち，辞書的とも言える非常に多大な知識をもつ場合もある。マークを集めるのが大好き，国旗の形・色・国名をすべて覚えている，鉄道については路線を暗記しているなど，その対象はさまざまである。

▷2　**常同的行動**
手や指をばたばたさせたりねじ曲げる，手をたたく，身体全体をくねくねさせる，ぴょんぴょん小刻みに飛び跳ねるなど，同じパターンで繰り返される動作や行動。

▷3　Wing, R. (1996). *The Autistic Spectrum: A guide for parents and professionals*. Constable and Company.

▷4　**T.T.**
ティームティーチング。複数の教師がチームとなり，協力しあって授業を進めていく授業形態。日本においては，1993年に文部省が特定教科において複数の教師での指導を提起して以降，T.T.の導入は進んでいる。

▷5　**学校ボランティア**
学校がその教育活動を展開していくにあたり，地域の教育力を生かすため，家庭，地域人材や団体，企業等の地域社会からボランティアとして学校をサポートする活動に参加する人々を表す。

▷6　**指導形態**
1対1の個別指導のなかでの学習，2人1組でのペアによる学習，少人数集団での学習，学級全体で行う一斉指導など，多様な形態がある。授業内容や目的，児童生徒の状態に応じて多様な組み合わせで指導を進める。

③ 啓発の意義

　小・中学校の教員を対象とした特別支援教育に関する研修はかなり充実してきていると思われますが，一方高校においては始まったところであるといった状況で，校内で特別支援教育コーディネーターもうまく機能しているとは言えないのが現状です。このような状況を反映してか，発達障害についての知識が十分ではないために生徒の状態像の把握ができず，その結果叱咤激励したり，高機能自閉症の生徒には理解しにくいような比喩的な言い回しなどにより，生徒を混乱させたりなど，不適切なかかわりをしている事例が散見されます。

　文部科学省は特別支援教育を実施するため，①質の高い教育的対応を支える人材，②関係機関の有機的な連携と協力，③「個別の教育支援計画」の必要性，④特別支援教育コーディネーターの役割，⑤地域の総合的な教育的支援体制の構築と当該地域の核となる専門機関の必要性，という5つの項目を柱に，その体制の整備および取組を進めています。これらのうち，質の高い教育的対応を支える人材を確保するために「教員の専門性の向上」が必要となってきます。学校生活において中心的に児童生徒とかかわるのは教員であり，児童生徒本人のみならず保護者の理解者という認識をもって，親身に対応していく努力が求められます。教職員に広く発達障害に関して知識を広めていくことは，決して発達障害かどうかの**スクリーニング**[17]のためではなく，適切な支援につなげていくために丁寧な状態像を把握する観点を養うためのものです。このようなスタンスに立ち，教職員はもちろんのこと，周りの生徒やその保護者も含めて啓発活動を広げていく必要があります。

④ 自分の特性をどのようにとらえているか

　私たちは自分自身を対象化し，それに関心を向け，自分がどのような特性をもつ人間であるのかを考え，そういう自分が好きだとかこういう部分は嫌いだなど感情的あるいは評価的な思いを寄せながら，自己理解を深めていきます。このような自己理解を深めていくにあたって，特に思春期・青年期においては「自分らしさとは何か？」という自分自身への問いかけをするようになります。このことは高機能自閉症の児童生徒にとっても例外ではありません。

　このような思春期・青年期の**アイデンティティの形成**[18]に向けて，児童期後期から自己理解の発達の基礎を形成していくことになりますが，この時期に高機能自閉症の児童生徒においては，その障害としての特性や体験がどのような影響を及ぼしているのでしょうか。表Ⅸ-2には，自閉症を含む発達障害のある児童生徒が保護者や先生に投げかけた疑問の例を示しています。

　薬物療法を受けている場合には，「病気でもないのに，なぜ薬を飲まなきゃいけないのか」「自分には何かの病気があるのか」という疑問をもったり，親

▷7　スクリーニング
診断までを目的としたものではなく，予備検査として大きくふるい分ける検査で，目的とする範疇の周辺までを広く拾う検査でもある。

▷8　アイデンティティの形成
エリクソンによって理論化されたもの。「自分らしさとはこういうことで，これでいいのだ」という実感があることや，「こんな自分が好きだ」といった自分を愛する感覚があること。「自己同一性」とも言われている。

表IX-2　自己への疑問：具体例

事例	学年	診断名	自己への疑問
A	小2	ADHD	"離席をしない"という先生との約束について「どうして僕は覚えられないの？　朝約束したことを帰りには忘れてしまうんだろう？」
B	小3	ADHD・LD	「なんで僕だけ病院に行かなきゃならないの？」／「どうして僕はできないんだろう？　他の子はできるのに」／足し算がうまくいかないとき自分の頭をこぶしで叩きながら「どうして僕はだめなんだ？」／絵がうまく描けないとき「何で描けないんだろう？　この手が悪いのかな？」
C	小3	PDD	通院のとき「病院は病気を治すところでしょう？　クラスの友達が行ってないのに何で僕だけ行くの？」
D	中1	PDD	「怒られたのに，どうしてまた同じことをしてしまうんだろう？」「どうしてこんなにすぐ忘れてしまうんだろう？」と否定的内容に関しての疑問を繰り返し言う
E	中3	PDD	「どうして僕はこう（自傷）しちゃうんだろう？」「なんで他の人と違うんだろう？」「どうして自分はできないんだろう？」という発言を頻繁にする
F	中3	PDD	T・Tがついた時に「私にだけ先生が付くのはおかしい」と言って，「私を特別扱いしないでください」と先生へお願いに行った

出所：田中真理・廣澤満之・滝吉美知香・山崎透（2006）．軽度発達障害児における自己意識の発達——自己への疑問と障害告知の観点から　東北大学大学院教育学研究科研究年報, **54**(2), 431-443.

が障害児の親の会などに所属していたり，家のなかに発達障害関連の本があることに対して，「何のために○○の会に参加してるんだろう」「自分と発達障害とは何か関連があるのか」と親の言動を不思議に思ったり，友達とのコミュニケーションがうまくいかず周囲から非難されるとき，「相手を傷つけるつもりはないのに，状況が読めないと責められるのは自分がどこか人と違うからなのか」など混乱し自責の念にかられるということが起こってきます。

　このように自分の特性について何らかの疑問をもち始めたときは，障害告知のチャンスでもあります。同じように悩んでいる仲間との出会いや，将来への見通しをもつための支援環境を整えつつ，本人への障害告知は基本的には必要なことだと考えられます。なぜなら，上記のような自分のなかで起きている疑問に対して了解できる説明を得ることは，無用な不安感や混乱を避け，自らニーズを表明するなど，有効な支援へとつなぐ発信力を本人自身に促すことが可能になるからです。具体的にどのような言葉やタイミングで告知を行うかについては，診断名を告げるか，その特性を中心に伝えるかなど，その児童生徒の自己理解の深まりの状況に合わせて判断をしながらすすめていく必要があります。

　上記のように，自分や周囲の自分へのかかわりについて疑問をもつ気持ちや，その答えを知りたい気持ちは，相談室や病院のカウンセリングの場だけに限ったことではありません。日常の生活のなかでも，自分の特性について多くの疑問をもちながら日々過ごしている気持ちに寄り添うことが求められるでしょう。

（田中真理）

X 緊急対応

1 危機管理の概要

　学校，もしくは地域で，次のような危機的な状況が発生しました。今後，どのように対応したらよいかについて考えてみましょう。

課題①：小学校の教師A

　最近，住宅地の人気のない路地で児童をしつこく追い回したりする不審者が出没しています。なかには，無理やり腕を引っ張られて車に連れ込まれそうになった児童もいます。犯人が捕まっていないため，その児童はひどく怯えて登校するのをいやがるようになっています。しかし，休み癖がつかないように登校させた方がよいと考えています。

課題②：中学校の教師B

　震度7強の大規模災害が起きてしまいました。学校に来られる教師で手分けして避難所を回り，生徒の安否確認をしています。しかし，暗闇を怖がったり，ひどく怯えていたり，地震前は元気な子だったのに避難所では口数が少なく話しかけてもほとんど反応がない子どももいました。災害を体験した子どもの心のケアをどのように進めていけばよいのかが全くわからず本当に困っています。

課題③：高校の教師C

　いじめを苦にした生徒の自殺が起きてしまいました。他の生徒たちにも動揺が見られ，特に同じクラスの生徒のなかに，泣きわめいたり，食事が喉を通らなくなってしまっている生徒もいます。そのため，生徒の死について全く触れないようにしています。

X-1 危機管理の概要

1 「危機」とは

　人にとって危機とはどのようなことを指すのかというと、キャプラン(1970)は、「一時的に自分のいつもの問題解決手段では逃れることも解決することもできない重要な問題を伴った危険な状況に直面する個人の心理的不均衡状態」として「危機状態」を定義しています。これに該当する状況としては、事故、自然災害、戦争といったコミュニティ全体が影響を受ける出来事だけでなく、病気、転居や就職といった個人レベルにおいても、その出来事によってその人の生活が大きく変わる状況も広義の意味の危機としてとらえることができます。また危機は、その原因にもとづいて2つに分類されています。たとえば地震や火山噴火、洪水などの自然の力によるものと、無差別殺人などの犯罪事件、電車の脱線事故、テロや戦争といった人為的なものに分けられます。さらに事件・事故の場合には、被害者と加害者がだれであるかによっても影響が異なってきます。たとえば、生徒が同級生を傷つけた場合や教師の不祥事などがあります。特に教師の不祥事のなかでも、わいせつ行為など児童生徒の人権を侵害した事件の場合、学校コミュニティが受けるダメージはかなり大きいことが指摘されています。

▷1　キャプラン, G., 新福尚武（監訳）(1970). 予防精神医学　朝倉書店

2 危機的介入——専門家チームとの連携

　学校で事件・事故などが発生した場合、教育委員会、臨床心理士会などのメンバーが入った緊急支援チームが、混乱した学校を支援する試みがなされるようになってきています。これらの支援チームは、できるだけ速やかに本来の学校の状況に戻すことによって、児童生徒や教師の心の動揺が広がらないようにします。事件が発生した学校では、教職員は落ち着いていると思っていても、気が動転していることがほとんどです。そのため、自分たちだけで児童生徒、保護者、そしてマスコミに対応しようとすると、より混乱が広がりやすいものです。噂、ネットへの書き込みなどを通した誹謗中傷によって、学校関係者が二次的に傷つけられることを防ぐためにも、専門家チームと連携しアドバイスを仰ぎながら、危機的な状況に対応していくことが大切です。

▷2　福岡県臨床心理士会（編）(2005). 学校コミュニティへの緊急支援の手引き　金剛出版

3 事件・事故、災害を経験したら

　事件や事故に巻き込まれたり、災害を経験したりすると主に3つの反応があると言われています。このことを理解して対応することが必要です。

○トラウマ反応

　まず、事件・事故や災害において自分の命が危険に晒されるような体験をすると、さまざまな心身の変化が起こりやすくなります。こうした心身の変化が起きるとすべての人が**外傷後ストレス障害**（以下、PTSDと略す）となるわけ

▷3　冨永良喜(2004). 被害者支援における基本的考えについて　臨床心理学, 4(6), 710-715.

▷4　**外傷後ストレス障害**
死に直面するような体験によって激しい恐怖感や無力感を感じる等の症状が1か月以上継続して、生活にさまざまな支障をきたすようになると外傷後ストレス障害（PTSD）と診断される。

159

```
┌─────────────────────────────────────────────────┐
│ PTSR：心的外傷後ストレス反応（post traumatic stress reaction） │
│ PTSD：心的外傷後ストレス障害（post traumatic stress disorder）│
│ ASD：急性ストレス障害　初期に起こる治療の必要な状態            │
└─────────────────────────────────────────────────┘
```

事件
事故　⇒　PTSR　⇒　症状の終息
災害
　　　　　　　↑　　　　　　　　　　症状の持続＝PTSD
　　　　　　ASD ←
　　　　誰にでも起こる　　　　　　　　治療が必要
　　　　→心のケアが必要

図X-1　災害，事件・事故後の心のケア

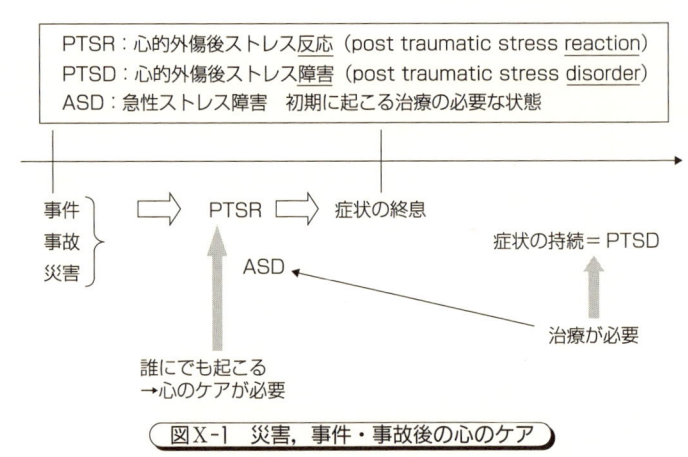

（注）　PTSDは「外傷後ストレス反応」となったが，原典のままに記載した。
出所：高橋（2004）．p.742.

ではなく，1か月以上にわたりPTSDに関連する症状のいくつかが持続し，生活に支障をきたす場合にPTSDと診断されます。災害の場合，被災者の10％程度がPTSDになると言われています。逆に言えば，被災しても約90％の人は回復していくのです。高橋（2004）は，ショックによるストレス反応はそれを体験したすべての人に起こる反応としてとらえ，そのストレス反応をやわらげそれがPTSDとして固定化しないようにするのが「心のケア」の活動であると述べています（図X-1）。

災害による子どものトラウマは，大人とは異なる形で表出されることが指摘されています。この報告によると，子どものPTSDは，(1)睡眠障害，(2)親への分離不安，(3)恐怖，(4)行動障害，(5)自己についての懐疑，などが見られたとしています。そして藤森・藤森・山本（1996）は，子どもへの表れ方にも年齢や発達段階で大きく異なるとし，小学校4〜6年になると大人の期待に応えようとする気持ちが強く，自分の悩みや心配事を外部に表現することを躊躇するように思われると述べています。つまり，災害時の心のケアを考える際に，子どもの特有の症状と，発達段階に応じたケアが必要であることがわかります。こうした点についてはごく基礎的なものであるため，臨床心理士だけではなく子どもにとって身近な存在である教師や保育士などが理解しておく必要があるでしょう。

◯喪失反応

また，災害や事件事故を経験した後はこうしたトラウマ反応だけが生じるわけではありません。大切な家族や友人を亡くしたり，家や思い出を失ったり，そしてそのコミュニティそのものに住めなくなってしまうこと（たとえば，2004年の新潟県中越地震後の山古志村の集団避難）なども喪失体験に入り，それに伴う反応を喪失反応としてとらえます。喪失反応は，大切な人を失い悲嘆にくれ，将来に絶望を感じたり，どうしようもない怒りを自分や他人に向けたり

▷5　高橋哲（2004）．震災から学校危機対応へ　臨床心理学, **4**(6), 736-742.

▷6　藤森立男・林春夫・藤森和美（1994）．北海道西南沖地震被災者の心理的サポートシステムの構築に関する研究　北海道教育大学紀要（第1部C）, **45**, 139-149.

▷7　藤森和美・藤森立男・山本道隆（1996）．北海道南西沖地震を体験した子どもの精神健康　精神療法, **22**(1), 30-40.

するなど，さまざまな反応が出てきます。特に学校で子どもが死亡した場合，教師は「子どもを守りきれなかった」ということで強い自責の念を抱きやすいものです。そしてこうした教師の動揺が続くと他の子どもたちにも大きく影響してきます。そのため，教師を支えていく体制を整えることが重要なのです。

○生活上のストレス反応

そして最後に，避難生活，今後の生活に対する不安などこれまでと違った生活によるストレス反応があげられます。特に，避難生活ではプライバシーが確保される状況ではありません。一般の人だけでなく，特に自閉症や知的障害をはじめとする障害のある人やその家族が避難生活において強いストレス状況にあったことがわかっています[8]。その他にも高齢者や乳幼児なども避難生活が長引くとストレスによるさまざまな身体症状が見られるようになってきます。

このように災害，事件事故の後の対応は，トラウマだけに目を向けるのではなく，さまざまな反応を見極め対応していくことが必要なのです。

4　学校や家庭でのかかわり方

事件・事故，そして災害を経験するとさまざまな心身の変化が出てきますが，これは一時的なものであり，多くの人は時間の経過とともに落ち着いていくことがほとんどです。まず子どもたちに対して行うことは専門家による個別カウンセリングではなく，保護者や教師などの身近な大人によって安心感・安全感をもたせることがもっとも大切です。ケアのキーワードは，「安心・絆・表現」です[9]。安心感や安全感が保障されたところでほっとした気持ちになり，話を聞いてもらいたいときに聞いてもらえるといった環境のなかで心身の変化がしだいに落ち着いてくる。そして早い段階で，保護者，そして小学校高学年以上であれば子ども自身に対しても心理教育やストレスに対処する方法を教えていくことが重要です。

心理教育では災害や事件・事故の後に引き起こされる心身の反応を学んだり，災害の場合にはそのメカニズムなどを理解する防災教育も並行して行うことが望ましいです。そしてこうした心理教育とともに，心身をリラックスさせるリラクセーションなどの体験的なワークも重要です。このことから，まずなされるべきことは「集団のケア」なのです。そして災害直後のケアにおいては，被災者の意思に反して表現を求める方法（たとえば，描画やアンケート調査）は不適切であることが指摘されていることも注意が必要な点です[10]。このように，安心感・安全感の保障，そして集団に対するケアをしていても，心身の変化が固定化し，生活に支障をきたす子どもも出てくる場合があります。こうした子どもに対して，個別的な治療的なかかわりが必要となってくるのです。

（小林朋子）

▷8　小林朋子・大石啓文（2007）．災害時における障害のある子どもを持つ家族支援のための調査研究(2)──新潟県中越地震で避難生活を送った家族を対象とした調査から　日本特殊教育学会第45回大会発表論文集，235.

▷9　冨永良喜（2002）．学校への危機介入とストレスマネジメント教育　大正大学カウンセリング研究所紀要，25, 15-24.

▷10　冨永良喜ら（2008）．四川大地震こころのケア（心理援助）第一次活動報告，日本心理臨床学会　http://www.ajcp.info/

X　緊急対応

2　児童虐待への対応

　学校で次のような深刻な子どもの問題が発生しました。今後，どのように対応したらよいかについて考えてみましょう。

課題①：小学校の教師A

> 　朝，登校してきた児童の顔が赤く腫れ上がっていました。体育の着替えのときに注意して見ていると，体中にあざがありました。しかし，子どもにそれがどうしてできたかを尋ねると，「自分でぶつけた」と言い張ります。保護者と話をすると，「うちは厳しくしつけている」と言います。「しつけ」と言われると，それ以上のことは何もできないと考えています。

課題②：小学校の教師B

> 　いつも汚れた衣類を着てくる児童がいます。家庭で食事を十分に摂っていないらしく給食はおかわりを何度もしています。給食費などの諸経費も滞納しているため，家庭に何度も電話連絡，家庭訪問などをしましたが，保護者となかなか会えません。この児童の様子について特に校内の他の教師に伝えることはしていません。

課題③：高校の教師C

> 　いつも体調が悪いと訴えて保健室に行く女子生徒がいます。他の女子生徒に比べて，男子生徒に対して馴れ馴れしい態度をとることが前から気になっていました。あるとき，その生徒から義父に性的な行為を強要されていると告白されました。プライベートなことなので，学校の外部機関の人には話さない方がよいと考えています。

X-2 児童虐待への対応

1 児童虐待とは

子どもを虐待から守るために「児童虐待の防止等に関する法律（児童虐待防止法）」が2000年11月に施行され，この第2条において4つの虐待が定義されました。児童相談所における児童虐待相談処理件数を見ると，2010年度においては5万5,154件となり，その数は年々増加しています（図X-2）。そのため，児童虐待防止法では，子どもと接する機会の多い，学校の教職員，児童福祉施設の職員など，児童の福祉に職務上関係のある者に対して児童虐待の通告だけでなく，早期発見に関しても強い努力義務を求めています。このことからも，教師や保育士は児童虐待に対して理解を深めておく必要があります。

●身体的虐待

子どもの生命・健康に危険のある身体的な暴行を指します。殴る，蹴る，タバコによる火傷（いわゆる根性焼き），熱湯をかける，水の中に頭をつける，逆さ吊りにする，異物を飲ませる，冬に戸外に締め出す，身体を拘束するなどがあげられます。

●性的虐待

子どもに対する性交，性的暴行，性的行為の強要・教唆などといった直接的な性行為だけでなく，子どもに性器や性交を見せるといった行為も含まれます。さらに，ポルノグラフィの被写体などに子どもを強要することも性的虐待にあたります。このタイプはもっとも表に出ることがありません。加害者は，見知らぬ人よりも実父，義父，そして近所のおじさんやお兄さんといった顔なじみの人によるものが多く，発見された場合でも「子どもがうそをついている」「子どもがせがんだ」といって子どもを悪者にする例が多いと言われています。

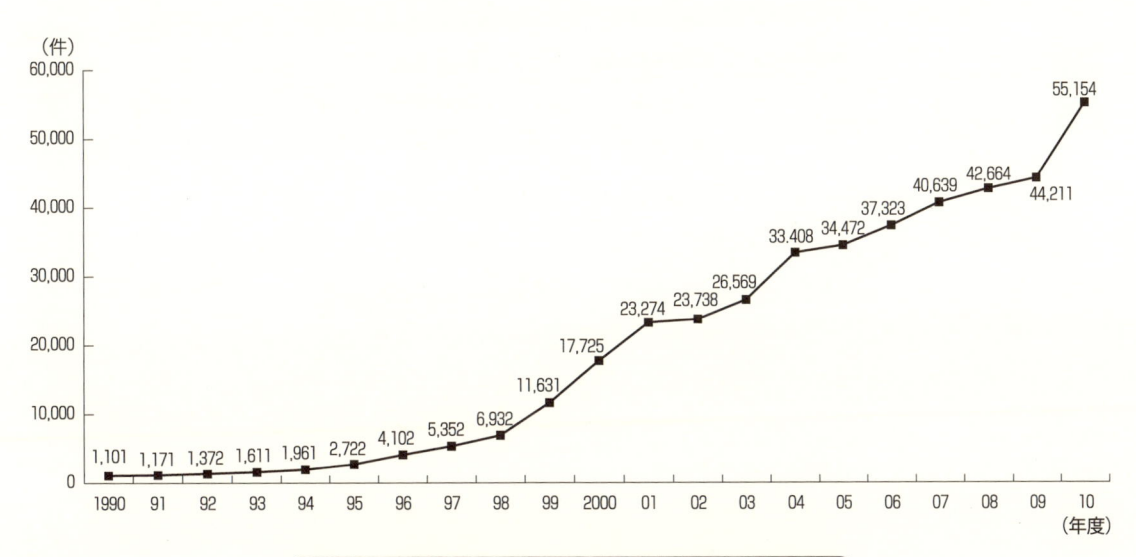

図X-2　児童相談所における児童虐待相談対応件数の推移

出所：厚生労働省（2011）. 平成22年度福祉行政報告例の概況より作成。

○ネグレクト

子どもに対する大人の保護の怠慢や拒否により健康状態や安全を損なう行為を言います。具体的には，遺棄・置き去り，家に閉じ込める（子どもの意思に反して学校に登校させない），重大な病気になっても病院に連れていかない，乳幼児を家に残したまま度々外出したり，車のなかに放置したりするなどがあります。さらに，適切な食事を与えない，下着など長時間ひどく不潔なままにする，極端に不潔な環境のなかで生活させるなど，食事，衣服，住居などが極端に不適切で健康状態を損なうほどの無関心・怠慢などもネグレクトになります。

○心理的虐待

暴言や差別など心理的外傷を与える行為を指します。主に言語的・非言語的に行われ，一番見えにくいものです。たとえば，言葉による脅かし，脅迫，無視，拒否的態度などがあります。さらに，「バカ」「マヌケ」「ブス」といった言葉を繰り返し言ったり，「お前なんか生まれてこなければよかった」と言うなど，子どもの自尊心を傷つけるような言動や他のきょうだいと著しく異なる差別的な扱いをすることも心理的虐待となります。

❷ 虐待を受けた子どもの心理

虐待の結果，死に直面するような体験をした子どもにとってこのような行為がトラウマとなる可能性は非常に高いです。これらの体験によって激しい恐怖感や無力感を感じる等の症状が出てきやすくなり，それが1か月以上継続して生活にさまざまな支障をきたすようになると外傷後ストレス障害（PTSD）と呼ばれます。西沢（1999）は，虐待を受けた子どもの心理として，以下のような点をあげています。

▷ 西沢哲（1999）．トラウマの臨床心理学　金剛出版

【強烈な視覚化あるいはその他の形態による反復的な想起や行動】
たとえば，虐待を体験した子どもが人形遊びのなかで，人形をいじめたりすることで自分が体験した虐待行為を繰り返し見せることがあります。

【トラウマ体験に関連した特定的な恐れ】
トラウマに関連した特定的な恐れをもちやすくなります。たとえば，なんとなくイヌを怖がる子どもはイヌ全般に恐怖を示しますが，イヌに追いかけられひどくかまれたトラウマ体験をした子どもは，自分をかんだ特定の種類のイヌを怖がる傾向があります。

【人間や人生あるいは将来に対する基本的な態度の変容】
人への基本的信頼感の喪失などは虐待を受けた子どもに特徴的に見られます。

【否認と麻痺】
家庭内で虐待を受けている子どもが，幼稚園・保育所や学校などで親の暴力によって生じた傷について尋ねられても「自分で転んだ」と言って，家庭内で起こっていることを隠そうとする「否認」が見られます。また，親から激しい

暴力を受けていても何の感情も起こらず，痛みすら感じられなくなるといった状態，いわゆる「麻痺」状態になることもあります。

【自己催眠と解離】

自己催眠は，「殴られているのは自分ではない」と心のなかで考えることで，自分から流された血が自分のものだと思えず他人が流した血であると思うような心の状態を引き起こします。さらに，暴力を受けている自分を天井から見下ろしているような「解離」という心的現象もあります。

【強い怒り】

虐待を受けている子どもは幼稚園・保育所や学校などで他の子どもに対して攻撃的になる傾向が出てくる場合があり，また，かんしゃくを起こしてパニックに陥りやすくなり，さらに自分の腕や太腿をカッターナイフで傷つけたりするといった自傷行為を行うことがあります。

❸ 学校でのかかわりについて

虐待された子どもたちの心のケアを行ううえでまず重要なのは，子どもたちが生活のなかで安心感・安全感をもてるようにすることです。「もうこれ以上，怖い思いをすることはないんだ」といった気持ちになるようにすることです。そして，安定した親子関係を過ごした経験が少ないために，子どものなかには自尊感情がもてず，「生まれてこなければよかった」という気持ちをもつ子どもや，「人なんて信用できない」という子もいます。そのためには，その子を支える周囲の大人が時間をかけて信頼関係をつくるなかで，人への信頼感，自尊感情を回復していくのです。真摯な態度で子どもの話を聴き，支えてくれる存在が子どもを回復させていくのです。

しかし，こうした支えるプロセスで，虐待を受けた子どもは，自分がきちんと守られているかを確認するために，教師に対して攻撃的な行動をとったりすることもあります。このときに，その子を思うがゆえに，かえって子どもに怒りを感じたり，逆に自分の力のなさにひどく落ち込んだりして，子どもへのかかわりを投げ出してしまいたくなることがあります。こうした感情になるのは支援者として特別なことではありません。そのため，自分一人だけで解決しようとして抱え込まず，校内体制のなかで支援チームをつくり，互いにサポートしながら子どもにかかわることが大切です。そして，児童相談所などの専門機関と密に連絡を取り情報交換などを行いながら，どのように子どもにかかわっていくべきかについてアドバイスをもらいながら子どもを支援していくことも重要です。その際に，学校での様子，家庭とのやりとりなどを詳細に記録しておくと，連携がスムーズになるうえに，児童相談所が保護するかどうかの緊急性を判断するうえで重要な資料となります。

（小林朋子）

第3部

将来の生き方の指導：キャリア教育

XI　キャリア教育の推進

1　キャリア教育の意義と理論

　他校の生徒指導関連の担当者から，次のような相談を受けました。どのようなアドバイスができるか考えてみましょう。

課題①：小学校の教師A

> 　メディア等においてキャリアという言葉は氾濫していますが，最近では，校内でもキャリアという言葉をよく聞くようになりました。キャリアという言葉を聞くと，仕事で使える能力や資格，職業における経歴というイメージがすぐに浮かびます。こういった内容は小学校の学習内容として必要なものなのかと疑問に思っていましたが，進路指導と似たような意味であり，本質的には同じであるというようなことも聞いたことがあります。キャリア教育とは，いったいどのようなことを目指そうとするものなのでしょうか。

課題②：中学校の教師B

> 　本校はキャリア教育に力を入れようとしています。しかし先日，保護者への説明を行った際に，何人かの保護者の方から「進学を希望する中学生が多いのに，キャリア教育なんて必要なのか」「まずは基本的な学力をしっかりと身に付けさせることが重要なのではないか」「受験に差し障りはないか」などという意見が出されました。学校と家庭の連携は必要不可欠なものと思われますので，こういった保護者に対して，どのように理解を求めていけばよいでしょうか。

課題③：高校の教師C

> 　これまで，生徒のもっている希望を大事にしてキャリア教育をすすめてきました。しかし，志望校を最終決定する時期に至り，合格可能性や保護者の意向などの影響力が強くなり，それまでの方向から大きく変更したり，「とりあえずは合格できるところを」と考える生徒も見られるようになってきました。このような現状を理解できなくはないのですが，これまでの指導は何だったのかと残念な気持ちもするのが正直なところです。このような時期に，どのような指導が適当なのでしょうか。

XI-1 キャリア教育の意義と理論

1 キャリア教育の歴史

大学等では,「キャリア」とか「キャリア教育」などという用語がよく使われていますが,近年では,小学校や中学校,高校においても「キャリア教育」が使われはじめています。文部科学省のホームページでは,進路指導とキャリア教育は「進路指導・キャリア教育」というように並記されていた時もありました。以前は「進路指導」でしたから,そこに「キャリア教育」という用語が付け加えられたということです。さらに,これらを並べて記しているので,全く同じとは言えないけれども,似たような意味合いをもっているということが推測できるでしょう。

この進路指導,キャリア教育と呼ばれる支援の歴史は古く,その始まりは大正時代に,当時アメリカで行われていた Vocational Guidance が紹介されたことにあります。Vocational Guidance は職業指導と翻訳され,これが現在にまでつながる流れの源になりました。その後1950年代後半に,職業指導から進路指導へと呼称が変わります。そして1999年頃から,キャリア教育という用語も使われるようになり,現在に至ります。

キャリア教育という用語の登場は近年の大きな変化ですが,それは1999年に公表された中央教育審議会の答申中にその用語が取り上げられたために広まったと言えます。そこで,それ以前の進路指導の定義,答申中に表現されたキャリア教育の定義,そして答申の後に出された,「キャリア教育の推進に関する総合的調査研究協力者会議報告書」の定義を表XI-1にまとめました。「キャリア教育の推進に関する総合的調査研究協力者会議報告書」は,現在の学校教育におけるキャリア教育の基盤を形成しているものと言えます。なお,この報告書の定義については,表中付記の点を踏まえておくことが重要です。

これらを比較してみると理解しやすいと思いますが,そこには若干の違いがあり,それぞれに特徴があることがわかります。特に報告書の定義は,従前からの進路指導の定義と,答申にあったキャリア教育の定義を折衷したようなものになっています。これらの変化は,思想的背景や社会変化の影響を受け,それに対応するように指導目標や内容の修正がなされた経緯を表しているとも言えます。

2 キャリア教育の意義

教育基本法を参照するまでもなく,教育には,個人の人格を発達させることと,望ましい社会の構成員を育成することが期待されています。キャリア教育は,この教育にかけられる2つの期待との対応において大きな意義をもちます。

この意義は,表XI-1に示した定義にも反映されていますが,それらを比較してみると力点の置き方には多少の差があります。進路指導の定義は個人の発

▷1 1957年の中央教育審議会答申「科学技術教育の振興方策について」において,職業指導に代えて,進路指導という用語が用いられた。

▷2 この答申は,「初等中等教育と高等教育との接続の改善について」というタイトルなので,「接続答申」と略して呼ばれることも多い。XI-4 も参照のこと。

▷3 キャリア教育の推進に関する総合的調査研究協力者会議(2004).キャリア教育の推進に関する総合的調査研究協力者会議報告書——児童生徒一人一人の勤労観,職業観を育てるために

表 XI-1　進路指導・キャリア教育についての定義

文部省 ◁4	進路指導とは，生徒の個人資料，進路情報，啓発的経験及び相談を通じて，生徒がみずから，将来の進路の選択，計画をし，就職または進学して，さらにその後の生活によりよく適応し，進歩する能力を伸長するように，教師が組織的，継続的に指導・援助する過程をいう。
中央教育審議会答申 ◁2	学校教育と職業生活の円滑な接続を図るため，望ましい職業観・勤労観及び職業に関する知識や技能を身に付けさせるとともに，自己の個性を理解し，主体的に進路を選択する能力・態度を育てる教育。
キャリア教育の推進に関する総合的調査研究協力者会議報告書 ◁3	児童生徒一人一人のキャリア発達を支援し，それぞれにふさわしいキャリアを形成していくために必要な意欲・態度や能力を育てる教育。端的には，「児童生徒一人一人の勤労観，職業観を育てる教育」。 （ただし，この報告書においては，「キャリア」は，「個々人が生涯にわたって遂行する様々な立場や役割の連鎖及びその過程における自己と働くこととの関係付けや価値付けの累積」であると記されています。また「働くこと」については，「今日，職業生活以外にも，ボランティアや趣味などの多様な活動があることなどから，個人がその職業生活，家庭生活，市民生活等の全生活の中で経験する様々な立場や役割を遂行する活動として幅広くとらえる必要がある」と付言されています。)

▷4　文部省（1961）．中学校　進路指導の手びき（学級担任編）

達という側面が強く，逆に答申は望ましい社会の構成員を育成するという側面が強調される傾向が見られます。それらの中間に位置しているのが，「キャリア教育の推進に関する総合的調査研究協力者会議報告書」と言えるのではないでしょうか。どのようなバランスが望ましいかということは難しい問題ですが，キャリア教育を進めるうえで，個人のためと，社会のためという2側面を考慮に入れることは非常に重要なポイントになります。

　もう一つキャリア教育の意義をあげるとすれば，現在を過去や未来とつなげるという点を指摘できるでしょう。キャリアという言葉は，過去，現在，未来という時間の連続性をも意味します。そのため，キャリアを強調することは，現在を，過去との関連から，また同時に未来との関連から位置づけ，意味づけることとなります。このような視点から現在を眺めると，学校で行っているさまざまな学習に対して，人生における意味を与えやすくなると考えられます。

３　キャリア教育と理論

　キャリア教育を考える際に有用な理論としては，「特性・因子論」，「発達理論」，「意思決定理論」などが代表的なものと言えます。近年では，クランボルツ（Krumboltz, J.D.）の理論も頻繁に取り上げられるので，それを加えた4つについて紹介します。

▷5　「特性・因子論」，「発達理論」，「意思決定理論」については，以下の文献などが参考になる。
　渡辺三枝子（編）（2007）．新版　キャリアの心理学　ナカニシヤ出版

◯特性・因子論

　特性・因子論（マッチング理論とも呼ばれる）は，端的に表現すると適材適所という考え方です。個人の能力や興味はそれぞれであり，また仕事が働き手に求める能力や興味もそれぞれであるため，それらが合致する職業を選ぶことがよい選択になるという仮定が背景にあります。これをよい選択と言えるのは，選択した者自身も満足でき，またその人を受け入れた側も満足できると考えられるからです。進路を選ぼうとする際，興味検査や適性検査などが活用されますが，それらを利用する根拠はこの特性・因子論によって示されます。

◯発達理論

　発達的視点をもってキャリアを整理した理論を発達理論（キャリア発達理論）

表 XI-2　学校段階別に見た職業的（進路）発達段階，職業的（進路）発達課題

小学校段階	中学校段階	高等学校段階
〈職業的（進路）発達段階〉		
進路の探索・選択にかかる基盤形成の時期	現実的探索と暫定的選択の時期	現実的探索・試行と社会的移行準備の時期
〈職業的（進路）発達課題〉		
・自己及び他者への積極的関心の形成・発展 ・身のまわりの仕事や環境への関心・意欲の向上 ・夢や希望，憧れる自己イメージの獲得 ・勤労を重んじ目標に向かって努力する態度の形成	・肯定的自己理解と自己有用感の獲得 ・興味・関心等に基づく職業観・勤労観の形成 ・進路計画の立案と暫定的選択 ・生き方や進路に関する現実的探索	・自己理解の深化と自己受容 ・選択基準としての職業観・勤労観の確立 ・将来設計の立案と社会的移行の準備 ・進路の現実吟味と試行的参加

出所：国立教育政策研究所生徒指導研究センター（2002）．児童生徒の職業観・勤労観を育む教育の推進について

と呼びます。発達理論は，進路の選択やそこでの適応の内容や過程に注目しながら，それらがつながりあって人生を形成する過程を明らかにしようとする理論です。接続答申や「キャリア教育の推進に関する総合的調査研究協力者会議報告書」では，小学校からのキャリア教育が提言されていますが，これは発達的視点をもってキャリアをとらえ，適切な時期に適切な支援を行う必要性を示しています。その際に参考になる一つの案を表XI-2に示します。

◯意思決定理論

たとえば職業を決める場合，社会にはさまざまな職業があるけれども，そのうちの一つを選ばなければならないという事態に直面します。このような場面での選択方法を整理したものが意思決定理論と呼ばれます。自分の希望にもっとも近い選択肢を選び出すためには，どのような情報が必要であり，またどのように考えていけばよいのかという合理的道筋を提供してくれる理論です。

◯偶発理論

人の人生は偶然によって決定されるという前提に立つ理論です。しかし，このような立場をとると，指導や支援は無意味なものとなります。そのため，従来はこれを否定しようとする方向で研究が進んできました。しかしクランボルツは，将来は予測できないという前提を認めたうえで，それを積極的に活用しようとする**プランド・ハプンスタンス理論**を提唱して注目を集めています。その理論では，将来をコントロールすることはできないのだから，偶然に起こる出来事を活用しよう，将来のよい偶然を生みだすために前もってその種を積極的に蒔いておこうというような姿勢を強調します。そのためには，好奇心，持続性，楽観性，柔軟性，リスク・テイキングなどが重要になると指摘されています。

（浦上昌則）

▶6　プランド・ハプンスタンス理論
「計画された偶発性理論」などとも訳されている。クランボルツによる著書，『その幸運は偶然ではないんです！』（ダイヤモンド社，2005年）は，その概要を知るのに適している。

第3部 将来の生き方の指導：キャリア教育

XI　キャリア教育の推進

2 キャリア教育の進め方

他校の生徒指導関連の担当者から，次のような相談を受けました。どのようなアドバイスができるか考えてみましょう。

課題①：小学校の教師A

> キャリア教育という話題が校内でもとりざたされるようになり，その概要を耳にする機会も多くなってきました。私は小学校の教科のなかにある社会科は，キャリア教育において非常に重要な位置にある教科ではないかと感じています。もちろん，他の教科においては関連が薄いということではなく，学校を卒業した後に出て行く先は社会ですから，その社会を学ぶ社会科は特に中心的なものになるのではないかという直感的なものです。このような理解は正しいと言えるのでしょうか。

課題②：中学校の教師B

> 私は，クラス担任をしていますし，部活動や生徒会活動についても顧問などとして担当しています。先日，キャリア教育に関する講演を聞いた同僚から，職業観や勤労観の育成には係活動や部活動，生徒会などを通しての指導が有用であるという内容が話されたことを聞きました。しかし，自分で直接聞いたわけではないので，係活動や部活動，生徒会などを通しての指導がどうして職業観や勤労観の育成につながるのか，いま一つ理解できません。このポイントはどこにあるのでしょうか。

課題③：高校の教師C

> 本校は，いわゆる進学校として地域に認識されており，どのような大学へ何名進学したかということが注目を集めるような学校です。そのため，教師もそのような地域の認識や期待を意識せざるを得ないところがあり，学習指導には非常に力を入れています。ところが，大学等への進学が，手段ではなく目的となってしまっているような生徒もおり，進学後のことが不安になる場合もあります。こういった学校のよいところを残しながら，キャリア教育を導入する方法はあるでしょうか。

❶ キャリア教育の目指すところ

　キャリア教育の目指すところは，XI-1 でも触れた定義や意義に表現されています。しかし，定義は大きな方向性を示しているものなので，具体的に指導を考える際にはより具体的なポイントを整理した資料があると便利です。

　最近では，表XI-3 に示した資料がよく用いられています。この資料を見る際には，留意しておくべきポイントがあります。それは，あくまでも一つの例であることと，「能力」という言葉で表現されているものについてです。この表中で用いられている「能力」は，英語の"competency"の訳語です。この言葉は，「ある課題への対処能力であり，訓練によって習熟するもの」という意味を含んでいます。たとえば【自他の理解能力】の部分では，「自己理解を深め，他者の多様な個性を理解し，互いに認め合うことを大切にして行動していく能力」とあります。これは「深め」たり，「理解し」たり，「行動し」たりすることを支えている「能力」に着目する必要がある，ということを意味しています。表XI-3 は文部科学省が中心になって検討をすすめてきたものですが，経済産業省が中心になって検討を進めている「**社会人基礎力**」や，厚生労働省がまとめている「**就職基礎能力**」，社会人として，また職業人として必要と言

▷1　社会人基礎力
「前に踏み出す力（アクション）」「考え抜く力（シンキング）」「チームで働く力（チームワーク）」の3つの内容から構成されている。詳細は「社会人基礎力に関する研究会――中間取りまとめ」（社会人基礎力に関する研究会，2006）で確認できる。なお，「社会人基礎力」という概念名と，その内容には若干齟齬があるので注意。

▷2　就職基礎能力
「コミュニケーション能力」「職業人意識」「基礎学力」「ビジネスマナー」「資格取得」の5つの内容から構成されている。詳細は，「若年者就職基礎能力修得のための目安策定委員会報告書」（中央職業能力開発協会，2004）で確認できる。

表 XI-3　キャリア発達にかかわる諸能力（例）

領域	領域説明	能力説明
人間関係形成能力	他者の個性を尊重し，自己の個性を発揮しながら，様々な人々とコミュニケーションを図り，協力・共同してものごとに取り組む。	【自他の理解能力】 自己理解を深め，他者の多様な個性を理解し，互いに認め合うことを大切にして行動していく能力 【コミュニケーション能力】 多様な集団・組織の中で，コミュニケーションや豊かな人間関係を築きながら，自己の成長を果たしていく能力
情報活用能力	学ぶこと・働くことの意義や役割及びその多様性を理解し，幅広く情報を活用して，自己の進路や生き方の選択に生かす。	【情報収集・探索能力】 進路や職業等に関する様々な情報を収集・探索するとともに，必要な情報を選択・活用し，自己の進路や生き方を考えていく能力 【職業理解能力】 様々な体験等を通して，学校で学ぶことと社会・職業生活との関連や，今しなければならないことなどを理解していく能力
将来設計能力	夢や希望を持って将来の生き方や生活を考え，社会の現実を踏まえながら，前向きに自己の将来を設計する。	【役割把握・認識能力】 生活・仕事上の多様な役割や意義及びその関連等を理解し，自己の果たすべき役割等についての認識を深めていく能力 【計画実行能力】 目標とすべき将来の生き方や進路を考え，それを実現するための進路計画を立て，実際の選択行動等で実行していく能力
意思決定能力	自らの意思と責任でよりよい選択・決定を行うとともに，その過程での課題や葛藤に積極的に取り組み克服する。	【選択能力】 様々な選択肢について比較検討したり，葛藤を克服したりして，主体的に判断し，自らにふさわしい選択・決定を行っていく能力 【課題解決能力】 意思決定に伴う責任を受け入れ，選択結果に適応するとともに，希望する進路の実現に向け，自ら課題を設定してその解決に取り組む能力

出所：キャリア教育の推進に関する総合的調査研究協力者会議（2004）．キャリア教育の推進に関する総合的調査研究協力者会議報告書――児童生徒一人一人の勤労観，職業観を育てるために

われる能力をまとめた一般書なども参考になります。しかし，いずれもあくまでも例ですので，こういったものを参考に，目前の児童生徒をよく観察しながら現状に沿った具体的な目標を立てることが重要です。

もちろん，ここで取りあげられているような力と教科学習などが乖離することはありません。たとえば表XI‐3では，説明文のなかに「考える」「理解する」「認識する」「計画する」「解決する」などといった言葉が用いられていますが，これらはすべて教科学習においても重要視される点です。教科学習は，いわば「能力」，すなわち"competency"を涵養する役割を担っていると言えます。

② 社会の理解をすすめる

キャリア教育をすすめていくうえで常に意識しておかなければならないことに，社会というものの存在があります。人は，自分の人生をある社会のなかで具体化していくので，社会についての理解は不可欠と言えます。

この社会という言葉は，"society"の訳語として明治初頭につくられた言葉です。それまでの日本には"society"に対応する概念がなく，当時の知識人でさえ，欧米には「同質平等な個人とそれら個人のつながりとしての社会というもの」が存在するようだと，やっと気づき始めた状況であったようです。それからすでに百数十年が経ち，今では，小学校から社会科を通して社会について学んでいます。また各種マスメディアの発達で，社会に関する情報は多く目や耳に入ってきます。しかし，昨今のキャリアをめぐる状況を踏まえると，「社会とは何か」という点での理解ができているとは言えないようです。

▷3 齋藤毅（2005）．明治のことば——文明開化と日本語　講談社学術文庫（オリジナル刊行　1977）

同質平等な個人のつながりが社会と呼ばれるという点は，特に職業の選択とも密接に関連します。社会が形成されると，そこに役割分担が生まれます。それぞれの個人が役割を分担し，それを担うことで，社会は円滑に機能します。すなわち，ある個人は，他の個人の役割分担に支えられて生活を営んでいるという関係が生じるのです。職業は社会における役割分担の一形態であり，職業を選択するということは，社会における役割を選択することになります。

▷4　XI‐4「職業観・勤労観の形成」も参照のこと。

このようなことを踏まえると，たとえば「職業調べ」学習を行った際，仕事内容を調べるだけでは不十分と言えるでしょう。なぜなら，職業の社会における役割に焦点があてられていないからです。どういった人に求められている職業なのか，どういった人にサービスを提供している職業なのかという，社会的役割への注目が，社会と職業の関係を理解するために不可欠と言えます。

③ 社会性を育むために

人は社会のなかで生きていくので，キャリア教育において社会性が重要なことは指摘するまでもないでしょう。学校では，集団活動の場で自分の役割や責任を果たす，互いの特性を認めあう，協力して諸問題を話しあうなどといった

表 XI-4　学級活動の指導例

本時のねらい
①学級生活を営むために，学級内の仕事を分担する組織の必要性を理解する。
②全員が係を分担することにより，協力してよりよい学級作りをする意欲と態度を持つ。

本時の展開

	活動・指導内容（資料）		○指導・援助の留意点 ●評価（方法）
	生徒の活動	教師の働きかけ	
活動のはじめ	○先生から本時のテーマの説明を聞く。	○本時のねらいを知らせ，司会者のもとで進行させる。	○自分たちの学級をよりよくするために活発な学級の組織の必要性を理解させたい。
活動の展開	私たちの学級の組織をつくろう		
活動の展開	○学級の組織や係活動がなぜ必要なのか話し合う。○学級での仕事にはどんなものがあり，どんな係が必要かについて原案を示す。○原案について話し合う。○学級の係を決める。○その他，学級の各係に適切な人を選ぶ。○学級委員や生徒会の委員などを選ぶ。○立候補を募り，出ないときは互選する。○グループで話し合いをして推薦する。	○班長を中心にして話し合いの結果をまとめさせる。○司会の補助をする。	○自分たちに必要な係を考えさせ，自発的な活動を進めさせる。●積極的に話し合いに参加することができたか。（観察）○話し合い活動が円滑に進むように支援する。○係の人は偏らないように配慮する。○立候補者がいれば尊重する。○時間が不足したら短学活で行う。●よりよい学級を作る意欲を持つことができたか。（観察）
活動のまとめ	○決まった係・委員ごとに抱負を発表する。	○学級の組織は学級全体のものであることを自覚させる話をしてまとめる。	○学級全体で選出した係・委員であることを確認させたい。

出所：日本進路指導研究会（監修）（2000）．最新　進路学習を核とした学級活動の展開　実業之日本社

能力や態度を示す際に「社会性」という言葉が使われることが多いと言われます。ところがこのような意味は，一般的に用いられる「社会性」という言葉よりも，内容が人間関係に限定されていると言えるでしょう。ここではより広く，「社会の構成員として身に付けておくべきさまざまなこと」ととらえておきます。なおこのような内容は，「市民性（シティズンシップ）」「公共の精神」「公民性」「公民的資質」などとも表現されます。

この社会性を身に付けるために，学校または学級という社会を活用しない手はありません。なぜなら，学校は「小さな社会」だからです。学校におけるすべての活動，また学校生活に関係するすべての活動が，社会性を身に付ける練習となります。

日々の学校生活すべてを通して，子どもたちは社会性を学習していますが，この点がもっとも顕著に現れるのが，係活動，部活動，児童会・生徒会活動などの場面でしょう。係活動を例にとれば，社会と役割の関係についてのよい学習機会となります。係があるから担当を決めるのではなく，クラスのメンバー（社会）がどのような役割（係）を望んでいるのか，どのような役割（係）があるとクラス（社会）はより円滑に機能するのかと考えることが，社会と個人の関係，さらに役割というものの意味を考えるきっかけになります。一つの指導例を表 XI-4 に示しておきます。

（浦上昌則）

▷5　国立教育政策研究所生徒指導研究センター（2004）．「社会性の基礎」を育む「交流活動」・「体験活動」――「人とかかわる喜び」をもつ児童生徒に

XI キャリア教育の推進

3 キャリア教育の方法と技術

他校の生徒指導関連の担当者から，次のような相談を受けました。どのようなアドバイスができるか考えてみましょう。

課題①：小学校の教師A

> キャリア教育は小学校段階から継続的に行うべきということで，本校においても積極的に取り入れたいと考えています。そして，もちろん教科と関連させた形で展開したいのですが，「国語と職業とは直接関係するのだろうか」，「理系に進んでそういった仕事に就いた場合を除くと，理科で学習することは単なる教養にすぎないのではないだろうか」などと，教師の間でもその関連性をはっきりとつかめずにいます。教科との関係をどのように理解すれば，教科とキャリア教育がつながるでしょうか。

課題②：中学校の教師B

> 本校では，2年生で2日間の職場体験学習を実施しています。文部科学省がすすめるように5日間で実施してみたいのですが，予算的な面などのどうしようもない理由があり，2日間を確保するのがやっとという状況です。生徒にとっては，その場所に慣れてきたと思ったら終わり，という期間しかとることができていません。しかし，与えられた状況のなかでできる限りのことをやっていきたいと思っています。こういった場合には，どのような点に配慮して体験学習の計画を立てるとよいでしょうか。

課題③：高校の教師C

> キャリア教育において，「自己理解」の重要性は頻繁に指摘されています。そのため同僚の教師にも，この点に留意して指導にあたってもらうよう理解を求めています。しかし時には，「自己理解という行為はタマネギの皮をむくようなもので，理解できるようなものではないのではないか」とか，「どのような側面をどの程度の深さまで明らかにしていくべきなのか」といった質問をされることもあります。キャリア教育における「自己理解」は，どのように位置づけておくべきことなのでしょうか。

1 6つの活動

キャリア教育（従来の進路指導）では，以前から6つの活動が重視されてきました。それらは以下のようです。またこれらの活動は図Ⅺ-1のように関係していると考えられます。

● 自己理解にかかる活動

これは，自分の興味や関心，能力，態度，価値観など多方面について理解する活動です。自らにとって望ましい，また社会的に見ても適切な進路を選択するための情報源となります。「自分は何をしたいのか」という視点で自分自身を理解するだけでなく，「自分は社会のなかでどのような役割にふさわしいのか」といった社会的な視点で自分を理解することも必要です。また自己理解には，この他にも2つの側面があります。子どもたちが自分について理解を深めるという側面と，教師が指導や援助に活用するために子どもたちを理解するという側面です。

● 進路情報の理解にかかる活動

上級学校や職業について，またそこに至るプロセスなどについての情報を収集し，理解する活動です。もちろん，社会についての理解がその基盤になります。また自己理解とともに，児童生徒自身にとって望ましい，また社会的に見ても適切な進路を選択するための情報ともなります。近年では，上級学校や企業もパンフレットなどを準備していますし，インターネットなどを通しても情報は比較的簡単に手に入ります。それゆえ，**情報リテラシー**[1]の育成も併せて考えていくことが必要です。

▷1 情報リテラシー
情報リテラシーは，information literacyの訳。情報を探し出し，精査・検討し，活用できる力，情報を使いこなす力という意味。

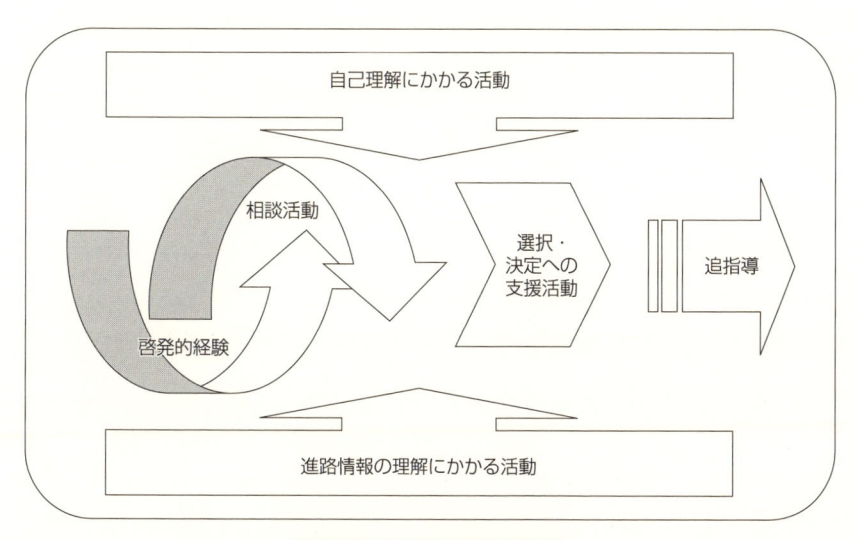

図Ⅺ-1 6つの活動の構造

出所：三村隆男（2004）．キャリア教育入門 実業之日本社を改変。

○ 啓発的経験

子どもたちが，自らのキャリアをさまざまな経験にもとづいて考えていくための活動です。近年盛んに行われている，職場見学や職場体験，**インターンシップ**[*2]などがこれに該当します。進学の場合には，オープンキャンパスや模擬授業に参加することも同様です。さらにボランティア活動などもこれに含めてよいでしょう。しかし，経験するだけでは啓発的経験にはならないことに留意が必要です。その経験から自分自身，上級学校，社会や職業，そして自らの生き方にかかわる何かを導き出せてはじめて，それは啓発的経験になります。

○ 相談活動[*3]

いわゆるカウンセリング（キャリア・カウンセリング）の活動であり，個別はもちろん，保護者を加えた三者面談も相談活動の一つです。また集団でも実施されています。従来は，成績を示して現実的な進路を決めるといった，**出口指導**[*4]とも呼ばれる相談がなされることもありました。こういった指導も相談活動ではありますが，卒業後の進路を決める時期が差し迫ったときだけに行うのでは十分な効果は期待できません。個々の，または子どもたち全体の状況をみながら，計画的に行うことが望まれます。

○ 選択・決定への支援活動

ある進路先を選ぶということは，選択肢を集め，比較検討し，最善のものを選ぶというプロセスです。そのため，選択肢，比較検討の材料となる情報，ある程度の時間，そして決定方法が必要となります。図XI-1に示されるように，選択・決定はこれまでに説明した4つの活動と密接な関係があり，それらに欠落があると最善のものを選ぶことが困難になります。ところが，十分な情報があっても，それをうまく使うことができなければ，これも同様の結果となるでしょう。意思決定理論などを参考に，決め方について教授することは不可欠と言えます。

○ 追指導

新しい進路先で，うまく適応できているかどうかを調査したり，必要に応じて支援をしたりする活動です。この活動の重要な点の一つは，教育の評価という意味をもつところです。たとえば上級学校に多数の進学者を送りだしたとしても，そこでの適応状況がよくなければ，それがなぜなのかを分析し，在学中に対応のできるものであれば指導の改善に反映させる必要があります。

❷ さまざまな学習とキャリア

キャリア教育の中核をなすと考えられる活動は上述の通りですが，それらだけがキャリア教育であり，重要であるというわけではありません。「キャリア教育の推進に関する総合的調査研究協力者会議」の報告書では，「キャリア発達には，児童生徒が行うすべての学習活動等が影響するため，キャリア教育は，

▷2 インターンシップ
インターンシップは，在学中に行ういわゆる就業体験のことで，主に大学などで行われている。厚生労働省は，高校生を対象としたインターンシップをジュニア・インターンシップと呼び，これを推進している。

▷3 XI-5「進路相談の進め方」も併せて参照のこと。

▷4 出口指導
出口指導とは，全在学期間を通しての指導ではなく，卒業を目前に，進学先，就職先の選択・決定のみに傾斜した指導のことを呼ぶ。

▷5 意思決定における最善のもの（最善の選択肢）とは，1つであるとは限らない。採用した決定ルールによって，最善のものは変わる可能性もある。詳しくは，『就職活動をはじめる前に読む本』（浦上昌則・三宅章介・横山明子（2004）．北大路書房）などが参考になる。

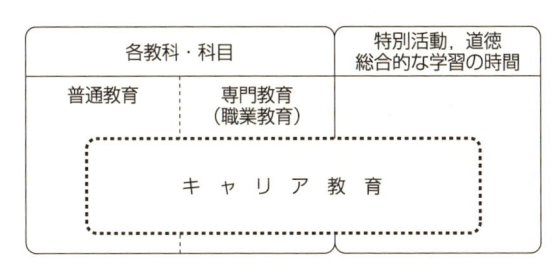

```
┌─────────────────────────┬──────────────────────┐
│      各教科・科目       │  特別活動，道徳      │
├────────────┬────────────┤  総合的な学習の時間  │
│  普通教育  │  専門教育  │                      │
│            │ (職業教育) │                      │
│  ┌─────────┴────────────┴─────────────┐        │
│  │     キ ャ リ ア 教 育              │        │
│  │                                    │        │
└──┴────────────────────────────────────┴────────┘
```

図 XI-2　各教科等とキャリア教育

出所：キャリア教育の推進に関する総合的調査研究協力者会議（2004）.より。

学校のすべての教育活動を通して推進されなければならない」と提言し，図XI-2のように示しています[6]。この図では，「キャリア教育」には含まれない教育内容があるようにも理解できますが，そうではなく，すべてがキャリア教育に含まれると考えておくべきでしょう。学校内外で行われるすべての学習がキャリア教育につながっているという認識でいることが重要です。

教科外の活動については，XI-2の「❸社会性を育むために」でも触れました。そこで，ここでは教科学習について触れてみたいと思います。

図XI-2を提示した報告書では，各教科の学習を通して，自己の生き方を探求したり，将来就きたい職業や仕事への関心・意欲を高めたりすること，社会や産業の変化，労働者の権利や義務についての学習を通して，目指すべき職業や上級学校の学部・学科を選択する力を身に付けるといったことを指摘しています。この指摘は重要であり，教科の内容とキャリアの関係をしっかり検討することが求められます。しかし，教科や単元の特徴などによっては，指摘されるように教科内容とキャリアをうまく重ねられない場合や，その関連をつかみきれない場合も多いと思われます。

こういった場合には，職業の問題に限らず，人生を歩んでいくという幅広い視点から教科を考えてみるとよいでしょう。たとえば，職業的な場面はもちろん，人生のどのような面においても，学び続けるということは不可欠と考えられます。すなわち学ぶ力を涵養するという点は，キャリア教育の視点から教科教育を見た場合に重視すべきものと言えます。その他にも，教育の大きな目標である人格の形成のために幅広い知識をもち，教養を高めるという点から重要ですし，何かを学んでいないことから生じるデメリット（リスク）を軽減するという点でも重要と言えるでしょう。もちろんXI-2「❶キャリア教育の目指すところ」で触れた，competencyを涵養するという点でも重視されます。

現実には，進学や就職に直接関係のない教科や活動などには身が入らないという状況があります。このような学習の仕方は，志望先に合格する，または入社するためには合理的と言えますが，その後のことまでを考慮するとデメリットも大きいと言えます。学習するということを，人生を踏まえた幅広い視点からとらえ直すことも，キャリア教育として大切な点と言えます。（浦上昌則）

▷6　キャリア教育の推進に関する総合的調査研究協力者会議（2004）．キャリア教育の推進に関する総合的調査研究協力者会議報告書——児童生徒一人一人の勤労観，職業観を育てるために

第3部　将来の生き方の指導：キャリア教育

XI　キャリア教育の推進

4　職業観・勤労観の形成

　他校の生徒指導関連の担当者から，次のような相談を受けました。どのようなアドバイスができるか考えてみましょう。

課題①：小学校の教師A

　小学校の4年生を担当しています。先日，「大人になったら何になりたいか」と尋ねてみると，「大リーグの選手」とか「アナウンサー」などといった小学生らしい答えがかえってきました。しかし，一部の児童からは「サラリーマン」という漠然とした答えや，「フリーター」とか「何もしたくない」といった答えもかえってきました。もちろん悪い答えというわけではないと思いますが，今後どういった指導が望まれるでしょうか。

課題②：中学校の教師B

　職業観や勤労観の育成を目指し，本校では職場体験学習を導入しています。生徒たちはさまざまな体験をし，職業や働くことの重要性を認識して戻ってきていると感じられるのですが，それが進路の選択と整合していないようにも思います。たとえば介護の経験をし，介護の重要性やそういった仕事の喜びを作文などに表現する生徒はいますが，だからといって介護に関係する進路を選ぶかというと，そうでもない場合がほとんどです。このような状況をみていると，職場体験がキャリアの形成に役立っているのかどうか疑問に感じたりもします。こういう状況でも問題はないのでしょうか。

課題③：高校の教師C

　先日，生徒たちに将来の職業というテーマでディスカッションをさせていたのですが，そのなかで「現在かかわっているボランティアを将来の仕事にしたい」という意見が出てきました。これがきっかけとなって，ボランティアは仕事になるのか，仕事と職業とは同じなのかなど，さまざまな意見が交わされました。意見交換は活発に行われたのですが，結論のようなものは出せず，また私の方もうまくはまとめられなかったため，よい雰囲気で終わることができませんでした。「職業」や「仕事」，「労働」などといった言葉は，どのように整理したらよいのでしょうか。

XI-4 職業観・勤労観の形成

1 「接続答申」における問題

　キャリア教育という用語が教育現場で積極的に用いられるようになった発端は，1999年に公表された中央教育審議会の答申にその用語が取り上げられたためと言えます（表XI-5）。答申とは，諮問に対する回答のことです。そこでそのときの諮問文を見てみると，「文部大臣諮問理由説明」のなかに，これに関連する一文があります。そこには，「学校における望ましい職業観の育成や職業生活に結びついた教育内容等，学校教育と職業生活との接続にかかわる課題についても，御検討をいただきたいと考えております」と記されています。

　ここからわかるように，「職業観の育成や職業生活に結びついた教育内容」について検討依頼があり，それに対する回答として，キャリア教育が学校と職業との接続にかかわる課題に対応する教育として答申されたのです。では，当時の文部大臣はなぜそのような諮問を行う必要があったのでしょうか。

　表XI-5の答申文章にもありますが，フリーター，ニート，早期離職などといった現象の存在が一つの理由と考えられます。これを解決すべき社会問題と考えたために，また学校教育のなかで対応が必要な問題と考えたために，先のような諮問となったものと考えられます。そして，職業に関する知識や技能とともに，職業観や勤労観といったものが問題の鍵と位置づけられたのです。

2 職業と勤労

　対象に対する人の考え方や意味づけを示す場合，一般的に「観」という字を添えて表すことがあります（たとえば，人生観や歴史観など）。職業観や勤労観も同様であり，それぞれ職業もしくは勤労に対する考え方や意味づけを意味しています。そのため，職業観や勤労観を考えるためには，まず職業，勤労という言葉の意味を明らかにする必要があるでしょう。

▷1　文部大臣（1998）．初等中等教育と高等教育との接続の改善について（諮問）

▷2　ニート（NEET: Not in Employment, Education or Training）就業も在学もしていない人々を指す。日本でこの言葉が一般化したのは2003年頃からであり，答申はそれより前の1999年に出されたので，まだニートという表現は使われていなかった。

表XI-5　1999年中央教育審議会答申（抜粋）

第6章　学校教育と職業生活との接続
　新規学卒者のフリーター志向が広がり，高等学校卒業者では，進学も就職もしていないことが明らかな者の占める割合が約9%に達し，また，新規学卒者の就職後3年以内の離職も，労働省の調査によれば，新規高卒者で約47%，新規大卒者で約32%に達している。こうした現象は，経済的な状況や労働市場の変化なども深く関係するため，どう評価するかは難しい問題であるが，学校教育と職業生活との接続に課題があることも確かである。

第1節　学校教育と職業生活の接続の改善のための具体的方策
　学校と社会及び学校間の円滑な接続を図るためのキャリア教育（望ましい職業観・勤労観及び職業に関する知識や技能を身に付けさせるとともに，自己の個性を理解し，主体的に進路を選択する能力・態度を育てる教育）を小学校段階から発達段階に応じて実施する必要がある。キャリア教育の実施に当たっては家庭・地域と連携し，体験的な学習を重視するとともに，各学校ごとに目標を設定し，教育課程に位置付けて計画的に行う必要がある。また，その実施状況や成果について絶えず評価を行うことが重要である。
　同時に，学校教育において情報活用能力や外国語の運用能力の育成等，社会や企業から評価される付加価値を自ら育成するなど，職業生活に結び付く学習も重視していくべきである。

○ 職　業

職業は一般的に用いられている言葉なので，意味を理解しているような気になりやすい言葉です。しかし，職業とは何かと問われると，それに回答することはかなり難しく感じるのではないでしょうか。

職業を定義しようとする試みは，これまでにもいくつかなされていますが，もっとも広く知られているのが尾高（1941）による定義でしょう。尾高は，職業とは何かということに一義的な規定を行うことは困難としながらも，次の3つの要件をすべて含んだ継続的な行為としています。

▷3　尾高邦雄（1941）.
職業社會學　岩波書店

(a)生計の維持：それによって収入を得て，生活を支えるという要件のことです。ボランティアなどはこの要件を満たさないので，次の2つの要件を満たしていても職業とは呼びません。

(b)個性の発揮：自分の力を発揮して他に寄与するという要件です。自分に合ったことをするという意味だけではなく，社会に最大限の寄与をするためには自分に合ったことをすることが効率的であるという意味も含みます。

(c)役割の実現：社会の構成員として役割を分担するという要件です。社会が円滑に運ぶためには，社会を構成する個人がそれぞれの役割を果たさなければなりません。その役割分担として職業があるということです。

○ 勤　労

文部科学省などの文章では，この勤労という言葉が使われることが多いのですが，「働く」とか「働くこと」という表現が一般的でしょう。ここでは，勤労は「働くこと」と言い換えることができるとして話を進めます。では「働く」とは何かというと，一般的に「活動する」「動く」という広い意味をもつ言葉として使われています。

これに関しては「キャリア教育の推進に関する総合的調査研究協力者会議」の報告書がうまく表現しています。この報告書によるキャリア教育の定義は表XI-1（p.170）に示しましたが，「働くこと」は，「個人がその職業生活，家庭生活，市民生活等の全生活の中で経験する様々な立場や役割を遂行する活動として幅広くとらえる必要がある」と説明されていました。すなわち，「働くこと」は，「様々な立場や役割を遂行する活動」という広い意味をもつのです。なお，「立場や役割」と言うと社会のなかの個人という立場を強調することになり，社会的な活動に限定されてしまいますが，「全生活のなかで経験する」活動ですので，趣味など自分のために「働くこと」も含まれると言えます。

▷4　キャリア教育の推進に関する総合的調査研究協力者会議（2004）. キャリア教育の推進に関する総合的調査研究協力者会議報告書――児童生徒一人一人の勤労観，職業観を育てるために

以上のような職業と勤労の関係を整理すると，図XI-3のように表現できるでしょう。職業に就いて働くということは，「働くこと」の一部であり，それは社会のため，自分のための活動と言えます。

図 XI-3　職業と働くことの関係

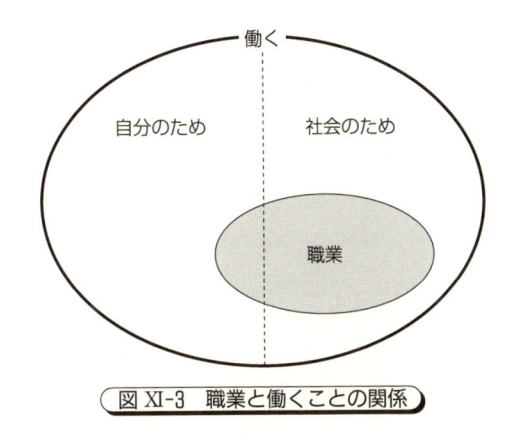

3　職業観・勤労観を育てる

　上記のような，職業および勤労に対する考え方や意味づけである職業観や勤労観を形成するために，近年では職場体験が多くの学校で実施されています。2007年度には，全国の公立中学校の95.8％が職場体験を実施しました。これは貴重な経験となるでしょうが，XI-3 でも触れたように，経験するだけでは啓発的経験にはなりません。また職場を体験するといえども，その経験は限られています。こういった限界があることを踏まえると，職業観や勤労観を育てる留意点として以下のようなことが考えられます。

　まず，「社会」や「個人」，さらにそれらと「働くこと」や「職業」の関係についての理解を，体験の前もしくは後にすすめることが必要でしょう。なぜなら，先に述べた職業の定義や図XI-3のような関係は，職場体験で確認することはできるでしょうが，それを発見することは難しいと言わざるを得ないからです。

　次に，「感」ではなく「観」の形成が必要である点に留意しておくべきでしょう。考え方や意味づけを意味する場合に「観」を用いますが，心の動きを主に意味する場合に「感」を付けることがあります（たとえば，幸福感や解放感など）。職場体験では，「感動した」「大変だった」などと心が動くことが多くあります。そのため，いわば「職業感」「勤労感」とも表現できるようなものが形成されやすいのですが，それは職業観などとは言い難いものです。心が動き，感じたことを手がかりに，「観」を形成していく指導が求められます。

　さらに，限られた職業や業務しか経験できないので，一般化ということが重要になります。クラスや学年で情報を共有することはもちろんですが，そういった情報を取り入れたうえで，自分なりに整理し，経験のなかに留まらない「観」の形成をうながすことが必要です。

（浦上昌則）

▷5　なお，国立中学は57.0％，私立中学は19.6％の実施率であった。
　国立教育政策研究所生徒指導研究センター（2008）．平成19年度職場体験・インターンシップ実施状況等調査結果（概要）より。

XI　キャリア教育の推進

5　進路相談の進め方

　他校の生徒指導関連の担当者から，次のような相談を受けました。どのようなアドバイスができるか考えてみましょう。

課題①：小学校の教師A

　小学校の5年生を担当しています。本校では，多くの児童は地元の中学校へ進学するのですが，クラスに数人は私立などの中学校を受験し，そちらに進学する子どもたちがいます。どの子が受験を考えているかという噂を耳にするような時期になり，一度子どもたちと面談（進路相談）をしたいと思い，同僚に相談しました。すると，「子どもたちに聞いても仕方がない。それは保護者と話すべきだ」と言われました。個人的には子どもたちの生の声も聞いてみたいと思うのですが，小学校での児童たちとの進路相談は不要なのでしょうか。

課題②：中学校の教師B

　中学2年生の終わり頃に，全生徒に対して実施する進路相談のために，将来の希望や考えている進学・就職先，学校外での学習状況などについてのアンケート調査を行いました。加えて，市販の興味検査や適性検査なども実施しました。情報はできる限り集めたのですが，これらをどのように使えば，生徒にとって意味のある相談になるのかよくわからず，その流れをイメージすることができません。こういった情報は，相談のなかでどのように活用すべきものなのでしょうか。

課題③：高校の教師C

　生徒と保護者との三者面談をした際，ある生徒は「卒業後のことはまだ何も決めていない。このまま卒業して，それから考える。しばらくはアルバイトをしながらやっていく」と将来のことを口にしました。それを聞いた保護者の方も，「この子がそういう希望をもっているのだから，しばらくはそれを見守ってやりたい」とおっしゃいました。かなりリスクのある進路選択だと思いますが，生徒と保護者の意見は一致しています。こういうときには何も言わないべきなのでしょうか。それとも，何か一言加えるべきなのでしょうか。

① 進路相談とキャリア・カウンセリング

学習指導要領のなかでは，従来から進路相談という用語が用いられてきました。ところが近年ではキャリア教育という用語の定着に伴い，キャリア・カウンセリングという用語が用いられるようになってきています。これらの用語の間に，特に意味の違いはないと言ってよいでしょう。しかし，キャリア・カウンセリングという新しい用語を用いることには，従来の進路相談からさらなる発展，展開が期待されていると言えます。

たとえば，三村（2004）は表XI-6のように，従来の進路相談のイメージと，本来あるべき相談の姿を示しています。そこでは，本来の学校進路相談はキャリア・カウンセリングと同一のカテゴリにまとめられています。

表の左右を比較すると，いくつかの点で大きな違いが認められます。たとえば知識においては大きな転換が認められ，キャリア・カウンセリングに必要とされる知識は従来よりも増加していると言えます。また担当者には，キャリア・カウンセリングでは外部のキャリア・カウンセラーも含まれています。キャリア・カウンセリングは，いくつかの民間資格も存在する専門的技能と言えますが[1]，もちろん教員にもその知識・技能が求められます。

さらに方法においても，大きな違いが認められます。従来のイメージは指示的ですが，キャリア・カウンセリングにおいては指示も必要ですが受容的な面も必要であり，さらに開発的であるという性格をもっています。ここでいう開発的とは，子どもたちのもっている可能性を確認し，それを発達させようとする姿勢を意味しています。なお，カウンセリングという言葉からは，問題を抱えた人に対する治療的なものを連想するかもしれませんが，こちらは「治療的

▷1 たとえば，日本キャリア教育学会認定の「認定キャリア・カウンセラー」，日本キャリア開発協会認定の「キャリア・デベロップメント・アドバイザー」などさまざまなものがある。

表 XI-6 進路相談のイメージ

	従来の学校進路相談の一般的イメージ	キャリア・カウンセリング，本来の学校進路相談
目的	学業成績に則した卒業時の選択決定を可能にする	進路（キャリア）における問題に適切に対応し，主体的な進路選択能力にもとづいた進路の選択・決定を可能にする
使用資料	主に学業成績資料と進路先の難易度	総合的な個人資料及び進路資料，社会生活での生き方につながる資料
方法	指示的，説得的	受容的，指示的双方の性格を兼ね備えた循環的，開発的
担当	進路指導（主事・部員），学年主任，担任など	進路指導（主事・部員），学年主任，担任，外部のキャリア・カウンセラーなど
知識	進路（学校・職業）先への配分の仕方，合格のさせ方	個人理解の方法，進路（学校，職業）に関する総合的情報，キャリア発達への理解
技能など	説得力，指導力，カリスマ性	人間を発達的にとらえ支援する技能，カウンセリングの基本的技能
評価基準など	進学や就職の数の上での実績	卒業者の進路先での適応状況（追跡調査などによる）

出所：三村隆男（2004）．キャリア教育入門　実業之日本社　p.101を一部改変。

カウンセリング」と呼ばれ，キャリア・カウンセリングにおけるカウンセリングとは少しイメージが違いますので注意が必要です。

2 キャリア・カウンセリングの内容

「キャリア教育の推進に関する総合的調査研究協力者会議」の報告書では，「学校におけるキャリア・カウンセリングは，子どもたち一人一人の生き方や進路，教科・科目等の選択に関する悩みや迷いなどを受け止め，自己の可能性や適性についての自覚を深めさせたり，適切な情報を提供したりしながら，子どもたちが自らの意志と責任で進路を選択することができるようにするための，個別またはグループ別に行う指導援助である」と定義しています。

これをわかりやすく分解してみると，目的・目標は，「子どもたちが自らの意志と責任で進路を選択することができるようにすること」であり，方法は，「個別またはグループ別」に行うものと言えます。そして内容は，「子どもたちのキャリアに関する悩みや迷いなどを受け止める」ことに始まり，「可能性や適性についての自覚を深めさせたり，適切な情報を提供したりすること」を行うべきと言えます。

このような内容から，キャリア・カウンセリングはすべての学校段階で積極的に活用されるべき活動と考えられます。しかし，もちろん発達段階を考慮する必要があり，小学生に自らの意志と責任で進路を選択することを強いるのは適切ではありません。発達段階や個人差によって取組は変わってきますので，カウンセリングの内容や，そこで扱われる情報も異なります。

また，保護者を加えた三者面談も，キャリア・カウンセリングの一形態と言えるでしょう。三者面談は保護者の希望を直接聞ける機会にも，指導方針を保護者に納得してもらう機会にもなりますが，これらは副次的な内容です。保護者という参加者が増えるだけであり，その他は何も違いはありません。保護者という立場の参加者が加わったキャリア・カウンセリングという観点からこれをとらえ，企画や準備を行う必要があります。

3 さまざまな材料

カウンセリング時の資料となるものは多様にあります。学校での日々の生活態度はもちろん，成績，適性検査や興味検査の結果（代表的な**アセスメントツール**を表XI-7に示します），進路希望調査などへの回答，保護者の希望も重要な材料となります。さらには，進学先，就職先の情報，社会情勢に関する情報も不可欠と言えるでしょう。キャリア・カウンセリングは，これらの多くの情報を使いながら行われるものです。

先にも記しましたが，キャリア・カウンセリングは，子どもたちが迷いや不安のある状況から，自分で決められるようになるプロセスを援助する活動です。

▷2 キャリア教育の推進に関する総合的調査研究協力者会議（2004）．キャリア教育の推進に関する総合的調査研究協力者会議報告書——児童生徒一人一人の勤労観，職業観を育てるために

▷3 表XI-2（p.171）などを参照。

▷4 アセスメントツール 対象者の状態を査定するための調査等の道具を，アセスメントツールと呼ぶ。良い／悪いといった判断を下すものではなく，どういった状態にあるのかを把握するためのもの。

表 XI-7 代表的なアセスメントツールおよびアセスメントを含むガイダンスツール

		初版発行	最新の改訂年	利用想定対象	測定するもの／特徴
紙筆検査タイプ	厚生労働省編一般職業適性検査，進路指導・職業指導用（紙筆検査）：GATB	1952	1995	13〜45歳未満	9個の適性能（紙筆検査では7個）
	職業レディネス・テスト：VRT	1972	2006	中学生，高校生	職業レディネス（職業志向性，基礎的志向性）
	VPI職業興味検査：VPI	1985	2002	高校卒業以上	職業興味の6領域，5つの傾向尺度
作業検査タイプ	厚生労働省編一般職業適性検査（器具検査）	1952	1995	13〜45歳未満	9個の適性能（器具検査では2個）
PCベース（CD-ROM媒体）	キャリア・インサイト	2001	2004	18〜34歳程度	適性評価を中心としたガイダンス・システム
	キャリア・インサイトMC（Mid Career）	2007	2007	35〜69歳程度	適性評価を中心としたガイダンス・システム
	職業ハンドブックOHBY	2002	2002	主に中学生，高校生	職業情報を中心としたガイダンス・システム
インターネット	キャリア・マトリックス	2006	2006	特に限定はないが高校生以下にはやや難しい	総合的職業情報データベース

出所：室山晴美(2008). アセスメントツールの活用 日本キャリア教育学会（編） キャリア教育概説 東洋館出版社を一部改変。

たとえば，志望校が思いつかないという中学生がいたとします。この生徒との相談では，どのような資料が必要になるでしょうか。

当然のことですが，どのような資料が必要になるのかを考えるためには，なぜその生徒は志望校を思いつけないのかという問題を検討しなければなりません。もし，本当は進学したくないのに周りが進学を強要しているという状況だから志望校が思いつかないのであれば，生徒自身の希望と保護者の希望を整理し，そのような希望をもつ背景について考えを深めていく必要があるでしょう。また現在の社会情勢において高校に進学しないことのメリットとデメリットを整理する必要もあるでしょう。

また，ある一つの高校のことしか知らず，さらにそこには良い印象をもてないから志望校が思いつかないという場合も考えられます。このような場合であれば，選択が可能な他の高校，専門学校などについて知ることが必要であると同時に，進学先に対する自らの希望を明確化する必要があるでしょう。これらの他にもさまざまなケースが想定できますが，それぞれの場合で必要になる資料は異なってくることには注意が必要です。

このように，資料はカウンセリングのプロセスを進めていくために必要なものを準備する必要があります。しかし，それをあらかじめ知ることは難しいとも言えます。前もって関連しそうな情報を多く集めておくことはもちろんですが，日頃の子どもたちとの接触を通して，関係づくりと児童生徒理解を深めておくことが不可欠と言えるでしょう。

（浦上昌則）

XI　キャリア教育の推進

6　特別支援教育とキャリア教育

　小学校から中学校へ，中学校から高校へ，そして就労への移行について次のような相談を受けました。これらの移行期にどのような教育的支援が求められるかについて考えていきましょう。

課題①：小学校の教師A

　発達障害のある児童について，教育支援の計画を作成することになりました。「個別の教育支援計画」「個別の移行支援計画」「個別の指導計画」などがあるのですが，それぞれの計画でのねらいや，計画の実行期間はどのように考えていけばよろしいでしょうか。また，これらの計画を有効に活用するためには，どのような点に留意することが必要でしょうか。

課題②：中学校の教師B

　高校の進路選択にあたって，発達障害のある生徒と相談することになっています。生徒本人は発達障害についての告知を受けてはおり，特別支援学校に行くかどうか，療育手帳をとるべきかどうかに悩んでいる生徒もいます。一方で，私の目から見て特別支援学校への進学が適していると思われる生徒が，その進路を頑なに拒否する場合もあります。どのように対応し，適切な進路選択につなげていけばよいのでしょうか。

課題③：高校の教師C

　高機能自閉症が疑われる生徒が入学してきました。自分の趣味については大変詳しく雄弁に語り続け，集中しすぎるとその話を聞いている周囲のことが見えなくなるほどです。学力は高く私の学校は進学校なので，おそらく大学に進学することになると思います。高校での3年間，またその後の大学，さらには就労を視野に入れて，どのように支援体制を整えていけばよろしいでしょうか。

1 教育支援の計画とは

個別の教育支援計画とは，乳幼児期から学校卒業後までを通じて長期的な視点で一貫して的確な支援を行うことを目的としています。この目的の基礎には，幼児児童生徒の一人ひとりのニーズを正確に把握し，教育の視点から適切に対応していくという考えがあります。そして，教育のみならず，福祉，保健，医療，労働等のさまざまな側面からの取組を含め，関係機関の密接な連携や協力を確保することは不可欠です。個別の教育支援計画を踏まえ，指導内容や方法をより具体的で明確にしたものが「個別の指導計画」となっています。図XI-4に，個別の指導計画の指導計画様式を例示しています。様式は，各都道府県や市区町村，各学校等で，独自の多様な形態が提案されています。計画にもとづく実行期間としては，「個別の教育支援計画」は数年間，「個別の指導計画」は半年から1年以内の計画です。

これらの計画の作成にあたっては保護者への説明責任も重要です。学校側が計画を立て，それを実践していこうとしていることと，保護者のニーズとは必ずしも一致しているとは限らないのです。このようなズレがあると，今何を優先課題として児童生徒を支援していくのかについて共通理解が得られず，結果として有効な支援をもたらすことができない事態にもなってしまいます。また，権利としての教育を受ける側と，教育を供給する側との契約関係として認識する傾向の高まりもあり，児童生徒の計画について相互の共通理解を得ることが求められています。

「個別の移行支援計画」は，入学や進学，さらには就労などへの移行期の1～2年前から，それらの移行の時期をそれぞれの生活の場でうまく適応できるようにするための計画です。小学校から中学校へは学級担任制から教科担任制に変化し，指導体制が大きく変わります。したがって，学校内の連携が必要となってきます。中学校から高校へは，居住区を離れ地域との関係が薄くなる分，それまで積み重ねてきた地域社会

<table>
<tr><td colspan="4" rowspan="2">年　　組　　児童名</td><td>記入年月</td><td></td></tr>
<tr><td>作成者</td><td></td></tr>
<tr><td colspan="6">[指導・支援の課題と目標]</td></tr>
<tr><td>観点
児童への指導・支援</td><td>学習面</td><td>生活・行動面</td><td>健康・身体・運動</td><td colspan="2">心理面・社会性</td></tr>
<tr><td>保護者・機関等との連携</td><td colspan="5"></td></tr>
<tr><td rowspan="2">指導・支援の評価</td><td colspan="5">[結果の評価]</td></tr>
<tr><td colspan="5">[今後の課題]</td></tr>
</table>

図XI-4　個別の指導計画　指導計画様式（例）

出所：国立特別支援教育総合研究所(2009). 小・中学校の特別支援教育を支えるための情報ガイド

におけるネットワークが使えなくなる状況にもなってきます。また保護者と教員間の連携も中学校ほどは強くなくなってきます。それだけに，中学校から高校への引継ぎなどの情報の提供は高校生活での貴重な資料となるでしょう。そして就労は，それまでの学校とは全く違う社会への移行です。個別の計画とそれまでの実践の記録によって，児童生徒に関する情報の共有を行うことによって，保護者や教育・福祉・就労機関との効率の良い連携が可能となるのです。

❷ 就労と福祉

　特別支援教育を行う際，学校教育の先にある就労を視野に入れた有効な支援計画を立てるためには，就労と関連して福祉サービスがどのような状況にあるのか，その知識も必要となってきます。福祉では，先に述べた教育で定める障害児者とは別に，身体障害・知的障害・精神障害の3つが定められています。これらの3つの障害に対応した形で，つまり身体障害の場合には身体障害者手帳，知的障害の場合には療育手帳，精神障害の場合には精神障害者保健福祉手帳を取得することによって障害者福祉サービスを受けることになっています。

　一方，特別支援教育の新たな対象となった学習障害，ADHD，自閉性障害などの発達障害児者に対しては，従来公的な支援制度はありませんでした。2005年に発達障害支援法が施行され，発達障害者の心理機能の適切な発達，円滑な社会生活の促進のために，できるだけ早期から発達支援を行うことの重要性，これらに対する国および地方公共団体の責務について規定されています。しかしながら現在のところでは，ほとんどの場合，発達障害児者ということだけでは障害者手帳を取得することができず，障害者枠での雇用や各種手当てや年金など障害者福祉のサービスを受けることは難しい状況です。発達障害者に対する福祉サービスの充実が制度的に整備されていくことは，就労後の社会生活を考えていくうえで重要な課題となっています。

　就労にあたっては，**障害者職業センター，高齢・障害者雇用支援機構**[1]，**ハローワーク**[2]，**社会福祉協議会**[3]等との連携が求められることとなります。これらの機関を通して，**トライアル雇用（障害者雇用機会創出事業）**[4]，**職場適応訓練制度**[5]，**ジョブコーチ**[6]（職場適応援助者）事業など，各種援助制度の有効活用も就労援助の一つとなっています。表XI-8には，発達障害のある高校生への就労支援の試みについて事例を紹介しています。どのような職業評価の結果にもとづいて**職業リハビリテーション**[7]計画が構成されたかについて示されています。支援のポイント③にもあるように，就労支援は仕事に就くまでが支援ではなく，就労後のフォローも当然求められます。

❸ 大学における特別支援教育と就労

　高機能自閉性障害では知的障害を伴っていないことから，その児童生徒のな

▷1　**障害者職業センター，高齢・障害者雇用支援機構**
高齢者と障害者は，その雇用促進のために事業主の取組を促す強力な政策支援が不可欠であるということから，高齢者および障害者の雇用支援を一体的に実施する組織。その業務概要の一つとして，障害者職業センターの設置および運営が位置づけられている。

▷2　**ハローワーク**
総合的雇用サービス機関として，求人の受理や職業の紹介をはじめ，雇用に関する各種の相談・指導などの業務を行っている。

▷3　**社会福祉協議会**
民間の社会福祉活動を推進することを目的とした営利を目的としない民間組織。地域のなかで安心して生活することのできる「福祉のまちづくり」の実現を目指したさまざまな活動を行っている。

▷4　**トライアル雇用（障害者雇用機会創出事業）**
障害者に対する知識や雇用経験がないことから障害者雇用を躊躇している事業所に，試行として障害者を雇うことによって，障害者雇用の機会を拡大していこうとするもの。試行雇用の期間は3か月で，その後事業主は雇用継続か否かを決める。

▷5　**職場適応訓練制度**
就職前に支給される助成金制度。実際に就職しようと思っている企業に対し，就職前に実際の職場で実地訓練（半年〜1年）を行い，それによって職場の環境に慣れることを目標として，訓練が終わった段階で正式に雇用しようというもの。

表 XI-8　発達障害のある高校生Bさんの就労支援の試み

職業評価 → 職業リハビリテーションの計画	診断名	ADHD，小学校3年生より不登校
	職業評価の結果 精神的側面	集中・持続力が弱い 知的能力は通常範囲
	社会的側面	対人能力については，基本的に幼い 練習すれば公共交通機関を利用して通勤することができる
	職業的側面	簡単な例示説明で作業工程を理解することができる 全般的に落ち着かない印象をうけるが，意欲を喚起することにより熱心に作業に取り組むことができる 返事・報告・質問など，自発的にすることが難しい
	職業リハビリテーション計画	① 療育手帳を取得し，各種援護制度や就労支援サービスを利用する ② 毎日学校に通学できるようにする ③ 職業準備訓練を利用し，どの職場でも必要とされる基本的な労働習慣を身につける ④ 職業準備訓練の評価をもとに，高校卒業後の進路を決定していく
	就労支援のポイント	① 障害受容への支援←Bさんおよび保護者は療育手帳取得などに対して拒否的であった ② 職業リハビリテーションの活用 ③ 精神的サポート←大人への移行期として心理的混乱が起きやすい ④ 職業体験の重要性←働くことに対するモチベーションをあげる

出所：近藤隆司・光真坊浩史(2006)．高等学校における軽度発達障害をもつ生徒への就労支援の試み　特殊教育学研究，44(1), 47-54 より筆者作成．

かには学業不振が全く見られない，むしろ平均より高い場合も多く見られます。また，興味や関心の強い領域では驚くほどの集中力を示したり，膨大な辞書的知識があり，語彙も豊富であることによって，これらの特性を活かし高等教育機関に在籍している場合も少なくありません。

そのため，発達障害学生支援は大学などにおける教育支援の一つとしての認識が広がってきています。**発達障害者支援法**のなかにも「大学及び高等専門学校は，発達障害者の障害の状況に応じ，適切な教育上の配慮をするものとする」と明文化されています。しかしながら実際には，近年になってようやく実態を把握しようとする調査研究が着手され，大学の学生相談における発達障害学生支援の実践例が事例としてわずかながら報告されるようになってきたという現状です。それらの報告のなかでは，高校までの学習スタイルとは異なり，実験・実習など共同で研究をすすめることにおいて，大きなつまずきが現れる事例や，就職の面接になかなか合格しない事例が紹介されています。

大学は最終教育機関であり，修了後は間違いなく就労に向かっています。したがって，大学という期間が，就労をどのようにするかという選択を決定するまでの単なる先送りの期間となることがないようにする必要があります。そのためには，就労までをも見通した大学進学という進路の決定であることが求められるのです。

（田中真理）

▷6　ジョブコーチ
就労支援を担う援助者。2002年度より，厚生労働省は全国の地域障害者職業センターにおいてジョブコーチによる支援を，国の制度として実施している。

▷7　職業リハビリテーション
職業的自立に向けて，教育・訓練，就職，職場適応に対する職業訓練や能力開発，職業指導，職場適応指導などでの専門・技術的サービスおよび活動を言う。さらに，障害者の雇用機会の拡大や労働市場への統合化を促進する雇用環境の改善に向けたサービス・活動までを含むこともある。

▷8　発達障害者支援法
自閉症，アスペルガー症候群その他の広汎性発達障害，学習障害，注意欠陥多動性障害などの発達障害をもつ者の，自立および社会参加に向けてその生活全般にわたって支援し，その福祉の増進を目的とする法。

第3部　将来の生き方の指導：キャリア教育

XI　キャリア教育の推進

7　小学校でのキャリア教育実践

　小学校でのキャリア教育について，各教師はいろいろな課題に突きあたっているようです。それぞれの課題をどのように考えていけばよいでしょうか。

課題①：小学校の教師A

> 　小学校で実際にキャリア教育を進めるうえで何を考えればよいでしょうか。というのも，小学生の子どもたちに進路や職業のことを説明するのは，なかなか大変です。小学生の子どもたちは，まだ社会の仕組みや世の中の様子について十分な知識がなく，そういった段階の子どもたちにキャリア教育を行うといっても見当がつきません。小学校段階のキャリア教育の目標とは，果たしてどのようなことで，また，具体的にどのような題材を取り上げればよいのか。そういう基本的なところから，疑問だらけです。

課題②：小学校の教師B

> 　小学校でいざキャリア教育を行おうとしますが，とてもそんな時間はありません。教科を教えなければならないのは当然ですが，その他に特別活動や総合的な学習の時間など，やらなければならないことがたくさんあって，キャリア教育のために特別に時間をとる余裕がありません。小学生の子どもたちには，もっといろんなことを体験してもらいたいですし，職業や仕事に特化したような指導ではなく，遠足も学芸会もいろんなことをやらせてあげたいです。何か今までの授業を犠牲にして，特別に職業や仕事を取り上げるという考え方でもしない限り，難しそうですが。

課題③：小学校の教師C

> 　小学校の低学年，中学年，高学年のキャリア教育をそれぞれどんな風に考えていけばよいのか悩みます。同じキャリア教育でも，まだ幼稚園児のような1年生と来年から中学生になる6年生では全く意味あいが違ってくると思います。小学校では，子どもは1年ごとに急速に成長していきます。その発達に応じたキャリア教育ということを考えたいのですが，手がかりというかヒントがほしいです。発達と一口に言っても，どこに着目すべきか，また何に留意すべきか，というポイントがあるように思うのです。低学年から中学年，高学年に至るまでのキャリア教育の重要点とは何でしょうか。

1 小学校でのキャリア教育のねらい

小学校でのキャリア教育の重要性は，中学校や高校のキャリア教育と比べて，十分に理解されにくい面があります。その大きな理由として，小学校段階から将来の進路や職業について考えさせるのは，やはり早すぎるのではないかという素朴な考え方が人々のなかにあるからです。

確かに，現実の職業そのものの話は，小学校では少し早い面があります。われわれは，つい小学生のうちから将来の夢や希望職業をはっきりもたせたいと考えたくなります。しかし，職業とはいくつかの活動を一つにまとめあげた抽象的な概念です。そのため，小学生段階では，職業という抽象的な概念そのものの理解が難しい場合が多いのです。[1]

具体的な職業や進路を考えさせるのは，小学校のキャリア教育では重要ではありません。むしろ小学校におけるキャリア教育では，将来の選択肢を狭く限定することなく，将来のより具体的な進路選択・職業選択に向けて下地をつくっておくことが主たるねらいとなります。[2]

特に，小学校でのキャリア教育は，どんな「人」が，どんな「役割」を果たすために，どんな「活動」を行っているのかに焦点をあてます。親や親戚，近所や地域の人など，小学生が目にする具体的な人物を題材として取り上げ，その人たちがどんな役割を果たしているのか，そのために具体的に何をしているのかという側面に焦点をあてることから，小学校のキャリア教育は始まります。

2 小学校でのキャリア教育実践例

小学生のキャリア教育がどのように，身の回りの具体的な人物を取り上げていくのか実践例を見てみます。

これは，ある小学校の1年生における生活科での実践事例ですが，子どもたちに紙を配り，大人のすごいところを絵にしてもらいます。そして「（　　　　）さんは，すごいな。だって（　　　　）だから」という空欄を埋める形で文章にしてもらいます。こういう課題に，小学1年生は『おとうさんは，すごいな。だって，いろいろなおかしをつくるんだから』『おかあさんは，すごいな。だってしょくじをつくってくれるのだから』『おじいさんは，すごいな。だって，たけでつりざおをつくってくれたんだから』と答えていました。[3]

一見，この事例はキャリア教育のようには見えませんが，どのような点がキャリア教育の実践になっているのでしょうか。この課題では，家族がどのような役割を果たしているのかを理解させ，自分が周囲の家族の支えで生活していることを理解させようとしています。結果的に，世の中の分業の仕組みや役割の違いを悟らせることができ，初歩的な職業理解を促しています。絵にしても

▷1　子どもの職業希望の発達は，最近はGottfredson理論で説明することが多い。この理論では，子どもは特定の職業を希望するというよりは，むしろ自分と無関係の職業を排除するという方向で考える。小学校低学年段階（6〜8歳）では，自分の性別と異なる性別ステレオタイプ的な職業を排除する。次に，小学校中学年から中学生段階（9〜13歳）では職業威信の基準が加わり，それ以降，最後に職業興味が選択基準となる。関連する日本の研究としては，日本労働研究機構（2003）などがある。

Gottfredson, L. S. (1981). Circumscription and compromise: A developmental theory of occupational aspirations. *Journal of Counseling Psychology*, *28*, 545-579.

日本労働研究機構（2003）．小学生の職業意識とキャリアガイダンス　日本労働研究機構資料シリーズ No. 138

▷2　Herr, E. L., Cramer, S. H., & Niles, S. G. (2004). *Career guidance and counseling through the lifespan*. (6th ed.). Boston: Pearson.

▷3　日本キャリア教育学会（編）（2008）．キャリア教育概説　東洋館出版社に掲載されている宝珠花小学校の事例。

らうことで，身近な家族を細かいところまで観察するように導いている点も，おそらくこの実践で工夫がなされている点でしょう。

❸ インフュージョン

上の例では，キャリア教育の実践でありながら，絵を描く勉強にも，また，短文形式とはいえ作文の勉強になっている点も重要です。いわばキャリアの勉強を図工の授業や国語の授業と組み合わせているとも考えられるわけです。

このように普通の授業のなかにキャリア関連の要素を組み込んで授業を行う手法を，特に「インフュージョン」と呼びます。"infuse"とは何かを何かに注ぎ込むという意味です。この場合，普通の授業にキャリアの要素を注ぎ込むということです。インフュージョンの考え方は，キャリア教育の原点となる考え方でもありました。[4]

小学校のキャリア教育では，普段の授業とは別に特別なことを行うのだとは考えません。むしろ，教科（特に生活科），道徳，特別活動，総合的な学習の時間など，学校教育全体でキャリア教育を行うという考え方が重要です。[5] ボランティア活動，自然体験活動などのさまざまな体験学習，係活動，児童会活動などはすべてキャリア教育と関連します。遠足や学芸会などの学校行事も含めて，普段から行っている教育活動にどのようにキャリア教育の要素を盛り込んでいけるかが，とても重要なポイントになります。

❹ 学年ごとのキャリア教育の展開と保護者や地域との連携

小学校のキャリア教育は，低学年，中学年，高学年に至る過程で，身近な人が簡単な役割を果たすために行う具体的な活動から，社会全体のより複雑な役割を果たすために行う抽象的な活動へとその焦点を次第に移していきます。[6]

低学年では，家庭のなかで両親が何のために何を行っているかに焦点をあてることになります。学年が上がるにつれて，次第に親戚，地域，社会とより広がりをもった対象に焦点をあてていきます。たとえば，数時間程度の職場見学や職場体験を行ったり，職業人に簡単なインタビューを行うといったことが一般的でしょう。

こうして，家庭内で家事を行うといった身近な役割から，最終的には，地域および社会におけるより複雑な役割へと移っていきます。具体的に実践を進めるにあたっても低学年から高学年になるにつれて，身近な人から地域の人へとさまざまな大人に協力を求めていくことになります。大人は，家庭から地域，職場に至るさまざまなレベルで，いろいろな役割を分担しながら社会生活を送っているのだということを，現実の大人を通じて理解させるということが小学校でのキャリア教育実践では特に重要です。

▶4 インフュージョンとキャリア教育の歴史的なかかわりについては以下の文献を参照のこと。
Hoyt, K. B.（2005）. *Career education: History and future*. Tulsa, OK: National Career Development Association.（仙﨑武・藤田晃之・三村隆男・下村英雄（訳）（2005）. キャリア教育——歴史と未来 雇用問題研究会）
福地守作（1995）. キャリア教育の理論と実践 玉川大学出版部

▶5 三村隆男（編）（2004）. はじめる小学校キャリア教育 実業之日本社

▶6 小学校のキャリア教育における低学年・中学年・高学年の具体的なカリキュラムの展開等については次の文献を参照のこと。
児島邦宏・三村隆男（編）（2006）. 小学校・キャリア教育のカリキュラムと展開案 明治図書出版

5 小学生の自己理解

　小学校のキャリア教育で考慮すべき，最後の重要なポイントは「自分」です。小学生段階では，自分は何が好きなのか，自分はどんなことに関心をもっているのかを考え始める必要があります。

　たとえば，小学生に将来，何になりたいかについてインタビューを行うと，ほとんどの場合，うまく答えられないか，またはあらかじめ用意してある「サッカー選手」や「ケーキ屋さん」という回答を繰り返します。そして，少し掘り下げてたずねると，ほとんど口ごもってしまいます。小学生の子どもにとって，自分の好みをはっきり認識し，それを言葉にして言うというのは，案外たいへんなことなのです。したがって，小さい頃から，自分の関心や好みに気づき，はっきりと言えるようにしておくというのは，小学生の低学年のキャリア教育では重要な基礎となります。

　小学校を卒業した後，中学・高校になると，より具体的に将来のキャリアを考えなければならなくなります。その際，将来の進路に関する希望や志望を明確に表明しなければならない場面が必ずやってきます。そのとき，自分は何に関心をもっているのか，自分は何が好きなのかをはっきりと言い切れるようになっていないといけません。その基盤づくりが小学生の自己理解ということになります。

（下村英雄）

▷ 7　Gibson, D, M. (2008). Career family trees: The use of genograms in career counseling of students in K-12 settings. In G. T. Eliason, & J. Patrick (eds.). *Career development in the school*. Information age publishing, Charlotte, NC, pp. 205-216.

Column　キャリアファミリーツリー

　右の図はアメリカのキャリア教育の書籍などによく紹介されるキャリア教育技法の一つ，キャリアファミリーツリーです。白丸で囲まれた部分に，自分との続柄や役割などを書いていきます。たとえば，「お父さん，バスの運転をして働いている」「お母さん，ご飯をつくってくれる」といった調子です。これは，この項で述べた身近な家族の役割と活動を小学校低学年から中学年ぐらいの子どもに理解させるためのツールなのです。日本の教育環境では複雑な家庭の子どもの状況に気をつけなければならないため，実際の活用には十分な注意が必要ですが，小学校のキャリア教育の第一歩がいかに家族と自分とのかかわりにあるのかが，よくわかる技法なので紹介しました。

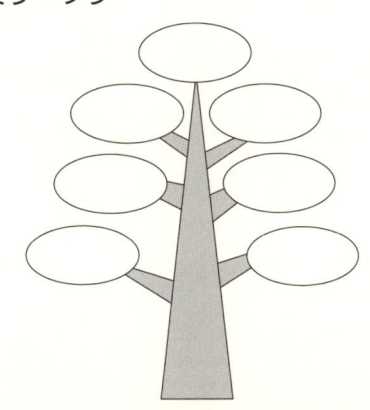

図XI-5　キャリアファミリーツリー技法で用いる木の図の例

第3部　将来の生き方の指導：キャリア教育

XI　キャリア教育の推進

8　中学校でのキャリア教育実践

中学校でのキャリア教育について，各教師はいろいろな課題に突きあたっているようです。それぞれの課題をどのように考えていけばよいでしょうか。

課題①：中学校の教師A

> 今度，キャリア教育の実践校に選ばれたために，キャリア教育に新たに取組まなければならなくなりました。ただ，実のことを言って，中学校のキャリア教育の目的とは何かが定かではないのです。中学校では職場体験学習が盛んに行われているようですが，これはどの段階で行えばよいのでしょうか。何か決まったやり方があるのでしょうか。それから，今，考えるべきキャリア教育は，中学校の3年間を通じた取組でなければなりません。3年間を通じてのキャリア教育の流れを考えなければならないのです。何かパターンのようなものがあるのでしょうか。

課題②：中学校の教師B

> 中学校のキャリア教育で職場体験学習をやるように言われました。しかし，初めて中学校の職場体験学習に取りかかろうとしているので，何に注意すべきかがわかりません。職場体験学習では，事前学習・事後学習といった言葉を聞くこともありますが，これはどんな内容のものでしょうか。具体的な例のようなものがあれば取組みやすく，進めやすいようにも思いますが，具体例が浮かびません。校内でも，教員の間で，職場体験学習の目的というか最終目標をどう考えるかはまちまちで，その点も難しいと思っています。

課題③：中学校の教師C

> この間，小中連携に向けた会合がありました。小学校からあがってくる子どもたちを迎え入れるにあたって，いろいろと参考になりましたが，キャリア教育の話題も少し出ました。確かに，小学校でもキャリア教育ということが言われるようなので，中学校と連動すれば効果は高いかもしれません。ただ，そんなことを言えば，その後のキャリア教育の展開もあると思います。中高連携ということもあると思いますし，高校を出た後のキャリア教育ということもあると思います。こうした小学校から中学校，高校へという一連の流れのなかで，中学校のキャリア教育を考えるということは重要だと思うのですが。

XI-8 中学校でのキャリア教育実践

1 中学校でのキャリア教育実践

　中学校でのキャリア教育の目的は，小学校でのキャリア教育をベースに自己理解・職業理解をよりいっそう深めることにあります。また，現在，中学生はそのほとんどが高校に進学します。そのため，高校選択・高校進学も中間的なゴール地点として念頭に置くことになります。さらに，日本の中学校のキャリア教育では，職場体験学習を行うことが推奨されており，ほぼすべての中学生が何らかの形で職場体験を行っています。

　中学校のキャリア教育はその目的や内容が一貫しているため，ある程度，一般的なパターンがあります。まず，職場体験学習は2年生に置くことが多いです。それに向けて1年生では職場体験のための準備学習を行います。たとえば，職場体験の前段階として職場見学を行います。また，職場体験学習で，職場の人とコミュニケーションがうまくとれるようにソーシャルスキルトレーニングを行ったりします。3年生では，上級学校調べなど，直接，高校進学に向けた取組が行われることが多いです。こうして1年生〜2年生のキャリア教育を，3年生で具体的な進路選択へと結実させるといった流れになっています。▷1

2 中学校の職場体験学習

　中学校の職場体験は，単に生徒を職場に送り出すのではなく，事前学習と事後学習が必要です。

　たとえば，職場体験の事前学習では，生徒のキャリアに対する意識を高め，挨拶や返事など職場における最低限のコミュニケーションを身に付けさせます。

　職場体験の事後学習では，職場体験で得た印象や感動を，普段の学習や将来の進路に結びつけるための取組を行います。職場体験先への礼状を手紙で書かせ，自分が体験した仕事や職場の様子を新聞や作文などにまとめさせ，情報機器を用いて発表させたりします。

　図XI-6は，山田（2006）で紹介されている事後学習の新聞の例です。▷2 新聞をつくるには，職場で体験したことを事細かく思い出さなければならないので，たった数日の職場体験でも，生徒の心のなかに深く刻み込むことができます。各生徒がつくった新聞は他の生徒の前でプレゼンテーションをしたり，冊子にしたりして，生徒間で共有します。また，自分が行った体験先にお礼状を作成し，新聞と一緒に，感謝の気持ちを届けるといったことも行っています。体験先にお礼状

▷1　中学校のキャリア教育の実際については，以下の文献が参考になる。
　埼玉県中学校進路指導研究会（編）（2007）．新しい時代の生徒を育てる中学校キャリア教育　実業之日本社
　また，総合的な学習における具体的な進路指導については，仙﨑武（監修）（2001）．中学生の進路力を育てる総合的な生き方の学習プラン　実業之日本社　などを参考にするとよいだろう。

▷2　山田智之（2006）．教職員のための職場体験学習ハンドブック　実業之日本社
　なお，職場体験のさまざまな展開については，堀川博基（2007）．職場体験プラスαの生き方学習　実業之日本社　なども参照のこと。

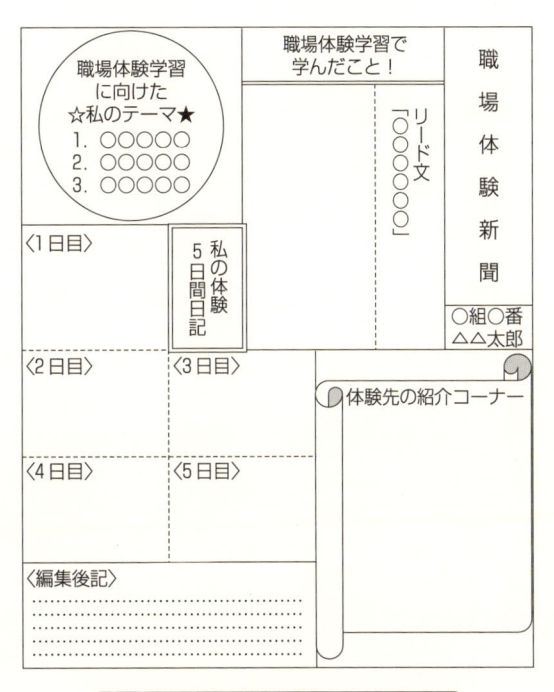

図XI-6　職場体験新聞のレイアウト例

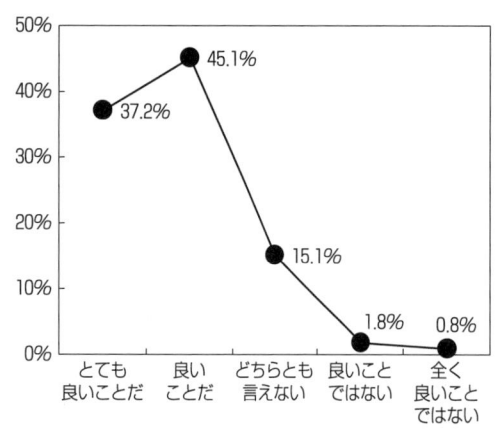

図 XI-7 保護者の職場体験学習に対する評価

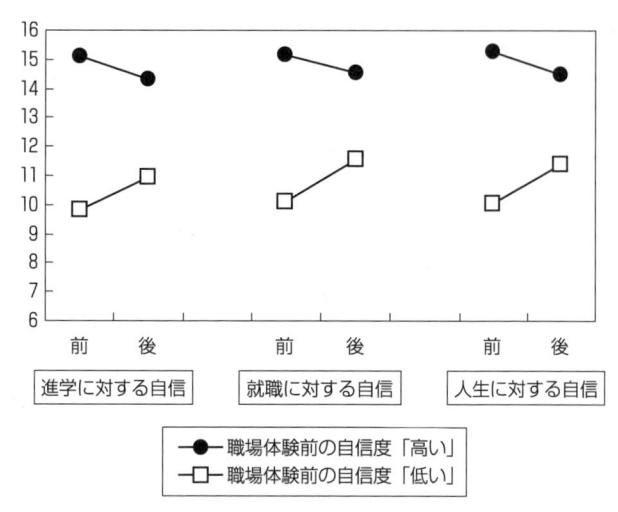

図 XI-8 職場体験学習の効果（特に平準化効果）

とともに届ける新聞だからこそ，生徒も心を込めて丁寧につくらなければなりません。

これらすべてがこの授業実践の狙いに含まれており，広い意味でのキャリア教育の目的となっています。職場体験の効果を高めるために，事前事後でさまざまな学習を複合的に行うのがポイントになります。

ちなみに，職場体験学習は，一般社会の支持が高いのも特徴です。図XI-7に示したとおり，約8割の保護者が職場体験学習は「とても良いことだ」または「良いことだ」と回答しています。

3 職場体験学習の効果

職場体験については，体験前後の生徒の意識の変化が一様でないことが話題になってきました。総じて言えば，職場体験後にさまざまな面で生徒の意識面にポジティブな変化がある一方，一部の生徒では職場体験後にかえって意識面でのネガティブな変化が表面上観察される場合があります。これは，そもそも職場体験前に進路課題に対する自信が低かった生徒は職場体験によって影響を受けて自信を高める余地が大きい一方，職場体験前に進路課題に対する自信が高かった生徒はもともと自信が高いため自信を高める余地が少なく，場合によってはかえって自信を低める傾向があるからです（図XI-8）。

こうしたデータを例にとっても，職場体験の効果は単純ではないことがわかります。進学や就職などに自信がなかった生徒は，職場体験で確実に自信を高めます。それに対して，もともと漠然と自信が高かった生徒は，現実の職場を体験することでもう一段，深く考えるようになった。そのために，以前のように何の気なしに自信が高いということはなくなったと言えるでしょう。職場体験には，こうした平準化（現実化）効果がありそうです。

▶3 労働政策研究・研修機構（編）（2007）．子どもの将来とキャリア教育・キャリアガイダンスに対する保護者の意識　労働政策研究報告書 No.92　労働政策研究・研修機構

▶4 労働政策研究・研修機構（2008）．学校段階の若者のキャリア形成支援とキャリア発達――キャリア教育との連携に向けて　労働政策研究報告書 No.104　労働政策研究・研修機構

ちなみに，ここで「自信」と呼んでいるものは，XI-9 で取り上げる「キャリア自己効力感」と同じものである。

4 キャリア教育における小中の連携およびその後のキャリア形成に向けて

中学校のキャリア教育では，小学校でつくられた将来のキャリアに向けた素地を発展させ，自己理解・職業理解の両面を深めていきます。義務教育で行われる中学校のキャリア教育は，事実上，同年代の子どもに一斉に与えることができるキャリア教育の最後の機会になります。

このことの意義を深く考える必要があります。この機会をとらえて，自分のキャリアを自分で考えることがなぜ大切なのか，また考えるにあたってはどうすればよいのかを伝えることが重要となります。これが，その後の高校のキャリア教育の下地をつくるという意味からも，中学校のキャリア教育の重要な狙いとなるからです。

実は，学校段階の進路選択でもっとも問題が生じるのは，高校中退者です。高校を中退してしまうと，進路選択の手助けをしてくれる教員と関係が切れてしまうからです。将来，どのようなことが起こっても，自分のキャリアは自分でつくり上げていくのだ，またつくり上げていけるのだということを適切に伝え，自分のキャリアに対する基本的な動機づけを与える必要があります。また，そのためにハローワークや就労支援機関など，どんな機関が手助けをしてくれるのかを知らせる必要があります。そうしたことを，子どもたち全員に等しく伝えられる機会というのは中学校が最後になります。

（下村英雄）

▷5 日本の4能力領域の正式名称は「職業観・勤労観を育む学習プログラムの枠組み（例）～職業的（進路）発達にかかわる諸能力の育成の視点から」
　国立教育政策研究所生徒指導研究センター（2002）. 児童生徒の職業観・勤労観をはぐくむ教育の推進について（調査研究報告書）.
　アメリカのNCDGはNational Occupational Information Coordinating Committee（1992）.のThe National Career Developmental Guidelines。ただし，NCDGの最新版は2004年に改訂になっており，現在はより学校外の生涯学習を視野に入れたものに変わっている（XI-10で詳述）. イギリスのDOTSは，Watt, A. G., Law, B., Killeen, J., Kidd, J. M., & Hawthorn, R. (eds.) (1996). Rethinking Careers Education and Guidance: Theory, Policy and Practice. London: Routledge. やLaw, B. (1999). Career learning space: a new DOTS thinking for careers education, *British Journal of Guidance and Counselling*, 27, 23-34. などを参照のこと。パーソンズについては，原著 Parsons, F. (1909). *Choosing a Vocation*. Garrett Park Press (Reprint, 1989) を参照のこと。

Column

キャリア教育で伸ばす能力

キャリア教育の実践場面でどのような力を身に付けさせることを目標にするのか。この点について，日本では文部科学省による「人間関係形成能力」「情報活用能力」「将来設計能力」「意思決定能力」の4能力領域がよく知られており，全国の学校で規範となっています。この4能力領域の基礎の一つがアメリカのNOICCによる全米キャリア発達ガイドライン（NCDG）です。また，それとは別にイギリス系のキャリアガイダンスではDOTSもよく知られています。いずれも"キャリアガイダンスの父"パーソンズの「自己理解―職業理解―自己と職業のマッチング」という大原則の流れをくんでいると言えるでしょう。

表 XI-9　キャリア教育で取り上げる能力の比較

日本	アメリカ	イギリス
人間関係形成能力	自己知識 Self-Knowledge	自己意識 Self awareness
情報活用能力	教育的・職業的探索 Educational and Occupational Exploration	機会意識 Opportunity awareness
将来設計能力	キャリア計画 Career Planning	移行の学習 Transition learning
意思決定能力		意思決定 Decision learning

XI キャリア教育の推進

9 高校でのキャリア教育実践

　高校でのキャリア教育について，各教師はいろいろな課題に突きあたっているようです。それぞれの課題をどのように考えていけばよいでしょうか。

課題①：高校の教師A

　高校のキャリア教育と言われても，内心ピンと来ません。そもそも自分が通っていた高校は，いわゆる進学校だったので，高校時代，ちゃんとした進路指導を受けたのかどうかも定かではありません。商業高校とか工業高校も同じようなものなんでしょうか。あと，普通高校と言っても，バリバリの進学校とそうでもない高校とでも，やっぱりキャリア教育の意味が違うように思うのです。高校のキャリア教育というのは，どうもとらえ所が難しく，どのように考えてよいのか，なかなか難しいと思います。こういう疑問をもつのは，少しおかしいのでしょうか。

課題②：高校の教師B

　キャリア教育に対するうちの教員どうしの考え方はまちまちです。わが校は，卒業後みんな就職するという訳ではなく，かといって進学する生徒が大半だという訳でもありません。ましてや，これからは就職組を増やすのではなく，少しでも四年制大学への進学率を高めたいというのが，学校全体の雰囲気です。こんな状況でキャリア教育と言われても難しいです。キャリア教育に割く時間があるなら，少しでも授業を進めて進学率をあげた方がよいように思いますし，これが商業高校とか工業高校とかだったら，まだ考えやすいようにも思うのですが。

課題③：高校の教師C

　職場体験学習には，本当のところ，どんな効果があるのでしょうか。世間では将来の勤労観・職業観を育てるのに効果があるとか，本人のやりたいことを明確にするとか，いろいろなことを言いますが，その効果をどの程度のものと考えておけばよいのでしょうか。また，職場体験学習をはじめとするキャリア教育全体を支える理論的な根拠のようなものがあれば知りたいと思います。学校現場では，キャリア教育の実践を進めるようにと，ただ上から言われますが，どのような面で効果があるのか，また，それはどのような根拠があるのか，きちんとした説明がほしいと思います。

1 高校でのキャリア教育の難しさ

　高校のキャリア教育を一言で言うとつなぎ役です。職場体験学習を中心に全国的に広がっている中学校のキャリア教育，最終的な就職を見据えた大学のキャリア教育にはさまれているのが高校のキャリア教育と位置づけられます。

　高校は，小学校，中学校に比べて，各校の特徴や性質が多様であるという点が重要です。たとえば，大学進学を目指す進学校，職業教育も行う商業高校・工業高校，進学以外にいろんな形で卒業していく進路多様校があります。これら高校の特徴によって求められるキャリア教育，その目標や狙い，具体的な手法が少しずつ異なります。

　キャリア教育にいちばん熱心なのは，商業高校・工業高校などです。もともと学校のなかで職業に関する授業がたくさんあり，工夫して科目を組み替えることで，国語や数学などの基礎的な科目，機械やパソコンを使う職業に関する科目，実習やインターンシップなどの体験系の科目をうまくミックスさせて，高度な内容のキャリア教育を展開することができます。

　これに対して，難しいのは普通科の高校です。同じ普通科でも，進学校であれば，キャリア教育とはすなわち受験勉強だと開き直ることができます。もっとも難しいのは，同じ普通科でも，生徒がみな進学を考えているわけではなく，専門学校にいく生徒もいれば，フリーターを積極的に目指すような生徒もいる，いわゆる進路多様校と呼ばれる高校です。どこに焦点をあててキャリア教育を行ってよいのかわからないからです。

　何をもって高校のキャリア教育の目標とするのかという根幹のところで揺れるのが，高校のキャリア教育を消極的にとらえた場合の特徴です。ただし，一方で，高校の特徴によって専門分化し，より生徒に適したキャリア教育を行いやすいという積極的なとらえ方もできます。

2 商業高校・工業高校などのキャリア教育の実践

　ここでは，商業高校・工業高校のキャリア教育の典型的な実践について見ていくことにしましょう。

　まず，商業高校では，商業についての勉強の集大成として，校内でお店を開いたりする実践がよく行われます。自分たちで仕入れをしたり，簿記の知識を活かして帳簿をつけたりします。また，地域の人々にも声をかけて本物のお客さんになってもらいます。このような実践を時間をかけて行うことによって，商業高校では商業の勉強をした生徒ならではの複雑で高度なキャリア教育を行います。

　また，工業高校では，インターンシップや**デュアルシステム**などで，地域の企業に行き，授業で身に付けた技術や知識を実地で経験することが行われます。

▷1　高校でのキャリア教育のさまざまな実践については，山﨑保寿（編）(2006)．キャリア教育が高校を変える――その効果的な導入に向けて　学事出版などを参照のこと。

▷2　デュアルシステム
デュアルシステムとは，ドイツの伝統的な職業訓練制度であり，学校に在籍しつつ，企業で働きながら訓練を受ける。学校で2日程度，授業を受け，企業で3日程度，訓練を受けるのが一般的であるとされる。日本では，文部科学省と厚生労働省が日本版デュアルシステムを展開している。日本版デュアルシステムは，工業高校や商業高校などの専門高校と地元の企業が連携して行うタイプ（文部科学省）のものと，各地の職業能力開発機関または専門学校などと企業が連携して行うタイプ（厚生労働省）のものがある。

一般的には，インターンシップは1週間程度の短期間の実習として位置づけられ，どちらかと言えば職業観や勤労観などの意識面での効果をねらうことが多いようです。デュアルシステムは2週間以上の比較的長期間の実習であり，実際に機械や工具を用いて製品をつくる作業に加わることが多いようです。

このように専門高校におけるキャリア教育は比較的熱心に行われています。問題は，日本は諸外国に比べて，専門高校の割合が極端に少なく，普通高校の割合が多い点です。そのため，普通高校でいかにキャリア教育が展開できるかが，高校ではもっとも難しい課題になります。

3 普通高校でのキャリア教育の実践

高校のキャリア教育の実践は多様である一方，その基本的なプロセスそのものは学年によって比較的固定しています。まず入学直後は高校にうまく適応できるように高校で学ぶ目的や3年間の目標などを確認させます。その後，1年生のうちから将来のキャリアを見据えて勉強することの重要性を自覚させます。その際，職業興味検査や職業適性検査などの自己理解のためのツールを用いることも多いです。2年生ではインターンシップや職業人講話・職業人インタビューなどの職業理解のための取組を行います。3年生では春から実際の進路選択に向けたスケジュールが進行するため，進学希望者・就職希望者ともに，それに向けた具体的なガイダンスを行うのが一般的です。

ただし，普通高校では，概して進学希望者に焦点を絞ったキャリア教育を行うことが多いです。進学希望者を想定したキャリア教育として，ここでは茨城県の牛久栄進高校の取組を紹介します。まず1年生の夏休みに大学の教員を招き5日間10コマの講座を開講します。これをプレカレッジ講座と呼んでいます。また，1年生の10月には近隣の大学・研究所訪問を行います。その他，著名な研究者による研究や体験談について聞く1～2年生を対象とした高校生科学講座，2年生では近隣の大学の教員による模擬授業，大学合格者の先輩から体験談を聴くといった会も開かれます。このように，1年生から2年生にかけて，進学に向けた方向づけをするようなキャリア教育の取組を，かなり継続的に行っています。

その他，職業インタビューなども普通高校のキャリア教育の取組では行われることが多い実践です。実際に職業に就いて働いている大人に学校に来てもらったり，生徒の方から出かけていったりして，話をするという取組です。どんな労働条件で，どんな働き方をしているのか，働いていて辛いことや嬉しいことは何かなど，職業人と具体的な会話をかわします。生徒自身で職業人のアポイントをとる場合もあれば，体育館に職業人を何十人か集めて一斉にやる場合もあります。また，何人かの職業人を教室に分けて順番に高校生と話をするというやり方もあります。一つポイントになるのは，第一線で働いている職業人

▷3 茨城県立牛久栄進高校（2009年現在）の恩田洋一先生から資料をご提供いただいた。

▷4 進学校のキャリア教育としては，福岡県立城南高校（編著）（2002）．生徒主体の進路学習ドリカムプラン――福岡県立城南高校の試み 学事出版 なども参照されることが多い。

▷5 キャリア教育研究の領域では「進路選択に対する自己効力感」と表現されることもある。キャリア自己効力感については，1980年代以降，これまでに世界中で約4,000本近くの研究論文が書かれている。これ

図 XI-9 キャリア教育の理論的基盤──キャリア教育がキャリア自己効力感に与える影響

（図の内容）
- 遂行行動の達成：職場体験学習・インターンシップなど
- 代理的体験：職場見学・職業人インタビューなど
- 言語的説得：職業人講話・模擬授業など
- 情動的喚起

→ キャリア自己効力感

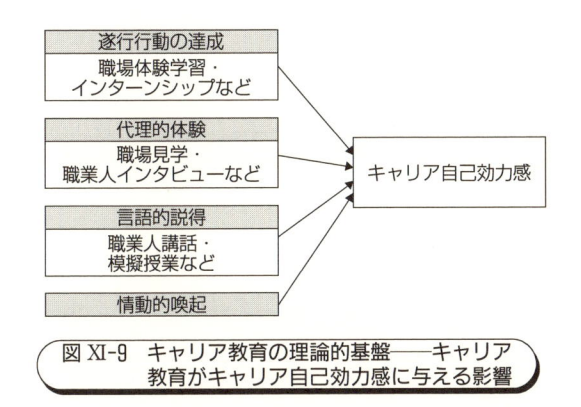

よりは，むしろ，高校生にとって数年後のモデルになるような若い職業人の方がモデルとなるため，強い影響力があるということです。何年か前に卒業した卒業生の方が，生徒にとって現実味のある話として受け止められることでしょう。

❹ キャリア教育の理論的背景

職場見学，職場体験学習やインターンシップ，職業人講話などには，どのような理論的な根拠があるのでしょうか。現在，日本のキャリア教育で多く行われている実践の理論的な根拠は，キャリア自己効力感理論に求められます。

自己効力感は心理学では有名な概念であり，いろいろな説明の仕方がありますが，ここでは「ある行動が自分にうまくできるかという予期を示す概念」であると説明しておくことにします。キャリア教育の分野では，生徒に将来の進路をきちんと選んでほしいと考えるので，進路を自分はうまく選ぶことができるかどうかに関する予期を示す考え方です。

自己効力感の源としては，「遂行行動の達成」「代理的体験」「言語的説得」「情動的喚起」の4つが指摘されています（図 XI-9）。

キャリア教育に関連づけて説明すると，「遂行行動の達成」とは実際にやってみることですので，職場体験学習やインターンシップの理論的根拠になります。「代理的体験」は，実際に経験することが難しい場合には誰かがやっているのを見るという代理の体験でも自己効力感があがるということです。これは職場見学や職業人インタビューの理論的根拠になります。「言語的説得」は，実際の経験や代理の経験が難しい場合には，人の話を聞くといったことも自己効力感に影響があるというものです。これは，職業人講話・模擬授業の理論的根拠となっていると考えられるでしょう。こうした取組によって，結果的に，将来に対する不安が取り除かれたり，嫌だなと思う気持ちが低減したりすれば「情動的喚起」に対して何らかの働きかけができたと考えます。このような場合，自己効力感は高まると考えられています。

（下村英雄）

ら膨大な研究論文では，おおむね一貫して，自己効力感が高い人は，①粘り強く努力することができ，多少の困難に直面した際にも耐えることができる，②自分の能力をうまく活用してよりいっそうの努力を重ねることができるということが明らかにされてきた。

日本では，以下の文献が代表的な文献である。

浦上昌則（1993）．進路選択に対する自己効力と進路成熟の関連　教育心理学研究, **41**, 358-364. 安達智子（2001）．大学生の進路発達過程──社会・認知的進路理論からの検討　教育心理学研究, **49**, 326-336.

海外では以下の文献が基本文献である。

Taylor, K. M., & Betz, N. E. (1983). Applications of self-efficacy theory to the understanding and treatment of career indecision. *Journal of Vocational Behavior*, **22**, 63-81 や Lent, R. W., Brown, S. D., & Hackett, G. (1994). Toward a unifying social cognitive theory of career and academic interest, choice, and performance. *Journal of Vocational Behavior*, **45**, 79-122.

第3部　将来の生き方の指導：キャリア教育

XI　キャリア教育の推進

10　生涯学習の現状と今後

　生涯学習とキャリア教育のかかわりは，どのように考えるべきか難しいテーマですが，実際には，とても現代的で重要なテーマです。キャリア教育の根幹をなす中核的な部分でもあります。少し難しい課題ですが，実際にどのようなことが問題になっているのか，少し考えてみましょう。

課題①：高校の教師A

> 　生涯学習とキャリア教育に何か関係があるということを聞いて驚きました。生涯学習というのは，大人になってからの話であって，学校の教員にとっては直接は関連がないのではないですか。それが，どうして学校内で生徒を対象に行うキャリア教育と関連があるのでしょうか。この両者の関係について，自分なりの考えがまとまりません。ただ，少し思うのは，生涯学習は大人になってからの勉強なので，少なからず，職業とか仕事とかに関連のあることを勉強するのだろうとは思います。流行の言葉で言えば，キャリアアップですね。そういうところで，キャリア教育と接点をもつのかもしれません。ただ，そんなキャリアアップと言っても，ごく一部の人だけに関係があることで，世の中全体の動きとは，たいして関係がないのではないですか。この両者を並列させて取り上げる意義もわかりません。

課題②：中学校の教師B

> 　生涯学習という考え方を，キャリア教育のなかで，生徒に実際に示していくにあたって，壁に突きあたりました。そもそも，キャリア教育では上級学校への進学を生徒たちに考えさせるのでさえ，一苦労です。そのうえ，大人になってからの学習をどのように示すべきでしょうか。いきなり大人になったことを想像させて，子どもに，そういう形で生涯学習の意義を説くべきでしょうか。それとも何か別の方法があるのでしょうか。あと，生涯学習っていう言い方なんですが，少し難しすぎる面があるのではないでしょうか。生徒たちにかみ砕いて説明する際には，何を強調すべきでしょうか。まだまだ子どもで，大人になってからのことなど，全く想像もつかないような生徒たちに生涯学習のことを伝えるにあたって，ここは欠かせないポイントであるというのがあれば，それを中心にいろんな話をしてあげられると思いますが。

1 キャリア環境の変化とキャリア教育

　生涯学習とキャリア教育には密接な関係があります。キャリア教育の目的の一つは，自分のキャリアを自分でつくり上げられるようにすることです。

　現在，情報化やグローバル化によって，人々のキャリアをめぐる環境変化は激しくなっています。たとえば，キャリア発達およびキャリアガイダンスに関する書籍では軒並み，職業やキャリアを取り巻く経済・社会の環境の激変が問題として取り上げられています。[1]

　なかでもワッツ（Watts, A.G.）は，ITに代表される新しい技術や市場のグローバル化は個人のキャリア環境のみならず，その土台となる伝統的な社会構造そのものを大きく揺り動かすほどの衝撃を与えていると述べています。そして，この衝撃を，キャリアと地震を組み合わせた造語で「careerquake」と言い表します。その上で，「キャリア地震」後の現在のような時代では，個人は自らのキャリアを自らつくり上げるといった発想をする必要があることを説き，今後は，キャリアを「決める（choose）」のではなく「つくり上げる（construct）」といった方向に変化する必要があると述べています。[2]

　これは，日本のキャリア環境でも同様です。たとえば，1980年代頃の日本は学校卒業時にうまく進路選択をしさえすれば，多少のことはあってもおおむね安定的な将来を見通すことができました。そのため学校卒業時の一時点に向けて校内のあらゆるリソースを集中させ，生徒の進路指導に力を集中させれば十分でした。卒業時の進路選択と，それに向けた進路指導が重要であった時代がありました。

　それに対して，現在では，学校卒業時にうまく進路選択をしただけでは，卒業後の長期にわたって安定した人生を送れるという見通しをもちにくくなっています。そもそも卒業時に進路選択をすることそのものが難しくなっています。また，ひとたび進路を選択してもさまざまな要因によって離転職が必要となる場合や，長期間の失業状態を余儀なくされる場合もあります。また，フリーターやニートといった不安定な就労を経験しなければならない場合もあります。

　このように，人々の職業生活が以前と比べて極端に不安定さを増している状況では，学校卒業時点で進路を決めるだけでは，生涯にわたって安定したキャリアをつくり上げていくことができるという見通しはもちにくくなっています。このような環境下では，自らのスキルや知識を不断に更新する必要が生じます。また，その大前提として，自分のキャリアを自分でつくり上げていくのだという動機づけが不可欠となります。キャリア教育の根本的な目的とは，将来，学校を卒業した後も生涯にわたって学び続ける力，すなわち生涯学習の力を身に付けさせるということでもあります。変化の激しいキャリア環境に対する対応という観点から，キャリア教育と生涯学習との関連が導かれてきます。[3]

▷1　キャリア環境の変化とキャリア教育の関連については以下の文献を参照のこと。
　Herr, E. L., Cramer, S. H., & Niles, S. G. (2004). *Career guidance and counseling through the lifespan: systematic approaches* (6th ed.). Boston, MA: Allyn and Bacon.
　Gibson, R. L., & Mitchell, M. H. (2006). *Introduction to carer counseling for the 21st century*. Pearson Education, Upper Saddle River, NJ.
　Andersen, P., & Vandehey, M. (2006). *Career counseling and development in a global economy*. Houghton Mifflin Company, Boston, MA.

▷2　Watts, A. G. (2001). Career education for young people: Rationale and provision in the UK and other European countries. *International Journal for Educational and Vocational Guidance*, **1**, 209-222.

▷3　キャリア環境の激変とそれに伴うキャリア理論の変化については，下村英雄（2008）．最近のキャリア発達理論の動向からみた「決める」について　キャリア教育研究，**26**, 31-44．も参照のこと。

表 XI-10　アメリカキャリア発達学会のキャリア発達ガイドライン

1.	個人的・社会的発達
(1)	ポジティブな自己概念を形成・維持するために自己理解を進めること
(2)	多様性を尊重するなど，ポジティブな対人的スキルを身に付けること
(3)	個人的な成長・変化とキャリア発達を調和させること
(4)	個人，レジャー，地域，学習，家庭，仕事の役割のバランスをとること
2.	教育的達成および生涯学習
(1)	自分の個人的目標およびキャリア上の目標に到達するのに必要な教育的達成・成績を獲得すること
(2)	多様で変化の激しい経済環境でも自分の能力を効果的に発揮できるように，継続的な生涯学習を行うこと
3.	キャリアマネジメント
(1)	自分のキャリアの目標を達成するためにキャリア計画を立て管理すること
(2)	キャリア発達の1つの要素として意思決定のプロセスを用いる
(3)	キャリアを計画し管理するにあたって，正確で最新の偏りのないキャリア情報を用いる
(4)	就職する，仕事をつくる，雇用を守る，昇進するなどのために，アカデミックなスキル，職業的なスキル，一般的なエンプロイアビリティスキルを習得する
(5)	雇用環境の変化，社会的なニーズ，経済条件などと自分のキャリア計画を統合する

❷ 生涯キャリア発達と生涯キャリア教育

　キャリア環境の激変からは，生涯にわたってキャリア発達を続けていくことの必要性が導かれてきます。たとえば，アメリカキャリア発達学会では，キャリア発達のガイドラインを示しています。このガイドラインは，従来は学校内のキャリア教育を中心にしたものでしたが，現在，キャリア教育と生涯学習を結びつけた内容になっています。大きな柱が3つあり，(1)個人的・社会的発達，(2)教育的達成および生涯学習，(3)キャリアマネジメントとなっています（表XI-10）。

　この3本柱からも，単に学校卒業時に就職するとか，その後の職業生活をうまく送るといったこと以上のことが求められていることがわかります。特に，キャリア発達と個人（personal）としての発達のバランスに注意が払われているのがわかります。そして，そうした生涯にわたるキャリア発達と個人としてのそれに向けて，継続的な生涯学習を行うことの必要性も説かれています。

❸ キャリアマネジメントスキル

　キャリア発達ガイドラインに出てくる「キャリアマネジメント」という言葉は，現在，生涯キャリア発達と生涯キャリア教育を考えるうえで一つのキーワードになっています。いついかなることがあっても，そこで自分のキャリアをうまく管理する「キャリアマネジメントスキル（career management skill）」は，アメリカのみならず，ヨーロッパでも重視されています。

　従来，生涯学習という言葉は，時に趣味や教養など，レジャーの充実とも関

▶4　正確には，アメリカの学会 National Career Development Association の National Career Development Guidelines。
　詳細は NCDA の以下のホームページで閲覧・ダウンロード可能。
（http://associationdatabase.com/aws/NCDA/pt/sp/home_page）
　また，NCDG の解説は次のHPも参照のこと。
（http://cte.ed.gov/acrn/ncdg/ncdg_what.htm）

▶5　ヨーロッパにおけるキャリア教育・キャリアガイダンスに関する基礎文献として以下を参照のこと。
　OECD (2004). *Career guidance and public policy: Bridging the gap.* Paris, France: OECD.

連づけて考えられる場合がありました。学校を出てからもさまざまな学びを行うことによって、仕事以外にも充実した個人生活を送ろうといったニュアンスでとらえられることが多かったのです。生涯にわたって自らのキャリアを管理するスキルが重要であるという認識は、自らのキャリアの管理を側面から支える成人層のキャリア教育の必要性へと結びつきます。自分で自分のキャリアを管理するにあたって、やはり何らかの面で助けが必要な対象層が一定数あると考えられるからです。こうして、生涯にわたるキャリアに関する教育である「生涯キャリア教育」といった考え方が出てきます。

　現在、キャリア環境の激変のなかで伝統的なキャリアルートは崩れてしまい、個人のキャリアが生涯にわたって安泰ではないということが基本的な認識となっています。そのため、自らの職業スキルを継続的に更新していける力が重視されており、卒業後の若者に対するキャリアガイダンスでも必要十分な基礎学力の習得は不可欠なものと考えられています。概して、諸外国では「より条件の良い仕事に就くためには、より良い学習歴がなければならず、そのためにはより高い基礎学力がなければならない。そして、そうした高い基礎学力が生涯にわたるキャリア発達を促す生涯学習を可能にし、継続的な能力開発を可能とする」といった主張はそれほど疑問視されません。日本では、こうした主張は学歴主義的であまり好まれませんが、諸外国の生涯学習とキャリア教育の考え方は、このくらいシビアになっているという認識は必要でしょう。

❹ 生涯キャリア教育を生徒に伝えるには

　生涯学習という考え方を、キャリア教育のなかで伝えるには工夫が必要です。まず、子どもたちに生涯学習の重要性を示す際には、直近の進路課題と関連づける必要があります。直近の進路課題との関連づけが示されなければ、子どもにとって生涯学習という考え方は、どうしても絵空事に感じられるでしょう。

　また、直近の進路課題と関連づけて生涯学習の重要さを伝えることによって、両者の相補的な関係ということにも気づかせることができます。短期と長期の両面の視点を子どもにもたせることが、キャリア教育と生涯学習のかかわりを考えるうえでは重要になるでしょう。

　さらに、生涯学習と言った際の「学習」の意味は、学校の勉強とは少し異なっていることを示すことも重要です。大人になってからの勉強は、自分の仕事の腕を磨くということであり、自分の好きなことや得意なことを、よりいっそう高めていくということでもあります。生涯学習とは、自分なりにプロの職業人として成長していこうとすることなのだということは強調すべき点です。

　こうして、学ぶこと、働くことが、生きることと一体のものであるという意識を与えることが、キャリア教育の究極の目標ということになるでしょう。

（下村英雄）

▷6　たとえば、中学生に生涯学習の考え方を伝える際には、中学生にとって直近の進路課題である高校進学のための受験勉強に引きつけて説明する。つまり、高校受験のためにのみ勉強をしているのではなく、そうした勉強を通じて、自分で一生、勉強していくための基盤をつくっているのだ、だからこそ、今やっている勉強は、単に受験のためだけに役立つのではなく、ずっと遠い将来まで役立つ勉強なのだといったことを伝える。

さくいん

あ
- ICD（国際疾病分類） 144
- アイデンティティ 41, 74, 156
- アサーション・トレーニング 81
- アセスメント 9, 12, 69, 81, 121
- 安心感・安全感 161, 165
- 育児放棄 48
- 異校種間連携 14
- 意思決定理論 171
- いじめ 123
- 依存 132
- 一次的援助サービス 7
- 一般職業適性検査 187
- 異年齢集団活動 34
- 居場所 36, 77, 129
- 嫌がらせメール 98
- 飲酒 131
- インターネット 97
- インターンシップ 178, 201
- インフォームド・コンセント 71
- インフュージョン 194
- VPI職業興味検査 187
- ウォーミングアップ 93
- うつ病 141
- ADHD 151
- エクスポージャー法 114
- FTF 99
- エリクソン, E.H. 73
- ＬＤ児診断のためのスクリーニングテスト（日本版）（PRS） 147
- エンカウンターグループ 115
- 援助交際 98
- 援助資源 13
- 援助ニーズ 7
- おやじの会 45

か
- 外傷後ストレス障害（PTSD） 159, 164
- ガイダンスカリキュラム 9
- 外的道徳性 23
- カウンセリング 9, 105, 109
- カウンセリングマインド 105
- 学習規律 20
- 学習指導要領 62
- 学習障害 147
- 過剰適応 85
- 学級（ホームルーム）経営 33
- 学級崩壊 27
- 学校自己評価 5
- 家庭裁判所 128
- 家庭訪問 120
- 観察法 69
- 緘黙 139
- 寛容効果 32
- 危機状態 159
- 危機的介入 159
- 喫煙 131
- 吃音 140
- 規範意識 89
- 規範の強度 90
- 規範の結晶度 90
- 基本的生活習慣 39
- キャリア・カウンセリング 178, 185
- キャリア教育 169
- キャリア自己効力感理論 203
- キャリア地震 205
- キャリア発達理論 170
- キャリアマネジメント 206
- 教育的ニーズ 7, 144
- 強化 82
- 共感性 91
- 共感の関係 24
- 勤労観 181, 183
- 偶発理論 171
- ぐ犯 53
- ぐ犯行為 47
- 携帯電話 97
- 傾聴 69, 101
- 系統的脱感作法 114
- 啓発的経験 178
- ケース会議 13
- ゲス・フー・テスト 33
- 結果責任 60
- 高機能自閉症 155
- 高校中退 199
- 構成的グループエンカウンター 115
- 校則 51
- 行動化 66
- 行動療法的アプローチ 105, 114
- 校内委員会 4, 145
- 光背効果（ハロー効果） 32
- 広汎性発達障害 155
- 校務分掌 3
- 交流分析 114
- 高齢・障害者雇用支援機構 190
- コーディネーション 9, 109
- 個別援助計画 13
- 個別の教育支援計画 189
- 個別の指導計画 189
- 混合型タイプ 152
- コンサルタント 109
- コンサルティ 109
- コンサルテーション 9, 109

さ
- サポートチーム 49
- 三次的援助サービス 8, 11
- CMC 99
- シェアリング 94
- 自己愛 78
- 自己決定 24
- 自己効力感 79, 203
- 自己存在感 24
- 自己調整 153
- 自己理解 177, 195
- 支持的風土 24
- 思春期 73, 128, 135
- 自助資源 13
- 自助団体 133
- 自尊感情 19
- 自尊心 152
- 質問紙調査法 69
- 児童虐待 47, 163
- 児童自立支援施設 128
- 児童生徒理解 65, 69
- 児童相談所 11, 47, 128
- 自閉症 155
- 自閉症スペクトラム 155
- 社会人基礎力 173

さくいん

社会性と情動の学習　81
社会福祉協議会　190
就職基礎能力　173
集団守秘　75
就労　190
出席停止　56
守秘義務　75, 111
生涯学習　205
生涯キャリア教育　207
障害告知　157
障害者職業センター　190
消極的な生徒指導　101
小中一貫教育　37
小中連携　37
少年院　128
少年鑑別所　128
商品化　135
情報モラル　99
食育　5
職業インタビュー　202
職業観　181, 183
職業指導　169
職業レディネス・テスト　187
職場体験　183
職場体験学習　197
職場適応訓練制度　190
職務　59
初発型非行　128
ジョブコーチ　190
身体化　66
身体的虐待　163
心理教育的援助サービス　7
心理教育プログラム　81
心理検査　70
心理社会的危機　73
心理的虐待　164
進路指導　169
進路指導主事　5
進路情報　177
進路相談　185
スーパーヴィジョン　109, 115
スクールカウンセラー　5
スクールソーシャルワーカー　11
スクリーニング　102, 156
ステレオタイプ　32
ストレス・コーピング　86
ストレス・マネジメント教育　81

ストレス反応　85
ストレッサー　85
性　135
性教育　137
精神疾患　71
精神分析　114
精神分析的アプローチ　105, 114
性的虐待　163
生徒心得　51
生徒指導主事　5
生徒指導の機能　24
生徒指導部　3
性非行　135
積極的傾聴　106
積極的な生徒指導　101
接続（アーティキュレーション）　15
説明責任　60
セルフ・コントロール　153
セルフ・モニタリング　91
専門家チーム　147
相互性の欠如　124
喪失反応　160
送致　128
ソーシャル・サポート　87
ソーシャルスキルトレーニング　81
ソーシャルワーカー　121
ソシオメトリック・テスト　33

た
退学　56
体罰　55
縦割り集団活動　35
多動性・衝動性優勢タイプ　152
チーム援助　11
チェーンメール　98
チック　65, 139
懲戒　55
追指導　178
T.T.（ティームティーチング）　27, 155
DSM（精神疾患の診断と統計マニュアル）　144
停学　56
適応指導教室（教育支援センター）　48, 79
デュアルシステム　201
登校刺激　119
道徳教育　23

同僚性　107
トゥレット症候群　140
トークンエコノミー法　114
特殊教育　143
特性・因子論　170
特別活動　23
特別支援教育　143
特別支援教育コーディネーター　145
特別支援教育に関する校内委員会　5
トライアル雇用（障害者雇用機会創出事業）　190

な
内的道徳性　23
ニート　181
二次障害　49, 141, 152
二次的援助サービス　8
人間性心理学的アプローチ　106, 114
認知行動療法　114
ネグレクト　48, 164
ネットワーク型チーム援助　8
年間計画　103
能力（competency）　173

は
パーソナリティ障害　141
箱庭療法　114
発達課題　73
発達障害者支援法　191
パブロフ, L.P.　113
「早寝, 早起き, 朝ごはん」国民運動　43
ハローワーク　190
般化　82
反抗期　74
反社会的行動　65
ピア・サポートプログラム　81
ピア・プレッシャー　125
PTA　45
PDCA　63
非行　127
非社会的行動　65
フォーカシング　115
部活動　36, 79
福祉サービス　190
不注意優勢タイプ　151
ブランド・ハプンスタンス理論　171

さくいん

ブレインストーミング 82
フロイト, S. 113
平準化（現実化）効果 198
報告義務 111
補導 48

ま
マズロー, A. H. 113
迷惑メール 98
メチルフェニデート 153
メディア・リテラシー教育 99
面接法 69

メンタルヘルス 107
モデリング 39, 82
モデリング学習 91
モンスターペアレント 27, 61

や
薬物 131
遊戯療法 140
有形力の行使 55
抑うつ 85
欲求の階層説 113
予防・開発的教育相談 101

ら
来談者中心療法 114
ライフスキル教育 81
ラポール 31, 103
リラクセーション法 87
連携マニュアル 49
ロール・プレイ 82, 93
ロジャース, C. R. 113

わ
ワトソン, J. B. 113

執筆者紹介 （氏名／よみがな／生年／現職／生徒指導・キャリア教育を学ぶ読者へのメッセージ）　＊執筆担当は本文末に明記

小泉令三（こいずみ　れいぞう／1955年生まれ） 
福岡教育大学大学院教育学研究科教授
『図説子どものための適応援助――生徒指導・教育相談・進路指導の基礎』（編著・北大路書房）『子どもの学校適応を促進しよう――新しい校内研修のためのテキスト』（共著・ブレーン出版）
どの子も楽しく充実した学校生活を送って欲しい，そのために何ができるか。関係者全員で取組みましょう！

青木多寿子（あおき　たずこ） 
岡山大学教育学研究科教授
『臨床生徒指導――理論編』（共著・ナカニシヤ出版）『認知発達の心理学』（単著・九州大学出版会）
生徒指導のイメージを「校則違反の検査」から「自己実現の支援」に変えていけるよう，力を注ごうと思っています。

赤坂雅裕（あかさか　まさひろ／1959年生まれ） 
文教大学国際学部教授
『子どもに学ぶ道徳授業』（単著・北樹出版）『心躍る特別活動』（単著・文教大学出版事業部）
学べば学ぶほど「力」がつきます。まずは，あなたの関心のあるテーマに関する理論書と実践書を手あたりしだい読んでみてください。

伊藤直文（いとう　なおぶみ／1951年生まれ） 
大正大学心理社会学部教授
『よくわかる臨床心理学』（共著・ミネルヴァ書房）『家族の変容とこころ』（編著・新曜社）
子どもをひとりの人として遇し，多角的視点から捉え，常に希望を見いだせる援助者でありたいものです。

伊藤美奈子（いとう　みなこ／1960年生まれ） 
奈良女子大学研究院生活環境科学系教授
『思春期の心さがしと学びの現場』（単著・北樹出版）『不登校――その心もようと支援の実際』（単著・金子書房）
高校教師時代から生徒指導は難しいなあと実感しています。このテキストが学校現場の一助になれば幸いです。

浦上昌則（うらかみ　まさのり／1967年生まれ） 
南山大学人文学部教授
『"学生"になる！――進学が決まった時に読む本』（単著・北大路書房）『心理学・社会科学研究のための調査系論文の読み方』（共著・東京図書）
生徒指導やキャリア教育を行う力は，教員にとって教科指導よりも大切なものかもしれませんよ。

黒川雅幸（くろかわ　まさゆき／1980年生まれ） 
愛知教育大学教育学部准教授
優れた教育実践は裏づけされた理論の基にあるものです。基礎理論をしっかり学んで下さい。

小林朋子（こばやし　ともこ） 
静岡大学教育学部教授
『子どもの問題を解決するための教師へのコンサルテーションに関する研究』（単著・ナカニシヤ出版）『10代を育てるためのソーシャルスキル教育』（編著・北樹出版）
学校は生徒と先生たちが織りなす「未来を紡ぐ」ところです。だからこそ，やりがいがあると思います。

下村英雄（しもむら　ひでお／1969年生まれ） 
労働政策研究・研修機構キャリアガイダンス部門主任研究員
『キャリア教育の心理学』（単著・東海教育研究所）『キャリア教育の系譜と展開――教育再生のためのグランドレビュー』（共著・雇用問題研究会）
厳しさを増すキャリア環境の中では，キャリア教育は必要不可欠なのだという切迫感を共有したいと思います。

高木　亮（たかぎ　りょう／1977年生まれ） 
中国短期大学総合生活学科講師
生徒指導もキャリア教育も広い知識が必要です。浅くてもいいので広い視野をもった先生を目指してください。

執筆者紹介 （氏名／よみがな／生年／現職／生徒指導・キャリア教育を学ぶ読者へのメッセージ）　＊執筆担当は本文末に明記

田中真理（たなか　まり／1962年生まれ）
九州大学基幹教育院教授
『関係のなかで開かれる知的障害児・者の内的世界』（単著・ナカニシヤ出版）
『ADHD児の自己の発達と支援――発達障害のある子どもの自己を育てる』（共著・ナカニシヤ出版）
特別支援教育のねらいのひとつは、共生社会を担う人材の育成です。大きな視野とそれを支える複眼的思考を！

西山久子（にしやま　ひさこ／1965年生まれ） 
福岡教育大学教育学研究科教授
『シリーズこころとからだの処方箋　不登校――学校に背を向ける子どもたち』（共著・ゆまに書房）
全ての子どもたちの社会適応と成長のために、それぞれの立場で主体的に取組み、学校を充実した学びの場にしましょう。

松本　剛（まつもと　つよし／1958年生まれ） 
兵庫教育大学学校教育研究科教授
『大学生のひきこもり』（単著・ナカニシヤ出版）『エンカウンターグループと国際交流』（編著・ナカニシヤ出版）
生徒指導は生徒の成長を支援するはたらきです。広くその意義を考えて大切にしていただけるとうれしく思います。

山田洋平（やまだ　ようへい／1982年生まれ） 
島根県立大学人間文化学部准教授
『児童・生徒のための学校環境適応ガイドブック』（共著・協同出版）
教育に関心のあるあなた！　その情熱を忘れず、これからも教育について一緒に考えていきましょう！

八並光俊（やつなみ　みつとし／1958年生まれ） 
東京理科大学大学院科学教育研究科教授／文部科学省初等中等教育局視学委員
『新生徒指導ガイド　開発・予防・解決的な教育モデルによる発達援助』（共編著・図書文化社）『臨床生徒指導――理論編』（共編著・ナカニシヤ出版）
子どもたちの夢と希望の実現をサポートするのが生徒指導です。私たちが挑戦をあきらめてはいけません。

やわらかアカデミズム・〈わかる〉シリーズ
よくわかる生徒指導・キャリア教育

| 2010年4月20日　初版第1刷発行 | 〈検印省略〉 |
| 2019年4月30日　初版第5刷発行 | |

定価はカバーに
表示しています

編著者　小　泉　令　三
発行者　杉　田　啓　三
印刷者　田　中　雅　博

発行所　株式会社　ミネルヴァ書房
〒607-8494　京都市山科区日ノ岡堤谷町1
電話代表　(075) 581-5191
振替口座　01020-0-8076

©小泉令三他, 2010　　創栄図書印刷・新生製本

ISBN978-4-623-05615-6
Printed in Japan

やわらかアカデミズム・〈わかる〉シリーズ

教育・保育

よくわかる学びの技法
　田中共子編　本体　2200円

よくわかる卒論の書き方
　白井利明・高橋一郎著　本体　2500円

よくわかる教育評価
　田中耕治編　本体　2600円

よくわかる授業論
　田中耕治編　本体　2600円

よくわかる教育課程
　田中耕治編　本体　2600円

よくわかる教育原理
　汐見稔幸・伊東　毅・髙田文子
　東　宏行・増田修治編著　　本体　2800円

よくわかる教育学原論
　安彦忠彦・児島邦宏・藤井千春・田中博之編著　本体　2600円

よくわかる生徒指導・キャリア教育
　小泉令三編著　本体　2400円

よくわかる教育相談
　春日井敏之・伊藤美奈子編　本体　2400円

よくわかる障害児教育
　石部元雄・上田征三・高橋　実・柳本雄次編　本体　2400円

よくわかる特別支援教育
　湯浅恭正編　本体　2500円

よくわかる肢体不自由教育
　安藤隆男・藤田継道編著　本体　2500円

よくわかる障害児保育
　尾崎康子・小林　真・水内豊和・阿部美穂子編　本体　2500円

よくわかる保育原理
　子どもと保育総合研究所
　森上史朗・大豆生田啓友編　　本体　2200円

よくわかる家庭支援論
　橋本真紀・山縣文治編　本体　2400円

よくわかる子育て支援・家庭支援論
　大豆生田啓友・太田光洋・森上史朗編　本体　2500円

よくわかる社会的養護
　山縣文治・林　浩康編　本体　2500円

よくわかる社会的養護内容
　小木曽宏・宮本秀樹・鈴木崇之編　本体　2400円

よくわかる小児栄養
　大谷貴美子編　本体　2400円

よくわかる子どもの保健
　竹内義博・大矢紀昭編　本体　2600円

よくわかる発達障害
　小野次朗・上野一彦・藤田継道編　本体　2200円

よくわかる子どもの精神保健
　本城秀次編　本体　2400円

よくわかる環境教育
　水山光春編著　本体　2800円

福祉

よくわかる社会保障
　坂口正之・岡田忠克編　本体　2500円

よくわかる社会福祉
　山縣文治・岡田忠克編　本体　2500円

よくわかる社会福祉運営管理
　小松理佐子編　本体　2500円

よくわかる社会福祉と法
　西村健一郎・品田充儀編著　本体　2600円

よくわかる社会福祉の歴史
　清水教惠・朴　光駿編著　本体　2600円

新版　よくわかる子ども家庭福祉
　吉田幸恵・山縣文治編著　本体　2400円

新版　よくわかる地域福祉
　上野谷加代子・松端克文・永田祐編著　本体　2400円

よくわかる家族福祉
　畠中宗一編　本体　2200円

よくわかるスクールソーシャルワーク
　山野則子・野田正人・半羽利美佳編著　本体　2800円

よくわかる高齢者福祉
　直井道子・中野いく子編　本体　2500円

よくわかる障害者福祉
　小澤　温編　本体　2200円

よくわかる医療福祉
　小西加保留・田中千枝子編　本体　2500円

よくわかる司法福祉
　村尾泰弘・廣井亮一編　本体　2500円

よくわかるリハビリテーション
　江藤文夫編　本体　2500円

よくわかる障害学
　小川喜道・杉野昭博編著　本体　2400円

心理

よくわかる心理学実験実習
　村上香奈・山崎浩一編著　本体　2400円

よくわかる心理学
　無藤　隆・森　敏昭・池上知子・福丸由佳編　本体　3000円

よくわかる心理統計
　山田剛史・村井潤一郎著　本体　2800円

よくわかる保育心理学
　鯨岡　峻・鯨岡和子著　本体　2400円

よくわかる臨床心理学　改訂新版
　下山晴彦編　本体　3000円

よくわかる心理臨床
　皆藤　章編　本体　2200円

よくわかる臨床発達心理学
　麻生　武・浜田寿美男編　本体　2800円

よくわかるコミュニティ心理学
　植村勝彦・高畠克子・箕口雅博
　原　裕視・久田　満編　　本体　2500円

よくわかる発達心理学
　無藤　隆・岡本祐子・大坪治彦編　本体　2500円

よくわかる乳幼児心理学
　内田伸子編　本体　2400円

よくわかる青年心理学
　白井利明編　本体　2500円

よくわかる高齢者心理学
　佐藤眞一・権藤恭之編著　本体　2500円

よくわかる教育心理学
　中澤　潤編　本体　2500円

よくわかる学校教育心理学
　森　敏昭・青木多寿子・淵上克義編　本体　2600円

よくわかる学校心理学
　水野治久・石隈利紀・田村節子
　田村修一・飯田順子編著　　本体　2400円

よくわかる社会心理学
　山田一成・北村英哉・結城雅樹編著　本体　2500円

よくわかる家族心理学
　柏木惠子編著　本体　2600円

よくわかる言語発達　改訂新版
　岩立志津夫・小椋たみ子編　本体　2400円

よくわかる認知科学
　乾　敏郎・吉川左紀子・川口　潤編　本体　2500円

よくわかる認知発達とその支援
　子安増生編　本体　2400円

よくわかる情動発達
　遠藤利彦・石井佑可子・佐久間路子編著　本体　2500円

よくわかるスポーツ心理学
　中込四郎・伊藤豊彦・山本裕二編著　本体　2400円

よくわかる健康心理学
　森　和代・石川利江・茂木俊彦編　本体　2400円

——— ミネルヴァ書房 ———
http://www.minervashobo.co.jp/